Utta Keppler · Christian Friedrich Daniel Schubart
Ein genialer Rebell 1730–1791

Utta Keppler

EIN GENIALER REBELL

Christian Friedrich Daniel Schubart

1730–1791

Roman

Stieglitz-Verlag E. Händle
Mühlacker

Schutzumschlag: HF Ottmann, Leonberg

Biefe, Chronikstellen sowie viele direkte Reden sind Zitate. Einige „dichterische Freiheiten" wurden um der inneren Wahrheit und ihrer Verdeutlichung willen in Kauf genommen, etwa Schillers Besuch vor Schubarts Tod, die Begegnung Füßlis mit Schubart und eine kleine Ausschmückungen, die im Roman erlaubt und nötig schienen. Im Ganzen wurde streng auf historische Treue – auch in der Sprache – geachtet

ISBN 3 – 7987 – 0198 – 9

© Stieglitz-Verlag, E. Händle, Mühlacker, 1982
Gesamtherstellung: Wiener Verlag

DIE FORELLE

Von Christian Friedrich Daniel Schubart

In einem Bächlein helle,
Da schoß in froher Eil
Die launige Forelle
Vorüber wie ein Pfeil.
Ich stand an dem Gestade
Und sah in süßer Ruh
Des muntern Fisches Bade
Im klaren Bächlein zu.

Ein Fischer mit der Rute
Wohl an dem Ufer stand
Und sah's mit kaltem Blute,
Wie sich das Fischlein wand.
So lang dem Wasser Helle,
So dacht ich, nicht gebricht,
So fängt er die Forelle
Mit seiner Angel nicht.

Doch plötzlich ward dem Diebe
Die Zeit zu lang. Er macht
Das Bächlein tückisch trübe,
Und eh ich es gedacht,
So zuckte seine Rute,
Das Fischlein zappelt dran,
Und ich mit regem Blute
Sah die Betrogne an.

Die ihr am goldnen Quelle
Der sichern Jugend weilt,
Denkt doch an die Forelle;
Seht ihr Gefahr, so eilt!
Meist fehlt ihr nur aus Mangel
Der Klugheit. Mädchen, seht
Verführer mit der Angel!
Sonst blutet ihr zu spät.

Frühe Schuld

„Christian und Conrad!" sagte der Forstmeister Hörner aus Sulzbach und nahm den Dreispitz aus dem Schrank, „ihr zwei bleibt schön still daheim und macht mir keine Flegeleien, wie's euch der Vater schon geheißen hat!" Er wandte sich um. „Wir gehen derweil, 's ist Zeit jetzo!"

Christian machte eine ungeschickte Verbeugung. „Ja, gewiß, Herr Großvater!" antwortete er gehorsam; der kleinere Conrad schaute stumm auf den zehnjährigen Bruder. „Gewiß!" wiederholte er etwas zu spät, während der Forstmeister schon zur Tür ging. „Jakob!" rief er hinaus, „komm, wir müssen aufbrechen, so ich als Gast mit dir auf ein Aalener Fest soll, mag ich mich nicht verspäten – oder hast du über dem Notenblatt die Hochzeitsladung vergessen?"

Jakob Schubart, der Vater der Buben, erschien im Türrahmen, ein großer kräftiger Mann mit roter Gesichtsfarbe. Er war Diakon, Präzeptor und Organist der Aalener Gemeinde. „Hab das Präludium notiert, so ich nächstens spielen will!" entschuldigte er sich, „der Herr Schwiegervater mag sich doch einen Augenblick gedulden, ich muß nur noch den Festrock anziehen!" Damit verschwand er.

Die Kinder standen ehrfürchtig dabei, als der Forstmeister ungeduldig hin und her ging. Er trug seine grüne Uniform mit den silbrigen Knöpfen, hatte den Zopf frisch gewachst und die Schläfenlocken gepudert, so daß ein Flor von weißem Mehl auf seinen Rockkragen stäubte, als er jäh den Kopf hob. „Euer Vater hat's immer mit der Musika!" murrte er ärgerlich, „die ihm doch wenig genug einbringt!"

„Der Herr Vater singt sehr schön!" sagte Christian vorlaut. Hörner fuhr auf und stieß an einen Stuhl; es gab ein schepperndes Geräusch. „Da hätt ich schier meine Pistolen auf den Tanz genommen!" rief er erschreckt und griff in die hinteren Taschen. „Die wären mir etwa unversehens losgegangen, so ich getanzt hätt!" Er nahm die beiden Waffen, unförmig große schwere Instrumente, aus den Schoßtaschen und legte sie aufs Klavier, ohne die neugierigen Augen der Buben zu beachten.

Jetzt kam der Sohn wieder herein, flüchtig hergerichtet und vor Eile schnaufend. Jakob warf einen raschen Blick auf seine Kinder, rief ihnen einen Gruß zu an die Mutter, auf die er nicht mehr warten könne, und war noch vor dem Alten draußen.

Christian nahm die Hände auseinander, die er wohlerzogen gefaltet hatte, streckte sich auf die Zehenspitzen und winkte dem Brüderchen. „Da! Schau aufs Klavizimbel! Sie liegen noch droben!"

„Was?" machte Conrad ungläubig, „und der Herr Vater hat nichts gemerkt!" Er staunte den Älteren an, der schon höher hinaufreichte als er. „Lupf mich, Christel, ich möcht's sehen!"

„Du bist mir zu schwer, du Klotz, aber ich will's selber einmal untersuchen!" Er kletterte auf einen der massigen Stühle, den er sich ans Klavier gerückt hatte, und nahm ein Terzerol* herunter. „Das Mordstrumm!" flüsterte er anerkennend, „wiegt soviel wie . . . wie . . ." – es fiel ihm kein rechter Vergleich ein – „wie ein Krautkopf!" beschloß er endlich.

Conrad stand unter ihm. „Laß doch sehen!"

„So hält man's vor sich!" erklärte der Ältere und legte den Finger an den Abzug, wobei er die Waffe mit der Linken stützte.

* Schwere Pistole

8

„Kannst schießen?" forschte der Kleine begierig.

Christian Schubart wog das wackelnde Stück in der Rechten, hob es und schielte über die Kimme. „Weiß nicht", murmelte er zögernd, „ist ja auch nicht geladen."

„Ein Forstmeister trägt doch keine leere Pistol herum", renommierte Conrad. „Paß auf, wenn's knallt, wie laut das tut."

Christians Augen blitzten. Er wurde rot. „Soll ich?" fragte er beinahe beschwörend, und der Kleine schrie: „Schieß!"

Christian sprang vom Stuhl. Er stand einen Augenblick wie entrückt und richtete langsam den Lauf auf den Bruder. Unbewußt krümmte er den Finger: Donnerkrachen – Rauch – polternd fiel die Pistole zu Boden. Conrad taumelte und stürzte. Christian – zu Tode erschrocken – über ihn.

Der Kleine wälzte sich zur Seite, sein blasses Gesicht zuckte. „Bin ich verschrocken!" stammelte er und kroch auf den Bruder zu. Aber der stieß ihn weg und bäumte sich; sein Mund war verzerrt.

„Christian!" jammerte der Kleine, „hat's dich erwischt?"

„Ich bin ein Mörder!" kreischte Christian außer sich, „ich, ich!" Er merkte nicht, daß der Bruder unversehrt auf ihn einredete, sah nicht, daß nur sein abstehendes Fräcklein seitlich gestreift worden war, und daß die zwei Kugeln in der Bettlade des Nebenraumes steckten.

Conrad fing an, laut zu weinen; er schluchzte seinen Schrecken heraus, die Händchen gegen die Augen gedrückt. Als er aufsah, war Christian verschwunden.

Helene Schubartin rannte auf den Knall hin die Treppe herauf, stolpernd und keuchend, und kam todbleich herein; der Sechsjährige saß verstört am Boden.

„Wo ist der Christian?" fragte sie und entdeckte zugleich die Pistole neben ihm. Mit einem schrillen Schrei raffte sie das Kind auf und lief mit ihm ins Schlafzimmer, warf es aufs Bett und riß ihm die Kleider vom Leib. Da ihm nichts fehlte, nahm sie es auf den Schoß und zog es hastig an, dabei immer wieder ihr „Wo ist der Christian?" wiederholend, bis der Bub ruhiger wurde. Leise weinend gab er Antwort: „Weiß gar nicht, wo . . . "

„Und wer hat geschossen?" fragte sie weiter.

„Er! Und ich hab's ihn geheißen!" kam's kleinlaut.

„Du? Bist doch der Jüngere! Das tät der Christian nie!"

„Doch, Frau Mutter — er hat's aber nicht wollen, daß es so . . ." So knallt, hatte das Kind sagen wollen, verschluckte es aber. Da fiel Helenens Blick auf die zwei runden schwarzgeränderten Löcher im Holz der Bettlade. Sie sprang auf. „Das hätt dich getroffen! Oder ihn!" Sie warf die Arme um den Kleinen. „Und der Vater ist fort und der Ähne, beide lassen euch allein, dieweil ich Bier gezapft hab!" Helene sah sich ratlos um, Conrads Köpfchen sank schläfrig auf die Arme, müde von der ausgestandenen Erregung machte er kaum den Mund auf, als ihm Helene das Mus einlöffelte. Er schleppte sich in die Kammer, die Mutter drückte ihn in die Kissen. „Schlaf jetzt, Lieber."

Er schluchzte noch ein paarmal, schnaufte schlaftrunken und blieb still. Jetzt erst kam ihr die ruhige Überlegung zurück. Leise schlich sie in die Stube, hob vorsichtig die Pistole auf und legte sie zu der anderen aufs Klavier.

Der Christian! dachte sie entsetzt. Wo ist er hin? Fort jetzt, schnell ihn suchen — nur die Pistolen noch in die Küchenlade — daß sie keiner mehr findet! Einen Augenblick horchte sie nach dem Schnarchen des Kleinen, dann lief sie — in ein Wolltuch gewickelt — in den Schnee hinaus.

Viele Füße waren durch die Kirchengasse getappt, das Schmelzwasser rann von den Dächern, die Stadtkirche, breit und gelblich, wuchtete aus der halben Dämmerung vor ihr auf. „Christian!"

Ein paar Männer sahen ihr lässig nach. „Die Diakonin sucht wieder ihre Buben!" meinte einer von ihnen, „den Christian, den Jakob, den Conrad . . . was weiß ich – irgendwas ist's immer, 's sind Schlingel!"

Da war sie schon um die Ecke, hastete gegen die Roßschwemme zu und blieb starr stehen. Hier – wenn er in seiner Exaltation hineingefallen wär? Aber da war nichts – kein Kind, kein Strudel, nur still ziehendes zähes schleimiges Eiswasser –, und die Schwemme war nicht tief. Sie lief gegen Sankt Johann hinaus.

Das jung getraute Paar, ein Förster vom Härdtsfeld und eine Handwerkerstochter aus Aalen, saßen mit ihren Gästen im „Adler". Brummbaß und Fiedeln klangen, die Bläser hatten rote Backen, man aß scharf und trank schwer. Der Diakon Schubart, neben dem Dekan, dem Schwiegervater Hörner gegenüber, redete viel. Sein volles Gesicht glänzte. Musik, Musik . . . das war sein Lieblingsthema.

Der Dekan schaute ihn mißbilligend an.

„Herr Spezial*", meinte der wortlos Getadelte und hob sein Glas, „zum Wohle!" Der hohe Herr nickte, die dicken Puderlocken wogten, als er ein wenig indigniert den Kopf schüttelte.

„Auch König David sang, Herr Spezial!" wagte Schubart anzufügen, während ein paar Stadtväter in langen Schoßröcken, die Perücken schon gelockert, über dem Wein schwatzten und schwitzten. Hörner erzählte Jagdgeschichten, und der einheimische Forstmeister, dem Bräutigam zulieb geladen, trumpfte kräftig

* Herr Dekan

dagegen. Kapitale Böcke und riesige Auerhähne stolzierten durch die Reden, als wimmele es in den Aalener und Sulzbacher Gemarkungen nur so von prächtigem Getier. Einer der Honoratioren bemerkte halblaut, der junge Herzog habe doch wohl, unter Anleitung seines allmächtigen Ministers, des Grafen Montmartin, recht ausdrücklich die Hand aufs Waidrecht gelegt? Man lasse den beamteten Förstern wenig übrig, das wisse man doch. Eine heisere Stimme krähte: „Die Wildmast ist der Bauern Pflicht, 's kommt sie sauer genug an, bloß für die hochherrschaftliche Jagd zu schaffen . . . Kornfelder bauen für – fürstliche Sauen!"

Einen Augenblick war alles still. Dann rückten die Stühle, der Wirt tauchte aus dem Qualm auf und griff den Schreier beim Arm. „Hinaus, komm, Baste, dir ist nimmer ganz gut im Kopf!" Er zerrte den Mann hoch und führte ihn zur Tür; widerstrebend taumelte der durch den vollen Saal, stockte und riß sich wildfuchtelnd los: „Ich hab ja gar nicht die vierfüßigen gemeint", grölte er mit seiner gurgelnden Trinkerstimme, „die andern . . . die singenden, beinschwingenden, schauspielernden . . . und die mit den großen Orden, und die aus dem Norden . . . "

„Um Gottes willen!" rief ein Stadtvater entsetzt, „Wirt, schnell, das kostet uns die Freiheit, so er weiterlästert!"

Man schob den Betrunkenen in den Schnee hinaus. Die Tür schlug zu. Die Pfarrer und Förster wischten sich die Stirnen, die Beamten schoben die Stühle zurück.

Dem Wirt wurde bang um seine Einnahme. „Wer will's dem Durchlauchtigsten verargen?" fragte er verbindlich, „haben wir doch die Last der Süßischen Verwaltung los, die der gehorsame Jud auf Geheiß des hohen Herrn Vaters uns aufgelegt. Herzog Karl Alexander hat viel Geld gebraucht. Wegzölle, Güter . . . "

„Ja, ja, für die Grävenitz und ihren Anhang ...",
murrten ein paar durcheinander, „für die wir, ehrli-
cherweis' von der Kanzel gebetet." Alle lachten. Man
wußte, daß der Hofprediger auf des Herzogs Vorhalt,
er erwähne die hochfürstliche Mätresse nie im Kir-
chengebet, zornig gerufen hatte: „Allsonntäglich doch,
Euer Durchlaucht, im Vaterunser: ‚Und erlöse uns von
dem Übel!'"

„Hat's schwer gebüßt!" bemerkte Schubart leiser.

„Solches mag uns jetzo erspart bleiben", schloß der
Spezial den Disput, „da wir seit einem Jahr eine liebliche junge Frau Herzogin haben, aus dem vornehmsten
Geschlecht, eine Nichte des preußischen Königs Friedrich!"

„Es scheint auch, Carl Eugen liebt sie heiß", erzählte
der Förster, „sie soll schon gesegneten Leibes gehen,
die Fürstin."

Man nickte, lächelte, griff noch einmal zu den Gläsern, die der Wirt eifrig füllte. Aber die Pfarrherren
hatten es jetzt eilig mit dem Aufbruch. Dem jungen
Volk war's recht, denn nach dem Abgang der Geistlichen konnte der Tanz beginnen. Hörner blieb sitzen
und zog auch Schubart wieder auf den Stuhl zurück.
Im Qualm der Tabakspfeifen, im Dunst der vollen
Schüsseln und erhitzten Menschen drehte sich die
stampfende Masse der Tanzenden zum Ländler, schritt
die feierliche Gavotte.

Stiller saßen die Schubartischen jetzt am Tisch; sie
hörten nicht, daß die Tür aufging; mühsam schob sich
eine dunkle Frauengestalt durchs Gedränge: Helene
stand vor ihnen. Auch im rauchigen Kerzenschein erkannte Schubart, wie blaß sie war. Sie bog sich über
die Tafel, die Hände aufgestützt. „Jakob", stammelte
sie, „der Christian ... er ist nimmer da!"

Der Diakon sprang auf. „Was sagst? Ist er – tot?"

Helene fiel auf die Bank, den Männern gegenüber.

„Hörnervater", brachte sie endlich heraus, „Eure Pistolen!"

Hörner griff erschreckt in die Rocktaschen. „Barmherziger Himmel!" Er faßte nicht mehr, was die Frau berichtete, hastete zur Tür, der Diakon und die Frau hinter ihm her. Auf dem kurzen Weg durch die Nacht, im Stapfen durch den dicken Schnee, konnte Helene endlich erzählen, was geschehen war. „Und ich hab ihn nirgends gefunden!" sagte sie trostlos.

Wütend griff der Mann nach ihrer Schulter. „Der Malefizer! Der Christian! Ein ganz Boshafter ist er! Was in dem steckt . . . Und wenn er noch so geschickt musiziert."

Hörner blieb besonnener: „So sind Kinder, tun's den Großen nach – es ist meine Schuld allein."

Im Pfarrhaus fanden sie Conrad friedlich schlafend. Helene hob ihn aus dem Bett und weckte ihn ungeduldig auf. Die Hände vor den Augen stand er barfüßig in der Stube und stotterte wieder sein: „Weiß doch nicht, wo er ist!"

Helene tat er leid, sie drückte ihn an sich. Während sie ihm die schlaffeuchten Haare aus der Stirn strich, sah sie vor sich hin, als könnte sie den furchtbaren Augenblick wiederholen: Christian, wie er mit wilden Augen auf den Bruder anlegte, halb im Spiel und doch getrieben, gezwungen – als säße ihm ein Dämon im Nacken. Der stärkste meiner Söhne, das reichste meiner Kinder, dachte sie. Wie er wild agiert, mit anmutigen Gesten noch im Affekt, wie er posiert, als stünd' er vor dem Spiegel, schäumt und sich aufpufft wie ein Gewaltiger, sich selber ausgibt, bis er sich zerstört – und dann verzweifelt zusammenfällt, erschlafft, ohnmächtig wie ein Schaumgebild.

„Und wo tobt er jetzt wider sich selber?" fragte sie in die Stube hinein, als wende sie sich nicht an die ratlosen Männer. Und wo liegt er wie ein gestürzter Vo-

gel? setzte sie in Gedanken hinzu. „Jakob, Hörnervater, rufet die Nachbarn, und ich geh selber und such!"

Conrad hielt sie am Rock. „Bleib bei mir, Frau Mutter!" Es stieg bitter in ihm auf, daß man sich mehr
sorgte um den Schuldigen als um ihn, der doch beinah
– er weinte – beinah zu Tod geschossen worden wäre.
Aber – wo es um den Christian ging, galt er nichts
mehr.

Eltern und Großvater blieben lange fort – es wurde
völlig Nacht in der Stube, und der Kleine kroch
schließlich allein in sein Bett, das er mit dem älteren
Bruder Jakob teilte; der schlief schon lang. Als die Eltern sich vor dem Haus von den Nachbarn verabschie-
deten, hatten sie nichts gefunden.

Weinend durchwachte die Mutter die kalte Nacht,
immer wieder lief sie vors Haus, rief und suchte im
Umkreis, ohne sich weiter weg zu wagen. Es fiel neuer
Schnee, Zapfen hingen am Dachrand, im Licht ihrer
Laterne wie grimmige Bärte glitzernd. Stumm ver-
schreckt saß die Familie am Morgen bei der Suppe. Jakob Schubart sprach ein Bittgebet, der Großvater
machte sich noch einmal auf den Weg . . .

Da klopfte es; der Aalener Zoller stand draußen und
rief gleich nach dem ersten Gruß: „Habt Ihr nicht gesehen, wie er gegen den Kocher zugelaufen ist? Ich
hab ihn gestern gerad noch am Rockzipfel erwischt, er
wollt hinein . . . hat gezappelt und sich gewehrt! ‚Ich
bin ein Mörder!' hat er geschrien, als wäre er von Sin-
nen. Erschreckt Euch nicht, Frau Schubartin, er hat's
nicht getan – ich hab ihn ja fest am Arm genommen."

„Und wo ist er hin?" fragte der Diakon endlich.

„Weiter! Als er mir gesagt, wer er ist, wollt' ich ihn
heimführen. Aber er ist mir entlaufen, ich meinte, er
werd' selber heimkommen – und ist er denn nicht
hier?"

„Ach, Zoller", sagte der Diakon traurig, „diesmal

15

haben Euch die Füß nicht schnell genug getragen, und seid doch so oft schon einem flüchtigen Grenzläufer nachgerennt, so Euch den Zoll hat nicht zahlen wollen."

„Meine Pistolen vergrab ich", stöhnte der Hörner.

„Wenn wir bloß den Buben nicht müssen vergraben – in Sankt Johann draußen!" antwortete der Vater dumpf. Der Zolleinnehmer verabschiedete sich kurz.

Die Schubartin weinte den ganzen Morgen, kaum daß sie das Nötigste im Hauswesen tat. Am Mittag, beim Zwölfuhrläuten, ließen alle das Essen stehen. Die Eltern und der Großvater gingen wieder in den Schnee hinaus, sorgsam prüfte der Förster Fußstapfen und Schleifspuren, aber es hatte getaut und jetzt wirbelte es wie ein vergängliches Schleiergeweb vom Himmel – nichts war mehr sicher erkennbar.

Die Brüder saßen allein in der kalten Kammer, Jakob und Conrad. Da pochte es leis an die Scheibe, einmal, zweimal, schwach wie ein Vogeltritt. Sie sahen sich an und wischten das Glas ab. Durch das Loch im Beschlagenen erkannten sie eine Hand, einen blauen Ärmel, dahinter ein rotes Gesicht.

„Christian!" schrien sie beide zugleich. Da war die Gestalt verschwunden, eingetaucht in das verhangene Grau wie ein Spuk. Sie rannten hinaus; im Schnee lag der Christian, leblos, als hätte ihn ein Blitz gefällt. Conrad rief ihn an, Jakob versuchte ihn aufzurichten, sie schleppten ihn zu zweien ins Haus, in die warme Stube. Jakob holte den Milchtopf. Langsam, als falle ihm jedes Lidheben schwer, kam Christian zu sich. Er starrte den kleinen Conrad an wie ein Gespenst. „Bist lebig? Wirklich?"

„Ja, wo bist denn gewesen?" fragte Conrad in einem zärtlich besorgten Ton. „Alle haben dich gesucht, die Eltern und der Ähne und die Nachbarsleut und wir auch – und nirgends warst!" Christian trank gierig sei-

ne Milch; er stützte den Kopf in die Hände und saß da
wie ein alter Mann. Seine Blicke gingen im Zimmer hin
und her, angstvoll suchten sie nach einem Schaden, einem Zeichen seines Verbrechens – ein Junge von zehn
Jahren, beladen mit der Qual unerhörter Selbstankla-
gen, niedergeschlagen von einer heillosen Verstörung,
die ihn nie mehr ganz loslassen sollte.

Inzwischen lief Conrad hinaus, um die Eltern zu suchen. Schon am Zollhaus kamen sie ihm entgegen, ungläubig hörten sie ihn schreien, der Christian sei da, in
der Stube, am Ofen sitze er. Sie liefen gehetzt heim.
Die Mutter nahm den verlorenen Sohn nah an sich,
strich über sein verklebtes Haar, in dem Heufäden hingen, über die zerknitterten Kleider und die haltlos bau-
melnden Beine, die er kaum ruhig halten konnte; und
endlich kam seine Erklärung, unter Stottern und Stok-
ken gestand er: Im Heu habe er gelegen, drüben im
Stadel, ganz tief unter dem Haufen, nur den Kopf habe er noch herausgestreckt, daß er nicht ersticke. Und
er hätte viel geweint und großen Hunger gehabt, aber
kalt sei's ihm erst geworden, als er vor dem Fenster gewartet, bis er endlich zu klopfen gewagt habe, und
jetzt, wo der Conrad lebe, jetzt – er konnte nicht wei-
terreden, und der Vater nahm ihm das ab, als er die
Hände zu einem Dankgebet faltete und alle es ihm
nachtaten; denn unter den kunstlosen Worten, die dem
Diakon der Augenblick eingab, wurde Christian ruhiger. Er sah dabei den Vater ängstlich an, denn er wußte wohl, daß es mit dem allem nicht getan sei; es mußte
etwas nachkommen, unabwendbar.

Als dann gegessen war – Christian würgte trotz seines Hungers mühsam an seinen Bissen – stand der Vater auf und winkte ihm; Helene warf ihrem Mann einen flehenden Blick zu und die Kinder zuckten auf.
Aber der Diakon schritt unerbittlich wie ein zürnender
Halbgott durchs Zimmer und der Junge trottete hinter-

drein. Draußen in der Kammer wurde das Strafgericht vollführt: Man hörte die Stockschläge und das leise und immer lautere Weinen des Buben, bis der Diakon endlich, sich die Stirn wischend, allein wieder hereinkam.

Den Christian fand die Mutter in der Küche, im Herdwinkel hockend, das Gesicht in die Arme gedrückt und innerlich noch mehr zerschlagen als am Körper. Sie wagte ihn nicht zu trösten. „Geh ins Bett, Christel", sagte sie, und das „Christel" war schon ein bißchen Trost in seinem unabsehbaren Jammer.

Durch Wochen blieb Christian still.

„Verstockt" sagte der Vater, dessen Urteil immer schnell feststand. „Verstört" nannte es Helene und versuchte vorsichtig, mehr aus dem verstummten Kind herauszuhören. Die Brüder erzählten ihr, was sie von ihm wußten; damit mußte sie zufrieden sein.

In der Schule fand Christian etwas wie eine geistige Zuflucht. In den ersten Jahren hatte man ihn für dumm gehalten, steif und unbeteiligt hockte er in seiner Bank, um ihn herum die Horde der allzuvielen ungehobelten und nur durch drakonische Strenge zusammengehaltenen Buben: Geschrei und Gestank, Prügeleien untereinander und wüste Unordnung stießen ihn ab; der Präzeptor schlug viel, tobte, pochte dröhnend auf den Tisch. Lesen wurde nach seltsamen Methoden geübt, die Schreibkunst lag im argen – alles war trocken und zwanghaft. Da stellt sich ein feuriges, phantasievolles Kind taub und blind. Christian blieb unansprechbar, bis der Lehrer auf einem Schulausflug mit einem hingeworfenen Wort über die Forellen seine Einbildungskraft weckte. Der Bub spann den Faden weiter, das Leben, das Wesen, das kleine Schicksal der Forelle packte ihn und bewegte seine Gedanken. Er schrieb einen Aufsatz darüber, fragte weiter und erfand dazu.

Von dieser Zeit an gewann der Lehrer Einfluß auf

den Knaben, verstand, daß er nicht durch dürre Regeln zu fesseln sei, sondern durch das Bild, das wie ein Blitz in ihn eindrang und zündete.

Das Bild! Bilder zu sehen und zu formen, sich selber zu betrachten und die Spiegelung seines Ich in anderen zu beobachten, das war der Schlüssel zu dem seltsamen Knaben, und der Lehrer gebrauchte ihn hin und wieder, so oft ihm der Lärm und die Trägheit der vielen anderen Zeit dazu ließen.

Er träumte: Dunkler Waldbach, überhängende Zweige streifen die schwellende Fläche, Schatten flecken das Wasser, gelbfunkelnde Lichter zerdehnt die Bewegung der Welle. Da taucht es auf, eine dunkle Spur, ein Wirbel, schnalzende zuckende Bewegung: Die Forelle. Er träumte davon, nachts griff er mit den Händen ins Kissen, um sie zu fassen. Oder – ein anderes wilderes Bild: Die Flamme. Am Herd stand Helene und schürte dürre Scheite, die sofort Feuer fingen, Reisig, knackendes Kleinholz. Da loderte es auf, rotgelb, grell, ohne Halt und Kontur, unaufhaltsamer Wechsel, Flackern, Zittern, leckendes Umsichgreifen . . . und Verzehren. Alles wird da verwandelt: Keine Form hält ihm stand, jede vergeht, krümmt sich, verfärbt und veraltet und fällt zusammen. Aber Licht strömt aus der Flamme, das einzige, was lohnt, was lebt: Helle! Auch vom Feuer träumte er, bis er schreiend aufwachte . . .

„Mein sonderliches Kind", sagte Helene zum Vater. Der Diakon schaute den Kleinen nachdenklich an; er belauschte ihn ungesehen, wie er Klavier spielte, dazu murmelnd sang und, mit den kleinen Händen kaum die Oktave spannend, Akkorde versuchte. Er ließ ihm jetzt mehr Raum, hörte ihn an und gab ihm kleine Aufträge. Christian wurde das Leben ein wenig leichter. In den folgenden Wochen fing er an, mit stürmischem Eifer zu lernen: Sprachen, Rechnen, Musik. Musik vor allem fesselte ihn. Er saß stundenlang am Klavier, probierte Tonfolgen, Fingerstellungen, Akkorde. Der Vater hörte staunend zu und half da und dort, nicht sehr geschickt, eher einschüchternd. Aber jetzt ging der Knabe auf alles ein, übte heimlich weiter, suchte es dem Vater recht zu machen. In der Musik verstanden sie sich.

Einmal brachte der Kleine ein Notenblatt aus seinem Schulsack hervor; plump gekritzelt und oft durchgestrichen, aber lesbar stand da eine kleine Melodie, und der Satz und die Notenzeichen stimmten. Der Vater stellte ihm Themen, die er dann phrasierte. Bald genügte ihm das Klavizimbel nicht mehr, in dem die Klänge fertig schliefen, wie er sagte. Er wollte sie selber bilden: Der Vater kaufte ihm eine Kindergeige. Kaum hatte Christian die Gründe der Technik begriffen, kaum verstanden die dicken kleinen Finger Druck und Gleiten und die Rechte das Bogenführen, da nahm ihn die Fiedel gefangen: Auf und ab und im Triller versuchte er sich, crescendo und decrescendo und vibrato, und geigte grell wie eine Grille und gelegentlich falsch. Aber er spürte die Verwandtschaft zwischen sich selber und dem sensiblen Instrument, das auf jeden Wink ansprach, eindrucksam und abhängig von der führenden, berührenden Hand.

Dann wechselten die Lehrer in der Schule. Der Präzeptor Rieder war ein kleiner Mann mit einem großen Kopfe, gescheit, gewandt, gebildet, aber irgend etwas stimmte den Knaben mißtrauisch, wenn er einschmeichelnd vorlas und lächelnd dozierte. Er wußte viel und Schubart lernte durch ihn die lateinischen Dichter und Historiker kennen, weit mehr an Stoff, als es seinem Alter und der einfachen Schule zukam. Wieder fragte er und nahm auf, saugte förmlich an, was sich ihm bot; selbst zu gestalten war er noch zu weich. Diese Weichheit war eine Blöße, die der neue Präzeptor spürte und benützte.

20

Der Zwölfjährige war gedrungen gewachsen, mit breiter Brust und schmalen Hüften; die runden Hände wirkten fast weiblich, unter blühenden Wangen leuchteten sehr rote kirschweiche Lippen aus dem gedrängten Untergesicht, die Nase war fleischig und vorstrebend, die Augen, dicht neben sie gesetzt, glänzten vogelhaft neugierig; schwarzbraun funkelten sie jedem entgegen, der ein wenig Sympathie versprach.

Aber über diesem empfindsamen und sinnlichen Unterbau wölbte sich die Stirn groß und frei, sehr hoch, unproportioniert mächtig, als laste ein edles Gefäß auf schwachem Sockel und erdrücke ihn schier.

Rieder zog den begabten Schüler an sich heran, horchte ihn aus und lockte ihn zu frühreifen Fragen, gab zweideutige Auskünfte und Winke, bekrittelte den Vater. Aber den Jungen schützte sein feines Gespür. Später berichtete er pathetisch, Ausschweifungen der Wollust hätten den Rieder an den Bettelstab gebracht.

Solange sich der Lehrer ihm immer wieder aufdrängte,. der Vater ihn nur am Klavier gelten ließ, streifte der Junge viel durch Wälder und Wiesen. Um Aalen zogen sich leichtgeschwungene Bergrücken, mit Buchen bewaldet, selten ein Tannenforst dazwischen. Kleine Bäche sprangen dem Kocher zu, in tief eingeschnittenen Schluchten wucherten im Spätsommer die gelben Balsaminen* in der feuchten Düsternis des Talgrundes unter geheimnisvollen Felstrümmern, die die ungefesselte Phantasie des Knaben aufregten. Sagen von verschollenen Raubrittern, vom Quellfräulein, das seine weißen Fingerspitzen als Rinnsale zierlich aus der Erde schickte, vom wilden Jäger, der in Gewitternächten auf schattenhaften Rossen mit seinem Gefolge über den Wald raste – hörte er unter den Landleuten genug.

Sein Vater mochte sie nicht gern; sie seien aus heid-

* Blumensorte

nischem Bodensatz gequollen, meinte er. Aber Christian kletterte nie auf die Buchenhänge am Kocherursprung, ohne mit einem leisen Schauder den Felsbrokken zu beäugen, unter dessen Überhang im heißen Sommer die Mücken schwärmten, als ob sie den erschlagenen Heckenreiter und sein Roß spürten.

Von Raubrittern war viel die Rede in der Gegend; die Leute erleichterten sich, wenn sie von den verschollenen Peinigern redeten, da sie von den gegenwärtigen nicht reden durften. Christian hörte den Vater stöhnen und die Verwandten, die Lehrer und Forstleute klagen, daß man bitter unter „der Furcht des Herrn" leide, und erst allmählich begriff er, daß damit nicht Gott gemeint war, sondern seine Gesalbten auf Erden, die Fürsten, denen „alle Gewalt gegeben war". Er hörte draußen auf seinen Wanderwegen mehr davon als im obrigkeitstreuen Dekanat, denn inzwischen war der Vater Dekan geworden.

Er merkte, wie ein gutherziger Bauer, der ihn auf einer Wanderung zu seiner Milchsuppe einlud, furchtsam den gewilderten Hasen versteckte, ehe er sich zu Tisch setzte, und wie die Frau dreimal das Brot abstrich, auf dem sie das Schmalz ohnehin knapp bemessen hatte. Er hörte, wie man die jungen Burschen vom Feld holte, wie die Weiber weinten und die Alten murrten, und erfuhr, aufgeweckt wie er war, daß man die Männer gewaltsam zum Soldatendienst preßte, den die preußischen Werber brutal erzwangen. Und einmal sah er, an der Straße gegen Ellwangen, die fürstliche Kavalkade vorüberrauschen, Vorreiter, Läufer, goldblitzendes Pferdegeschirr im Winterabend, wogende Federn am Bock, Windlichter, Schabracken und goldenes Zaumzeug, blitzendes Blendwerk . . . Man stand am Wegrand und verbeugte sich, bis der Spuk vorüber war. Nachher hörte er die Jagdhörner, weitschallend, tönend wie auf Flügeln durch den Wiesengrund an-

22

schwellen und aushallen – er bestimmte die Töne, den Dreiklang, die Quint – es waren Musikanten unter den Hofjägern. Man redete auch von superben Konzerten in Ludwigsburg, die der junge Herr veranstaltete für seine Brandenburg-Bayreuther Gemahlin oder für andere Damen, die ihn wie ein Flor umgaben. Man redete viel, was Christian nicht alles verstand. Und einmal sagte der Jäger, den er am Kocherursprung traf: „Wenn's nur alle so zerschlüg wie den bösen Ritter unterm Stein, die hochmögenden Junker und Blutsauger!"

Manchmal pilgerte Christian auch zum Friedhof von St. Johann außerhalb der alten Stadtmauern gegen den Rohrwang gelegen. Wenn er dort herumstrich, zwischen den Gräbern mit ihren pathetischen Epitaphen, mit Bildwerken, die das Gerippe mit der Sense greifbar machten und das mahnende Stundenglas, dann fühlte er sich verloren und flüchtete in die Ekstase, übersteigerte Angst und Verzweiflung mit der Kraft seiner Phantasie, mit dem angeborenen Hang zum Extrem.

Da saß er im zeitigen Frühjahr, ein Vierzehnjähriger, unter den kühlen Flügeln des Windes, und versank lustvoll in seine Schwermut. Das gehörte ihm allein, diese düsteren Bilder, dieser Schauder, diese abgründige Furcht. Wenn er sich so mit Seufzen und gerungenen Händen in die Darstellung seines Kummers verlor, sah er vor sich die Heiligen aus den benachbarten katholischen Gotteshäusern mit ihren schmerzvoll verdrehten Gesichtern, den schwimmenden Augen, die immer groß und schön waren, und den gewundenen wolkigen Gewändern. Das Leben war nur als ein pompöses Theater erträglich – dahinter – ja, das wollte man nicht mehr wissen.

Die Kirchen zogen ihn magisch an, nicht die Orgel allein, die er oft genug in der Aalener Stadtkirche hörte, auch die Bemalung der Wände und Decken; und manchmal wanderte er nach Ellwangen oder in das nahe Unterkochen, wo die gebietende Wallfahrtskirche über dem Dorf thronte, hinter sich den bunten Friedhof mit seinem Ausblick weit über Land.

Da stand er und staunte Anwanders prunkvolle Marienhuldigung an, die Heimsuchung und den Tod der Jungfrau, und sah die vielerlei gemalten Gestalten vom dunklen Rand zur Kuppel immer heller werden bis zu fast aufgelösten Lichtfarben, vom schweren Irdischen sich verklärend und ein erhöhtes Leben verkündend. Er schwelgte, wie er's selber nannte, und „ergoß" seine inneren Erlebnisse in tönende Läufe auf dem häuslichen Klavier, oder er sang. Und heimlich, wie das seinem Alter entsprach, schrieb er Verse: Todesgesänge, schüchterne Liebessehnsüchte, religiöse Gedichte.

Einer der preußischen Werber, mit dem er ins Gespräch gekommen war, brachte ihm Klopstocks Oden. In seltsamem Gegensatz zu seinem wenig menschenfreundlichen Amt betrieb dieser Hauptmann von Maltitz den Umgang mit der geistlichen Lyrik des literarischen Ideals der Zeit. Christian saugte zugleich mit diesen Hymnen die Begeisterung für den großen Friedrich auf, die dem Hauptmann Antrieb und Rechtfertigung für seine Tätigkeit war. Einmal nahm Maltitz den Buben mit auf eine Werbefahrt; der Vater glaubte, er sitze in der Schule, die der Lehrer beliebig hindehnte, wenn es ihm gefiel.

Mit Trommelwirbel und aufreizender Marschmusik aus einer Feldtrompete erschien der Hauptmann mit einem Korporal und ein paar Musikern in einem Dorf auf der Aalener Gemarkung. Daß die Werber kamen, hatte sich schon herumgesprochen; Neugierige traten zögernd heran, fragten und schauten. Nur die kräftigen jungen Burschen hielt man versteckt. Langsam, während das Gerassel und Gedröhn im Sommerabend über die staubige Dorfstraße fuhr, schlurften ein paar

Männer heran, meist Zweitsöhne, die auf dem kleinen Bauernhof kein Auskommen hatten, auch Querulanten und Herumtreiber, die in keinem Gewerbe guttaten. Weiber waren dazwischen, ängstlich lauernd, ob sich einer der ihren von dem flotten Werber anziehen lasse. Kinder drängten mit glänzenden Augen vor, um die bunten Uniformen und bärtigen Soldatengesichter näher zu sehen.

Der Hauptmann verlas seinen Spruch, Schubart schaute ihm ehrfürchtig auf die Lippen. Aber keiner rührte sich, niemand wollte sich melden. Neben der Lockung stand ihnen das Bild der heimkehrenden Geschlagenen vor Augen, die Ehrgeiz und schlechte Planung oder einfach überlegene Feinde ins Unglück getrieben hatten, Verwundete mit schwärenden Narben, Rechtlose, die auf Barmherzigkeit angewiesen waren und sich krampfhaft ins Schwadronieren und Phantasieren retteten, um noch einen Rest von Achtung zu gewinnen; denn sie waren ja keine Bauern mehr, keine Handwerker, keine rechten Väter und Söhne, nur Abgeschobene und Entgleiste, Abfall der Schlachten.

Der Hauptmann wurde ungeduldig: Es sei ihm leid, sagte er, aber zwanzig Mann seien seine Zahl, die müsse er vor Nacht noch aus Mögglingen heimbringen, darunter tue er es nicht. Die Trommel ratterte wieder, Maltitz lud ins Wirtshaus, ein paar folgten widerwillig, etliche verlotterte Kerle zog der geschenkte Wein magisch an.

Der junge Schubart schlich hinter dem großen Freund drein und setzte sich auf eine Bank im Dämmerigen. Vorn, im Lichtkreis der Kerzen, die der Wirt eilig brachte, lagen jetzt die Papiere ausgebreitet. Man hörte wieder vom Kriegsruhm, von Beute und Schätzen und leckeren Weibern reden, die Burschen nahmen die Becher; viel hatten sie nicht im Magen und Wein kannten sie kaum. Langsam wurden sie munterer. Der Hauptmann trank ihnen zu. Freilich sah Christian, daß ihm der Wirt sein Glas halb gewässert hatte, ohne daß es sonst einer merkte.

Er selber trank vorsichtig, das Ungewohnte schmeckte voll und stark, er kaute ein Brot dazwischen und heftete dringlich die dunklen Augen auf die Männer. Endlich ließ sich einer herbei, die „Verpflichtung" zu unterschreiben, malte ungeschickt seinen Namen darunter; ihm taten es zwei andere nach, ein abgerissener Knecht setzte sein Kreuz dazu.

Jetzt änderte sich alles. Die Geworbenen wurden von dem Korporal und den Bütteln, die plötzlich auftauchten, derb in die Höhe gezerrt und weggeführt. Der Junge sah ihnen erstaunt nach. Ein paar Bauernburschen zogen sich unauffällig zurück und schlichen hinaus.

Maltitz sprang auf. Da prallte ihm die Tür fast ins Gesicht: Eine Frau stürzte herein, halb angezogen, die Zöpfe langhängend. Sie schrie, man habe ihren Jörgle geholt, wer sollte jetzt das Ackerwerk versehen, wo ihr Mann lahm liege? Sie stellte sich vor dem Tisch der Werber auf, ein dürres Weib, unbestimmbar das Alter, mit flackernden Augen.

Maltitz, ihr gegenüber, wurde grob: Der Bursche habe unterschrieben, es sei alles bestellt und beschlossen und nichts mehr zu ändern. Sie fuhr mit scharfem Blick über die Platte, auf der die Weinpfützen glänzten, und griff den Bogen, der da lag. „Ist's der? Steht's da?" fragte sie gellend. Schubart erkannte eine Zeile mit Namen auf dem hellen Papier in ihren Fingern; er konnte nichts lesen, aber ehe jemand reagierte, hatte das Weib ihren Fund mitten durchgerissen und warf dem Hauptmann die Stücke zu. „Ihr könnt einen nicht besoffen machen und zur Kompanie pressen!" rief sie, „sie kommen verkrüppelt heim, sind nichts mehr nutz, wenn sie überhaupt wiederkommen!"

Der Hauptmann faßte ihren mageren Arm. „Seid still, Frau, das geht übel aus für Euch!" sagte er herrisch.

Christian starrte ihn an – er sah fremd und unheimlich aus mit dem Schnauzbart, wie er dastand und die Frau hielt. Sie machte sich los; ein Büttel packte sie von hinten, drückte ihr die Arme an den Leib und warf sie auf die Bank. Christian rückte schnell weg. Er sah das flammendrote und gleich darauf bleiche Gesicht neben sich und dachte an seine Mutter, wenn sie so dasäße.

Er blickte Maltitz an und legte ihm die Hand auf den Ärmel. Der Hauptmann schüttelte den Kopf: „Laßt sie laufen und schaut nicht weiter nach dem Kerl!" Ins Glas hinein brummte er noch: „Soll der Teufel die Werberei holen!"

Christian schob sich leise hinaus in die Dunkelheit und fand den Heimweg.

Keim aus gärendem Erdreich

Der Vater Schubart hielt es jetzt für nötig, den Jungen in eine höhere Schule zu schicken, da ihm das Herumstreichen mit dem Hauptmann nicht gefiel, noch weniger aber der Einfluß Rieders, dessen lasches, genüßliches Wesen sich immer mehr in Launenhaftigkeit verkehrte, bis man ihm endlich wegen unzüchtiger Handlungen den Prozeß machte und ihn entließ.

Der Dekan wählte also das Nördlinger Lyzeum für seinen begabten Sohn, das der Rektor Thilo leitete, ein tüchtiger Philologe, der auch Theologie studiert hatte und sich mit der Ästhetik der Alten wie mit der Philosophie beschäftigte.

Jakob Schubart brachte den Jungen beim Chirurgen Seidel unter, der bieder und redselig, wie er war, den jungen Christian bald ein wenig in seine Profession einführte, bei allerlei Unpäßlichkeit beriet und ihm das Interessante seines untergeordneten Berufs anpries, den er mit Geschick und Schlauheit betrieb; denn es war durchaus nicht immer nur das Leibschneiden oder Brüche und Quetschungen, die er heilte, er riß Zähne und stach den Star und gab mit seinen skurrilen Geschichten dem Glauben und Aberglauben seiner Patienten zu kauen: Wie die Spinnweben im Stall gegen Warzen gut seien, erklärte er ihm, und was der Nachtschatten schade oder woher die Hexenringe aus Waldpilzen kämen und die glattgescheuerten rindenlosen Streifen an den Eichenstämmen. Er erzählte auch vielerlei von der „Kunst Aphroditens", wie er sagte, und machte derbe Späße dabei.

Für Christian waren es zwei Welten, und beide behagten ihm – die klare, geordnete, gütig humorvolle Art des Rektors schulte ihm Geist und Verstand, und des Baders Geschwätz schläferte ihn ein wie laue, sumpfige, dumpfe Luft. Was ihm der Vater nahegelegt hatte und immer wieder anmahnte, den Ernst des Glaubens, konnte er nicht recht einsehen; der Religionsunterricht, den Thilo nicht selber gab, war dürr und trocken. Der Rektor führte seine Schüler – und Christian war sein bester – zu den Klassikern: Homer, Plato, Horaz und Cicero wurden vorgekaut und eingepaukt, aber auch über dem peinlichsten Eindrillen verloren sie nicht ganz ihren Schimmer. Schubart las für sich, abends in der Kammer, noch einmal und im Zusammenhang, was er in den Schulstunden hörte. Auch die neuen deutschen Dichter brachte Thilo zum Klingen.

Und dann die Musik, immer wieder brach diese Urbegabung durch: Schubart spielte jetzt fast virtuos, komponierte, sang, Rhythmus und Klang verlockten ihn zu eigenen Versen, die ihm allzuleicht flossen. Auf das Lissaboner Erdbeben dichtete er eine Nänie*, stark gefühlt, in „schwellenden" Tönen, fugierte Choralmelodien, und so nebenbei, fast unbewußt, entstanden Volkslieder, verspielte, derbe und sangbare Reime; ein Gang durchs Feld, eine Nacht im Wald – alles lag in ihm wie ein empfangener Keim bereit, und es brauchte nur ein Wort, eine Tonfolge, daß sich das Geformte fertig aus ihm löste und er es nur niederzuschreiben hatte – aber oft genug ließ er's auch hinströmen, sagte es nur sich selber vor und verlor es wieder, da es ihm nicht kostbar genug war, um es zu halten. Es formte sich nicht immer ganz originell, manchmal in den Bahnen Klopstocks und Herders, oft als Hexameter. „So lebt ich also –" sagte er später von jener Zeit – „zaumlos als ein luftiger, gedankenloser Jüngling mein Leben hin."

1756 verließ er Nördlingen. Man erregte und empörte sich gerade heftig über den jungen Herzog: Carl Eugen hatte es arg getrieben, selbst nach dem Urteil der geduldigen Nördlinger, und was man von Stuttgart hörte, war zwar im Licht ähnlicher Affären nicht ungewöhnlich an europäischen Höfen, aber für die Schwaben auffällig genug: Der junge Fürst hatte sich nicht lang nach den Maximen Friedrichs von Preußen gehalten, die ihm dieser zur Thronbesteigung mitgegeben hatte, wohl wissend, daß er durch seine Beurteilung des Prinzen mitverantwortlich für seine Regierungsführung wurde. Er rate, schrieb der König, drei Jahre seiner Jugend „dem Vergnügen zu weihen", dann aber zu heiraten und mit Ernst an seine hohe Stellung zu denken. Und obwohl Carl sich schon als halber Junge sterblich in seine künftige Frau verliebte, „weihte" er sich weiterhin dem „Vergnügen", wie er es als sein gutes Recht verstand.

* Trauergesang

Die sechzehnjährige Friederike von Brandenburg-
Bayreuth, eine Nichte Friedrichs, galt als Schönheit
mit den großen Brandenburger Augen und ihrer grazi-
len Gestalt. Geist und musische Neigung hatte sie von
der Mutter, Friedrichs kluger Schwester Wilhelmine,
mitgebracht. Aber es fehlte ihr der Humor, die Weite
und Reife, um den neuen Forderungen gewachsen zu
sein; sie war zu jung, um, wie Maria Theresia, keiner-
lei Ansprüche an die Treue ihres Gemahls zu stellen
und ihn trotzdem zu lieben, zu hochmütig, um ihr
bäuerlich gutherziges Volk zu verstehen, und bald
auch zu verstört, um zu alledem auch nur den guten
Willen aufzubringen.

Ihr erstes Kind, eine kleine Tochter, starb nach einem Jahr; Carl ritt, jagte, tanzte und feierte, ohne
Rücksicht auf sie zu nehmen. Balletteusen und Sängerinnen, primitive, oft nur in ihrem Fach tüchtige Geschöpfe, waren seine wechselnden Gefährtinnen. Die
fähigen Minister verabschiedete er schnell; um sich als
selbständiger Herrscher zu bestätigen, ließ er unbe-
währte Berater Einfluß gewinnen, Kreaturen, die ihm
geschickt schöntaten, zwielichtige Figuren, die ihn ausnutzten und immer mehr Ausgaben verlangten, denn es
sei, so legte man ihm nahe, seine Aufgabe, den glanz-
vollsten Hof Europens zu präsentieren. Nur der Ruhm
einzigartiger Berühmtheiten könnte diese Pracht ver-
leihen. Unsummen brachte das Land auf, erpreßten die
Werber und Finanziers, um die unübersehbare Fülle
von Festen und Genüssen zu bezahlen.

Ein paarmal war Friederike, die sonst gern an
Opern- und Theaterabenden teilnahm, verbittert zu ihren markgräflichen Eltern gefahren; aber sie kam immer wieder, gebeten oder gemahnt und mit Rücksicht
auf den Klatsch der Höfe, kaum mehr Carl zuliebe.
Dann floh sie endgültig und kam nie mehr zurück.

Christians Vater stammte aus Altdorf, der berühmten Hochschulstadt bei Nürnberg, in der auch Wallenstein studiert hatte und die später Erlangen hieß. Er bestimmte seinen Sohn für Nürnberg. Zwischen Nördlingen und Nürnberg, im Begriff, seinen Fuß in die größere Welt zu setzen, verschaffte ihm ein Freund die Gunst, in Stuttgart die Oper zu hören. Man spielte „Xerxes" von Händel, und die Pirker, aus England kommend und unter Gluck ausgebildet, sollte die Amastris singen.

Der junge Mann aus der Provinz, schüchtern in seinem unmodischen Frack, den der Freund mit eigenen Tressen aufgebessert hatte, betrat das knarrende Parkett des obersten Ranges im Hoftheater. Der Holzbau roch dumpfig, unten summten die geputzten, gepuderten Zuschauer; oben drückte sich eine Gruppe von jungen Burschen zusammen. Die Hofloge war noch leer. Der steife gemalte Vorhang wogte im Licht der Kerzenreihen, als ein mächtiger Mann davor auftauchte: Der Musikdirektor Jomelli, „so begnadet wie füllig", wie man sich zuflüsterte. Er wurde erstaunt betrachtet, endlich beklatscht. Aber er winkte mit der fleischigen Hand. Es sei keine erfreuliche cosa, die er zu verkündigen habe: Die célèbre und von ihm hochgeachtete Primadonna Madame Pirkerin sei unpäßlich und könne nicht auftreten. Man habe deshalb schnell ein anderes Stück angesetzt, in dem sie nicht benötigt werde, ein Werk des Salieri aus Salzburg, der Mozarts Konkurrent gewesen war. Schubart begeisterte freilich auch das, wiewohl er die Marianne Pirker gern gehört hätte; später erfuhr der Freund, ein junger Musiker vom Hoforchester, die Pirker sei plötzlich verschwunden.

„Was?" schrie Schubart aufgeregt, „das ist doch nicht möglich?"

„Doch, derlei gibt's", murmelte der andere betreten. „Man sagt, sie sei eine sonderliche Freundin der Her-

31

zogin gewesen, habe auch früher in Bayreuth gedient und sei des öfteren dorthin gefahren. Und dabei . . . aber darüber dürfe niemand reden."

„Man kann sich's denken", bestätigte Schubart, „sie hat Briefe oder einen Bericht von der Herzogin mitgenommen, und was drinstand, weiß man schon."

„Woher hörst du derlei?" fragte der Freund.

Schubart wurde rot. „Vom Liesele", bekannte er dann, „die hilft in der Hofküche."

Der andere lächelte ein wenig blöde.

„Und jetzt?" fragte Christian Schubart. „Er hat sie verhaften lassen! Ich ahne es schon!"

Der Musiker nickte; er war blaß geworden. „Und auch den Mann, den alten Pirker, und den Friseur Reich – alle miteinander", ergänzte er flüsternd, „sie seien schon auf dem Twiel, ohne Verhör und Verhandlung . . ."

„Da sie zu Bayreuth des jungen Herren Sprünge gemeldet!" sagte Schubart und sah sich unbefangen um. „Komm, Baste, oder magst lieber Drollinger genannt sein, da du nicht hörst?"

Der andere zuckte erschrocken zusammen. Drüben an der Mauer stand ein Mann und schaute herüber; er kannte ihn nicht, und Schubart hatte seinen Namen so laut gerufen.

Er zog den Freund am Ärmel mit, Schubart sträubte sich und schüttelte den Kopf.

Inzwischen trat der dunkle Mensch heran, mit raschen weichen Schritten war er plötzlich da. „Sie sind?" fragte er.

Schubart mit seinem feinen, fast tierhaften Gespür für die Antriebe der Leute, antwortete spontan: Sie seien Reisende, Freunde des eben angekommenen Seigneur de Saingalt, der bekanntlich Gast des Herzogs sei – „Serenissimi . . . meinte ich", setzte er gewandt hinzu.

Der Frager zog den schwarzen Schlapphut in die Stirn und lachte. „So, des Casanova Freunde – die kennt man hierzulande!" Er blieb einen Augenblick stehen; während sein Gesicht im Schatten lag, verneigte er sich leicht. Dann ging er, mit den gleichen katzenhaften Wendungen, wie er sich genähert hatte.

Sebastian Drollinger nahm Schubarts Arm. „Das hätte schlecht ausgehen können", flüsterte er, „'s war ein Spion des Herzogs – eher wie nicht!"

„Serenissimi", verbesserte Schubart und lachte schallend. „Warum läßt er in den Gassen herumhorchen?"

„Von den Gefangenen soll niemand wissen", meinte Drollinger, „das könnte uns übel aufstoßen, wenn ihn dein Casanovagerede nicht überzeugt hat."

„Vielleicht erkundigt er sich bei dem Italiener", vermutete Schubart und fing an zu trällern: „Wär ich der Herr Saingalt – ich würde nimmer kalt . . ."

„Still, Esel!" zischte der Freund entsetzt, „mußt uns doch nicht noch einmal hineinreiten, du Leichtfuß!"

Ein paar Tage danach kam ein Bote zu Sebastian. Sein Name war genau vermerkt, obwohl er erst wenige Wochen in Stuttgart wohnte, und Schubart, der ohne Wissen der Eltern noch immer nicht nach Nürnberg abgereist war, saß dabei, als Drollinger das Schreiben öffnete.

„Verehrter unbekannter Freund, junger Mann!" stand da, „des Durchlauchtigsten Sbirren* haben mich heute morgen besucht, als ich eben, noch schlaftrunken und von einer Aventure träumend, im Bette lag. Sie wollten hören, ob Sie mir bekannt? Und obgleich solches nicht zutraf, habe ich die Intrigue durchschaut und als Ihr treuer alter Freund fungieret. Nun aber wird es Zeit, diese Stadt zu meiden – tun Sie es rasch. Der Ihre, C."

* Geheimpolizei

„Ich hätte wohl Lust, den Casanova wahrhaftig aufzusuchen", eröffnete Schubart dem Freund.

„Das wäre das Dümmste, was wir tun könnten."

„Warum?" Schubart fing an, im Zimmer herumzutänzeln und beobachtete heiter, wie draußen die Schneeflocken wirbelten. Der andere schob Holz in den Ofen, der dieses Jahr noch nicht geheizt worden war. Es qualmte erbärmlich. „Ja, Baste, das tun wir – oder willst mich allein lassen dabei?"

„Du hörst doch, was denen geschieht, die sich bei Hof mißliebig machen", warnte Drollinger, „ich bin drauf angewiesen, hierorts eine Stelle zu finden, mindestens Schüler, kann doch nicht den Häschern ungut auffallen."

„Den Sbirren? Er redet sie venezianisch an, der Casanova! Du, das ist ein feiner Herr, gelehrt, hört man, und weiß sich dem jungen Herzog angenehm zu machen, nicht bloß den Damen." Er blinzelte sehnsüchtig.

„Tu, was du magst", murrte Drollinger, „diesmal mußt allein gehen."

Schubart nickte. „Schad'," sagte er unter der Tür und war gleich danach in seinem Gasthof, einem alten Haus in einer unbeleuchteten Gasse, durch die der schmelzende Schnee den Unrat schwemmte. Schubart zog sich um. Er fragte den Wirt nach dem Quartier des Seigneur de Saintgalt und der riß die Augen auf und tuschelte ihm zu, der edle Gast bewohne den „Güldenen Schwanen", allwo er vier Zimmer gemietet habe. Schubart dankte und übersah die ausgestreckte schmierige Hand.

Im „Schwanen" fand er den Gesuchten nicht. Man war verstört, man schwieg und druckste an einem Wort, man zuckte die Achseln, bis Schubart zornig rief: „Wenn Ihr's nicht sogleich bekennet, wo er ist, schick ich die herzogliche Polizei nach ihm!"

„Die hat ihn schon!" hieß es kleinlaut, „vor einer

34

Stunde ist er geholt worden, wegen eines Händels mit den wirtenbergischen Offiziers, die mit ihm gekartelt haben gestern nacht."

Schubart überlegte, während er die Gasse entlangpatschte. Es roch übel, nach schlechtem Fett und nach den Misthaufen vor den Zäunen. Aber er war nun einmal im Schwung, er mochte jetzt nicht mehr einhalten.

Nach einigem Befragen fand er das Gefängnis, stand eine Weile vor der Mauer mit den vergitterten Löchern, dann fing er im Dämmern an zu pfeifen. Es war ein Tanz, eine Tonfolge aus der Salierischen Oper, mit ein paar Trillern und Schleifen, die er dazu erfand. Drinnen regte sich nichts, außen schlurfte nur ein Bettelweib schielend vorbei.

Da ratterte ein Wagen heran, und Schubart drückte sich an die Mauer. Das Gerassel wurde lauter und hielt an. Aus dem Gefährt, das nur in Umrissen kenntlich war, glitt etwas Helles, ein wehender Schemen, während der Kutscher das Ledertreppchen zum Aussteigen entrollte. Duft streifte den Wartenden, es rauschte an ihm vorbei aufs Tor zu.

Jetzt wurde er neugierig und folgte dem Diener, der das Licht trug. Niemand fragte, es ging alles zu rasch. Am Tor schellte der Lakai. Der Wärter kam, prüfte unter der Lampe ein Schreiben, öffnete eine Tür. Schubart schlüpfte mit hinein. Das Hofpflaster war glitschig und uneben. Der Diener schaute ihn an und hob die Laterne.

„Ein Freund!" tuschelte Schubart und bückte sich, um nicht erkannt zu werden. Die Dame drehte sich um. Schubart, in einer Eingebung, ergriff ihren Schal und tat, als habe er ihn eben noch vor dem Abgleiten in den Schmutz bewahrt. Er gab ihn mit einem Bückling zurück, erwischte die Rechte der Dame und küßte den Handschuh. Sie lachte und ließ ihn mit eintreten; drinnen stand ein Kommissar.

„Lady Thibaut of Sothcliff!" stellte sich die Gestalt vor, die Schubart vergeblich näher zu betrachten suchte; ein rauchblauer Schleier verdeckte das Gesicht unter dem toupierten Haar, auf dem ein winziger Hut schwebte. Schubart drückte sich hinter dem breit wippenden Reifrock weiter, ein Wächter erschien schlüsselrasselnd und schaute erstaunt auf den Kommissar. „Sonderpermission Seiner Gnaden, des Grafen Montmartin!" schnauzte der und ließ die Dame mit einem Bückling vorbei. Wieder ruckte der Wärter unsicher mit dem dicken Kopf, aber sie ergänzte ohne Zögern: „Mit zweien Bediensteten."

Eine so vornehme Frau konnte unmöglich ohne Begleiter ein Gefängnis besuchen wollen, und die beiden Beamten zogen sich dienernd an die Wand zurück. Schubart hatte sofort die zuversichtlich-devote Haltung angenommen, die seiner Rolle zustand, und der Lakai, das flackernde Lämpchen erhoben, ging wortlos voraus. Der Gang zog sich hin, ein feuchtes Gewölbe mit vielen Türen, hinter denen man die Gefangenen vermutete. Dann wurde die Decke höher, die Mauern glatter, die Umrisse einer Tür erschienen als schwaches Viereck. Der Kommissar nahm dem Diener die Lampe ab, ließ sich den Schlüssel reichen und öffnete. Helligkeit brach in das dunkle Gelaß, in der Ecke schwang sich ein Mann vom Lager und warf einen Umhang über: Casanova. Im ungewissen Schein erkannte Schubart ein weiches Profil mit angebogener knapper Nase, große Augen, dunkle dichte Brauen; das Haar hing zerzaust um die schmalen Wangen und das schwache Kinn – ein romanisches Gesicht ohne bedeutende Linie – dachte er schnell, als schon die Lady, ungeachtet ihrer Zuschauer, auf den Erschrockenen zuflog und – „Giacomo!" – ihm am Hals lag. Kommissar und Wärter wandten sich in den Gang zurück und die beiden Begleiter blieben stehen wie Holzklötze.

Casanova faßte sich und schob die Dame sanft von sich ab. „Wie hast du das fertiggebracht, du Hexe?" fragte er italienisch, was Schubart einigermaßen verstand. Sie sprudelte vergnügt und unaufhörlich, halb deutsch, halb italienisch, eine phantasievolle Erklärung; dann fragte sie flüsternd: „Wie bringen wir dich hinaus?"

„Mylady!" rief Casanova lachend – er schien seine Haft trotz gräßlicher Drohungen seiner Wärter nicht ernst zu nehmen – „Mylady!"

„Du weißt ganz gut, wer ich bin!" sagte sie und schlug endlich das Schleierchen zurück, freilich so, daß Schubart ihr Gesicht nicht sah.

„Jetterin, du freches Geschöpf!" kam es jetzt deutsch und deutlich aus dem Mund des Kavaliers. „Hinauskommen? Nicht ganz leicht, zumal mir hier weder ein dummer Mönch noch ein steiler Dachfirst dienen wird, wie zu Venedig in den Bleikammern."

Schubart, mit seiner ganzen jungenhaften Abenteuerlust, rief dazwischen: „Aber ich getrau mir, die Wächter abzulenken und Sie zu decken, Mylady und Seigneur!"

„Parbleu, der ladrone redet italienisch!"

„Soltanto un poco!" wagte Schubart schüchtern, „aber . . ."

Da war schon der Wächter wieder da, pochte und rasselte, vermeldend, es sei nicht länger statthaft, mit dem Delinquenten zu „karessieren". Er sagte wirklich so, und Schubart lachte laut, was einem Bedienten kaum angestanden hätte. Aber die Dame winkte gnädig und überreichte mit einem charmanten Lächeln dem Delinquenten ein umfängliches Paket, das sie unter dem Reifrock hervorzog. Dann entfernte sie sich mit Händewedeln und Nicken. Schubart, der als letzter ging, drehte sich um. „Sono sempre al Suo servizio!"* rief er kühn, selber nicht ganz überzeugt von seinen Sprachkenntnissen. Aber – „Mille grazie, amico!" respondierte der Kavalier und lächelte entzückt. Er war ja auch wirklich in einer Lage, in der man einen dienstbereiten Freund brauchen konnte.

Draußen wandelte sich die Lady in ein kicherndes, ziemlich alltägliches Geschöpf, das Schubart schöne Augen machte. Immerhin hatte es ihr imponiert, daß der junge Mensch die Sprache des berühmten Reisenden beherrschte, wie sie meinte. Und Schubart nahm sich vor, den Faden, der ihn vielleicht schon beim Beginn seiner studentischen Laufbahn an ein Abenteuer knüpfte, nicht so schnell loszulassen.

Die Gelegenheit, ihn weiterzuspinnen, kam bald genug. Schubart, den Freund Baste verlassen hatte, war schon entschlossen, endlich weiterzureisen, als ihn der Diener der Jetterin aufsuchte. Er habe einen Brief im Sack, flüsterte er in derbem Schwäbisch, von der Madame Lady, und er, Schubart, solle ihn gleich lesen, da ja „der andere" nimmer da sei, wie man erfahre. Das Geschreibe war ziemlich fehlerhaft, die Schrift holprig. Aber der Inhalt elektrisierte ihn: Er möge sich bereithalten, da er der einzig denkbare Helfer sei, sein Versprechen betreffend die bewußte notleidende Person wahrzumachen, und zu diesem Zweck des Abends um halber neune im Schloßpark am Lusthaus hinten warten.

Er verschob seine Abreise und bestieg in frühem Schneegestöber den Wagen, in dem die Frau im Dunkeln auf ihn gewartet hatte. Dem klingenden Trinkgeld der Jetterin war es zu danken, daß man ohne den Wärter zu dem Gefangenen vordrang. Drinnen war es Nacht, die Lichtbahn vom Fenster verhängt; jemand sprang vom Lager und zog den Vorhang weg. Schu-

---

* Immer zu Ihren Diensten

bart sah erstaunt, daß es eine braunhäutige Frau war, die nicht ungeschickt mit ihrem schaukelnden Reifrock umging, als sie hüftwiegend herankam. Eine weiße Lockenperücke verbarg die Stirn, ein Schal um den Hals, geraffte Spitzen rundeten die Figur, Handschuhe deckten die etwas lang geratenen Hände. Es war dasselbe Kostüm, wie es die Jetter trug. Freilich, das Sprechen dämpfte die Dame vorsichtig, als sie „Buona sera!" wünschte.

Schubart durchschaute das Manöver sofort, aber – wie sollten dreie hinausgelangen, wo zwei hereingekommen waren? Etwas sorgenvoll bedachte er seine eigene Rolle. Würde Casanova von ihm verlangen, daß er zurückblieb? Den Gefangenen spielte? Sich jahrelanger Haft aussetzte – ihm zuliebe? Er sah die Jetterin erschrocken an. Aber er hatte sich in ihr verrechnet. So dumm sie ausschaut, so schlau ist sie doch, dachte er erleichtert: sie befahl ihm, den Arm der „Dame Neuhaus" zu nehmen.

Schubart stockte zuerst, bis er sich klarmachte, daß Casanova auf deutsch Neuhaus bedeutete. Da tat er, was sie ihn geheißen hatte. Aber die Lady? Er fragte fast gleichzeitig mit dem Verkleideten. Sie bleibe, erklärte die Jetterin, und sie werde eine Geschichte erzählen, daß es die Wärter grause. Und – freikommen werde sie auch, dafür sei gesorgt.

Nicht sofort, aber sichtlich erlöst, nickte Casanova. Ehe er noch höfliche Einwände machen konnte, tappten draußen Schritte heran. Die Jetterin schlüpfte mit einer Behendigkeit unter das Lager, die einige Übung vermuten ließ. Sie zog die Decke herunter und hielt sich reglos. Als der Wärter umständlich aufschloß, lag das Logis in der trüben Dämmerung seiner Laterne. Schubart und seine „Dame" traten ihm so schnell entgegen, daß er gar nicht mehr hereinzukommen brauchte. Er brummte etwas von späterer Kontrolle durch den Kommissar persönlich und ging voraus mit dem Licht. Die Tür verschloß er.

Im Hof bestieg die „Dame" ihre Karosse. Schubart saß auf dem Bock beim Kutscher. Ein Stück weiter, im Park wartete ein zweiter kleinerer Wagen, Casanova stieg wortlos um. Er winkte flüchtig aus dem Fenster des Gefährts, das ihn – Gott wußte, wohin – in die Dunkelheit entführte.

Schubart, zitternd vor Spannung, mußte jetzt an seine geschmolzene Barschaft denken. Ob er bezahlt sei, fragte er den Kutscher, und wie weit er ihn mitnehmen könne? Das sei erledigt, antwortete der Mann neben ihm, und er werde ihn am Eßlinger Tor absetzen. Nicht weit davon lag Schubarts dürftiges Quartier. Erschöpft, als habe er Schlachten geschlagen, schlief er in der Nacht. Am nächsten Tag gingen Gerüchte um, die ihn vorsichtig machten. Es hieß, man habe im Gefängnis des Seigneur de Saintgalt eine Dame gefunden, die sich als Lady ausgebe. Sie sei, wie sie versichere, von dem berüchtigten Abenteurer aufs übelste mißhandelt worden, schließlich habe er sie hilflos auf dem Stroh liegen lassen und sich davongemacht. Daß sie eine Lady sei, glaubte man ihr freilich nicht, aber die sie kannten, schwiegen lieber. So wurde die Jetterin frei, fuhr heim und lachte. Der betrogene Wächter wurde bestraft, obwohl er mit heiligen Eiden beschwor, daß Tür und Tor unpassierbar gewesen seien. Casanova verfolgte man nicht – er hatte Gönner am Hof.

Schubart war allein. Den Drollinger war er los, leider, denn er war ein guter Kerl gewesen.

Das Liesele in der Hofküche und die Gretel am Markt und die Hanne im Wirtshaus – der junge Mann hatte in Stuttgart viele Bekanntschaften gemacht und manche Freundschaft geschlossen, und als er nach Nürnberg kam, trieb er's so weiter. Es waren dumme, naive und raffinierte Geschöpfe darunter und er – ein

Bursche von siebzehn Jahren, noch fast ganz unerfahren und recht gutgläubig, erwartete von jeder die Offenbarung und Erlösung, bis er allmählich stumpfer wurde und leichtfertiger mit den Mädchen umging. Er tröstete sein pietistisch geschliffenes Gewissen mit der Dichtermoral, die er sich vorsagte, und flog hin und her, bis ihn der Vater, ernstlich besorgt, heimrief und zum Studium der Theologie in Jena bestimmte. Sehr begierig war der junge Schubart freilich nicht auf das Studium, denn er bemerkte altklug, daß die hohe Schule weder den Weisen noch den genialsten Mann schaffe, man könne wohl beides sein, ohne je eine Universität gesehen zu haben. Nun tat er sich zunächst in der Heimat um, besuchte den Lauterburger Pfarrer Schuler, der wie viele Zeitgenossen die Himmelskunde betrieb, „Gläser schliff und Sehrohre machte", und versuchte sich selber in der Astronomie, wie er alles ergriff, was es Neues und Interessantes in seiner Umgebung gab, wißbegierig und aufnahmebereit.

Im Herbst 1758 reiste er, bepackt mit Büchern, Wäsche, Würsten und Bouteillen und nicht minder mit Ratschlägen und Verboten, nach Jena ab. Aber unterwegs, in Erlangen, hielten ihn die sangeslustigen Genossen und ein paar hübsche Mädchen fest, er warf sich unternehmend ins Gewirbel des Burschenlebens, ein trink- und musikfreudiger Mensch und rede- und versgewandter Gesellschafter, ohne weiter zu denken, als wie er mit den schwärmenden Freunden Tage und Nächte „hinbrausen" könnte. Dazwischen studierte er „tumultuarisch", wie er es später reuevoll nannte, alles durcheinander; Systeme waren nie seine Stärke und niemand hatte ihn je angewiesen, sich zu beschränken, einzuteilen, zu wählen, wie es für eine „seriöse Bildung" nötig gewesen wäre.

Da verklagte ihn sein Hauswirt wegen der Mietschulden, der Weinschenk wegen der Kreide für viele unbezahlte Bouteillen und einige Väter wegen den Umtrieben mit ihren Töchtern; er schrieb nach Hause, er sei ein zitternd halbverhungertes Opfer seines Übereifers in Theologiae und einiger böswilliger Verleumder, doch der Dekan in Aalen reagierte unerfreulich: Der Herr Sohn habe denen großen Opfern derer eingeschränkten Eltern zu gedenken und sich entsprechend eifrig seines Studiums zu befleißigen, da man ihm sonst den Wechsel sperren würde.

Aber zu dieser Umkehr war es zu spät. Als er nachts heimkam, wartete der Stadtbüttel; er saß mürrisch und mit dem Schlaf kämpfend auf der Stiege. Der Herr sei verhaftet und habe unverzüglich ins Stadtgefängnis mitzugehen, „keine Widerrede, Herr Studiosus".

Der weinselige Schubart taumelte in der kühlen Nacht, schlich vor dem Büttel in sein Verlies – sein erstes, wenn man den Besuch bei Casanova nicht rechnen wollte, und kroch zerknirscht in eine Mauerecke. Was die zu Hause denken würden, und die Freunde und die Mädchen? Und – die Professoren? Aber er hatte keine Protektion und keine Damen zur Seite, die ihn freimachten wie den Casanova; er mußte brummen.

Man hielt ihn ordentlich, gab ihm gut zu essen, da es ja um Kavaliersdelikte ging, um Spiel- und Trinkschulden eines Studenten, aber herauskommen würde er kaum, ehe der Vater zahlte.

Ein paar Tage dämmerte er bekümmert hin, danach erwachte die alte ruhmredige Lust am Leben und dem eigenen Genie, er verlangte Feder und Papier und einen Boten, der sein Geschreibe forttrage. Eine gestickte Weste gefiel seinem Wächter, und mit ihr erkaufte Schubart sich auch den Besuch eines Freundes, der einen Korb Flaschen mitschleppte; dann wurden es mehr Besuche und auch Giovanetta wurde hereingeschoben, seine italienische Freundin, die hübsche sizilianische Liedchen singen konnte.

Als endlich ein zorniges Schreiben und – „um der Schande willen" – ein Guldenbetrag von Aalen kam, ließ sich der Wärter erbitten, ein altes Klavier herein-zuschaffen, das dem Kommissar, einem ehemaligen Gastwirt, gehörte.

Jetzt sah Schubart keinen Grund mehr, sich zu grä-men: Er gab „Konzerte" mit der Giovanetta, spielte, komponierte und „wütete in die Saiten", trank, lärmte mit den Freunden, und lebte zudem umsonst auf Staatskosten – bis ihn der Bruder Conrad, Student der Rechte, unverhofft besuchte, und hinter ihm, schreck-lich genug, das ernste magere Gesicht des Vaters auf-tauchte.

Indessen war er von der Hohen Schule relegiert worden, der Vater ließ letzte erborgte Gulden zurück, bis die Haft abgesessen sei, und Schubart kämpfte mit einem Fieber, das ihm sein unmäßiges Leben eingetra-gen hatte. Einer seiner Lehrer, der sein musikalisches Talent kannte, erwirkte endlich mit eigenen Opfern die Freilassung.

Schubart kam heim, nach Aalen, ins stille wohlgere-gelte Dekanat, ohne Examen, ohne irgendein Zeugnis seines Fleißes, ohne Geld und – krank. Der Vater sprach nicht mit ihm, die Mutter weinte, die Brüder, so oft sie nach Hause kamen, mieden ihn ärgerlich.

Und ihm schwirrte der Kopf, Fieber und wilde Ideen trieben ihn um, der Medikus kurierte weniger, als er ihn kujonierte*, da er den Kummer des Dekans sah. Schubart hielt sich brav, er spürte die fragenden Blicke seiner Mutter, und die gingen ihm näher als des Vaters steinerne Miene. Er stand am Vormittag auf, die Absti-nenz von Wein und Umtrieb fiel ihm schwer. Unlustig stocherte er im Essen herum, das die Magd fett und mehlreich gekocht hatte; gegen Abend lief er in die

* quälte

Wälder; jetzt, im Frühling lagen sie rotbraun knospend, voller Erwartung unter dem hellen Himmel; aus dem starkduftenden Boden stießen Grasspitzen und aus den schmalen Zweigen gelbgrüne Knospen, die Berghänge schwangen sich am Horizont hin, hauchzart gezeichnet, in der Ferne immer blasser und unbestimmter schwebend, wie eingesogen und aufgeschlürft von dem Wind, der die nahen Bäume wiegte und schaukelte. Schubart hatte eine Predigt des Vaters mitanhören müssen, ungern genug setzte er sich den unverhohlen feindlichen Blicken der Honoratioren aus, paßte nicht recht auf, da er sich über die nüchternen gradlinigen Gedanken des Alten erhaben dünkte, und wußte doch, daß es um die „herrliche Freiheit der Kinder Gottes" ging.

Jetzt, im zunehmenden Abendwind, dachte er daran: Freiheit! Klopstock sang davon: „O Freiheit, Silberton dem Ohre, / Licht dem Verstand und hohes Glück zu denken, / dem Herzen groß Gefühl . . ." –

Freiheit – das ist mein Grundklang, Freiheit, die Freiheit vom Zwange; „Kinder Gottes", das verpflichtet, und ich will nicht, will nicht eingeschworen sein auf irgend etwas; ist der Wind da angebunden? Die Zweige? Wolken und Vögel? – Menschen allein zwingen einen ins Joch, das ich nicht mag.

Es wurde langsam dunkler, Umrisse verschwammen, Farben bräunten sich, der Himmel ließ noch ein paar schmächtige Streifen rot aufscheinen, dann zog sich der unsichtige Vorhang zu.

Schubart trabte heim, den Mauern zu. – Freiheit, Freiheit, dachte er auf einmal, gibt's die, wenn nicht auf jemandes Kosten? Wie wollte ich frei leben ohne des Vaters Geld? Frei schreiben ohne des Buchbinders Buch, des Tischlers Tisch, der Vorigen überliefertes Wissen? – Ach ja, niemand ist aus sich selber. „Keiner lebt ihm selber und keiner stirbt ihm selber", das ist ein

Bibelspruch, wie komm ich daran? Eingetrichtert von Kind an, eingebleut . . . Er suchte sich den Weg in den engen Gassen bei spärlichem Licht; aus den Fenstern schimmerte und schummerte es vertraut. Freiheit, Freiheit – wo? Da kam er ans Dekanat und schellte. Die Messingglocke schepperte ungut, die Magd schloß auf, es roch nach feuchtem Stein, aber doch auch nach Wärme, Holzbrand, Essen, Tabak – die Amtsstube des Vaters lag hier unten; er schrieb, übersetzte, präparierte und memorierte seine Predigten, er tat mehr, seit er den wilden Sohn noch mitverhielt. Schubart schlich in seine Stube unter dem Dach und kam nicht zum Nachtmahl herunter.

Nach ein paar Wochen – anonyme Briefe und Andeutungen aus seiner Gemeinde setzten dem Dekan hart zu – nahm er sich den Sohn vor: Er solle endlich versuchen, den für gescheiterte Theologen üblichen Weg zu einer Hauslehrerstelle einzuschlagen; es gebe in der Nähe Leute, die es mit ihm versuchen wollten. Auch an den Fürstprobst von Ellwangen müsse man sich wenden, da ja – wie er wisse – der katholische Kirchenfürst lamentablerweise noch immer über die lutherischen Pfarrstellen zu befinden habe. Er möge wählen; einen der beiden Wege sehe der Vater noch für ihn.

Schubart schwankte zwischen Trotz und Zerknirschung: Das Gefühl vom eigenen Genie brauste ihm stark durch den Kopf, und die Demutslehren des Vaters saßen ihm von Kind an im Gebein. Zum Hauslehrerbittgang fühlte er sich zu krank, hatte auch keine wirksamen Argumente für sein Versagen zur Hand. Aber dichten, ein Poem „schmettern", mit dem er zugleich den Fürstprobst und die Welt von seinem Geistesflug überzeugte, das wollte er, und damit – ein schwäbisch-schlauer Gedanke schlich sich ein – zugleich dem Ellwanger Fürsten schmeicheln; das war üblich und nötig und schloß ihm die Pforten und Hände auf zum geistlichen Palais, aus dem die Gewährung einer Pfarrstelle ihm kommen sollte, trotz dürftiger Studien und fehlender Examina. Zwei Tage darauf war Wochenmarkt. Im Aalener Dekanat saß Schubart und horchte auf den Lärm draußen.

Es war Spätsommer. Die Bauernwagen rumpelten durch die Gasse, Kinder schrien und Weiber zankten, und die Männer hatten neben ihrem Handel Zeit zum Fluchen oder zum Flattieren, denn es waren auch anmutige Mädchen auf dem Marktplatz, die ihre geblümten Röcke schwenkten. Man sah freilich nur einen Zipfel vom bunten Getriebe, denn das Haus stand in einer Seitengasse; aber dem jungen Mann genügte es schon, um seine Phantasie zu entzünden. Er lag breit im Fenster, schob die Blumenstöcke auseinander und lachte darüber hin.

Ein paarmal drehte er sich um, nahm aus dem Becher einen Schluck und schaute dann wieder hinab. Da stieß er mit dem Ärmel ans Glas. Der Rotwein floß über den Tisch und auf das weiße geglättete Papier. „Die Ode!" jammerte Schubart erschrocken, denn auf dem Bogen standen schon einige Verse sauber ins reine geschrieben, die jetzt langsam verwischten. „Hol's der Henker!" schimpfte der Dichter, „das Stück wär' so übel nicht, jetzt muß ich's noch einmal abschreiben!" Er räumte das Glas auf und wischte an seinem Kunstwerk herum, aber viel war nicht mehr zu retten.

Die Mutter schaute herein und fragte nach dem Fortgang der Arbeit. „Der Teufel soll den Fürstpropst holen!" brummte Schubart, „plag' ich mich wie ein Hund mit dem Poem auf einen feudalen Pfaffen und verschütt' den Wein drüber!"

Die Frau Dekan kam heran und half den Schaden bessern. Dann schaute sie mit schüchterner Bewunderung auf das rosig verfärbte Papier.

„Darf ich's lesen, Christian?"

„Leset's gern, Frau Mutter", sagte Schubart, „es soll
ihm wohltun; wird ihm noch nicht oft passiert sein, seit
er lutherische Pfarrer ins Brot setzt, daß einer dichtet!
Der kann mir die Stell' nimmer abschlagen."

Helene Schubartin fing laut zu lesen an und legte
viel Andacht in ihren Ton:

„Der Musen Schar, so den Parnaß umgaukelt,
Vermengt der Glieder Tanz mit himmlischem Ge-
sang,
Indeß Apoll die Leier schaukelt,
Draus göttlich aller Töne Quell entsprang . . ."

„Da ist's aber ganz verwischt!" sagte die Dekanin
bekümmert, „kannst du's noch lesen?"

Schubart stand auf. „Jetzt kommt die Stell' vom Gesang – die muß her!"

Sie mühten sich beide, mit heißen Wangen übers Papier gebeugt. Schubart vermißte ein Blatt seiner Auf-
schriebe, er fuhr sich verzweifelt in die Haare, luftho-
lend lief er ans Fenster und beugte sich vor: Drunten
summte es wie Bienengeläut, Gelächter mischte sich
mit ein paar Liedzeilen, die er nicht verstand. Er drehte
sich zur Stube hin wie ein Kreisel und reimte plötzlich
aus dem Stegreif:

„Gesang, der Fröhlichen beglückte Wonne,
Der vollen Herzen Überlauf!
Du dampfest, wie der Tau im Strahl der Morgen-
sonne,
Bis zum Olymp hinauf!"*

Langsam wuchs die Ode wieder zusammen. Die
Mutter brachte ein neues volles Glas und riet zur Ge-

---

* Gedicht der Autorin

duld. Doch eh „Apoll" ausgesungen hatte zur „schaukelnden Leier", verzog sich schon drunten der Marktlärm.

Obwohl die Hymne unversehens aus dem antikisch Heidnischen ins barock Christliche umschlug, schien sie den Fürstpropst nicht ganz zu befriedigen; er war ein Fugger-Glött, ein feingebildeter, literarisch und künstlerisch empfindsamer Mann.

Schubart empfing, sehnlich erwartet, nach zwei Wochen sein Honorar: Das Geld für einen „wolltuchenen, wohlgefälteten Ausgehrock", wie er einem Erlanger Freund resigniert berichtete.

Da blieb nur die Hauslehrerstelle. Sie bot sich im nahen Königsbronn beim „Unternehmer" Bletzinger, der mit dem herzoglichen Königsbronner Hüttenwerk zu tun hatte. Dort waren die Kinder zu unterrichten. Hauslehrer sein hieß, sich einfügen und anpassen, bescheidentlich hinnehmen, was geboten und verboten wurde, da man ohne Rückhalt von den finanziellen Gnaden des Hausherrn abhing. Schubart fuhr und ritt oft heim; er wanderte, bis ihn Herbststürme mit krachenden Ästen und Regenschauern vertrieben.

Auf diesen Gängen entwarf er Oden und Nänien, kurze, flink gereimte Lieder, Gesänge in Klopstocks Stil. Er zeichnete Geschichten auf, die er hörte oder las. Die schreckliche Ballade von den feindlichen Brüdern notierte er und schlug darin wieder das Grundthema seines Wesens an: Freiheit, Verkümmerung im Zwang, Verrat an der echten Freiheit, der innersten.

„Sturm und Stille"

Das Gerede von seinem unchristlichen Wandel brachte den Herrn Bletzinger auf; das machte weniger dem Sohn als dem Vater zu schaffen; um dem zu begegnen und sich selber zu beweisen, daß das Genie alles vermag, übernahm Christian noch neben der Hauslehrerstelle gelegentliche Predigten in den Dörfern um Aalen, in Essingen, Mögglingen und Wasseralfingen, und schließlich ließ ihn der Vater auch in der Aalener Stadtkirche die Orgel spielen. Dazwischen trieb es den Unruhigen hinaus, was in seinem Umkreis „hinaus" hieß: ins Limpurgische, nach Obersontheim, seiner Geburtsheimat, nach Oberroth und Michelbach im Hohenloheschen, nach Schwäbisch Hall und Gaildorf. Er schrieb auch an manchen bedeutenden Mann, im Drang nach Austausch und Aussprache, die ihm zu Aalen fehlten, und auch aus dem Streben nach mehr Ruf und Namen und Verbindungen heraus: an Balthasar Haug, den Pfarrer von Stotzingen, der über die „Schönen Wissenschaften in Schwaben" ein viel beachtetes Buch geschrieben hatte, wandte er sich eigens, brillierte mit humanistischem Wissen und gelehrter Kenntnis und sagte dort seinen Besuch an.

Lustig tanzten in den Briefen seine Streiflichter über Land und Leute: Des Pfarrers zu Gröningen Tochter, die eben Hochzeit hielt, nannte er „schlank wie eine Erle und frisch wie Morgentau, aber eben nicht die Klügste". In Sulzbach sah er den achtzigjährigen Großvater, den Forstmeister Hörner, und dachte an die Pistolengeschichte; er predigte dort und da – über wahrhaftige Buße und den Unterschied zwischen den Frommen und Lasterhaften. Er berichtete dem Schwager Böckh von seiner Lektüre: Montaigne und Moser und ein Werk über Naturrecht hatten ihm die Freunde besorgt – Politik und Youngs Nachtgedanken beschäftigten ihn, und wenn er das alles hinschrieb und im Paradies ersehnter Geistigkeit schwelgte, dann spürte er seine Lage um so mehr, er plagte sich damit, den kritischen Blick des Vaters und den besorgten seiner Mutter zu verwinden und hoffte immer wieder, ir-

49

gendeinen Faden zu erwischen, an den sich ein Fortkommen, ein Unterkommen wenigstens, anknüpfen ließe.

Man hatte seine Predigten mehr künstlerisch und künstlich als kernhaft gefunden, eher „hohe Lackfarben denn Saft und Kraft" bezeugend, und er selber notierte, daß ihm in der „Trunkenheit" – einer begeisterten Trunkenheit gewiß! – „die fieberhaften Erschütterungen der Andacht gemangelt hätten". Fieberhaft und trunken – das war jedenfalls die Luft, in der er atmen konnte.

Man hörte trotz allem den hingerissenen Prediger im Land nicht ungern, seine Kirchenbesucher ließen sich willig mitnehmen, mehr als seine Oberen, denen das biblisch nüchterne Wesen und das rationale Begründen wichtiger waren. Er machte Aufsehen mit seinen Predigten, die er gelegentlich in munteren Versen verfaßte, ein Spieler mit dem Wort wie mit dem Klang.

Noch vor 150 Jahren hatte man den rühmlichen Titel des poeta laureatus erhalten, wenn man die Bibel in lateinische Verse brachte – Christian versuchte es mit deutschen, und da sie zwar allzu bilderreich, aber doch rührend genug waren, riß er die kleine Gemeinde mit, vor der er stand. Nur – der Dekan Schubart sah eine Lästerung darin und verbot es ihm. Dafür unterstützte er den Sohn, wenn er die Aalener Stadtkapelle dirigierte, die fast nur aus Handwerkern bestand.

Einmal brauchte der Trompeter geistlichen Trost: Es war im Januar, schmetternd scholl der Morgenchoral von der Kirchenbrüstung in den Sonntag. Nachher gab es einen Trunk im „Adler", um die heisergeblasenen Kehlen zu schmieren. Am nötigsten hatte der Hauptzinkenist diese Arznei, da er in der rauhen Albluft seine große Posaune handhaben mußte.

Schwankend und gleitend kam er am Arm des Kapellmeisters heim, während die vereisten Wege knackten. Die Frau Trompeterin war von starker Statur und Stimme und kanzelte den Mann samt dem Dirigenten übel ab, als sie zur Tür hereinstolperten. Das hörte der Zinkenist eine Weile an, aber als sie ihm mit der Hölle drohte, sank er ins Ofeneck und ergab sich dem heulenden Elend. Schubart, der weniger getrunken hatte, dauerte der Mann unter den Schimpfreden der Frau. Er setzte sich neben ihn und reimte laut:

„Gepriesen sei der Zinkenist,
Der Herr und sein Geselle,
Er kommt, wenn er gestorben ist,
Gewiß nicht in die Hölle:
Im Himmel gibt man oft ein Fest
Für auserwählte Christen
Und weil man dort Posaune bläst,
So braucht man Zinkenisten!"

Wütend fuhr die Frau auf ihn los. Aber Schubart lachte nur, und lachend lief er, die kalten Hände reibend, nach Hause.

Wie so oft, war auch für den Spieler Schubart, der ein homo ludens stärkster Prägung war, die Aufwertung des eigenen Bildes ein wesentlicher Antrieb: Wenn irgendein Mangel dazu zwingt, erreicht mancher geistige Leistungen, die ihm sonst versagt blieben; wo das gesellschaftliche Gewissen mahnt, die „Beweise" vor den guten Bürgern fehlen, die Familie sich verlegen oder ärgerlich zurückhält, da öffnen Trotz und verletzte Eitelkeit Quellen, die verschüttet gelegen haben. Das alles jagte ihn vorwärts.

Aber der junge Schubart spürte auch schon das eigene Gepräge: Etwas Unaufhaltsames und Unübersehbares, das ihn führte. Er wußte, ohne es vor sich selber zu formulieren, daß er an einer Grenze lebte, wo unehrlich gewordene Form, Übersteigerung und Müdigkeit den Niedergang einer blutleer gewordenen Epoche anzeigten und Neues noch unsicher heraufkam. Er löste sich, kaum bewußt, aus den Suggestionen autoritärer Begriffe und Lebensweisen, sah mit instinktsicherem Interesse, wie sich in Amerika ein Prozeß der Selbstbesinnung langsam anbahnte, wie in Europa Kirche und Thron, die schon lange Schäden und Risse gezeigt hatten, einer neuen Interpretation bedurften, und empfand sich als berufen, solcher Beobachtung Ausdruck zu geben. Nur war in ihm noch alles zu wenig erfahren, zu wenig fundiert. Debatten mit dem Vater hielt er für sinnlos, die Mutter versagte ohnehin, wenn er fragte.

Damals begegnete ihm Katharina Darm, trotz ihres unschönen Namens ein anmutiges heiteres Mädchen, Tochter eines vermögenden Bürgers von Aalen, sprühend jung und vital, bei aller scheuen Hausbackenheit. Schubart verliebte sich schon nach der ersten kurzen Begegnung so heftig in sie, daß er zu heiraten vorhatte. Wenn sich die beiden am Langert trafen, im Frühling, der dort noch abweisend kühl und windig um den Berghang trieb, lag Schubart im struppigen gelbgrauen Gras und schaute zu dem Mädchen auf, das ihn aus feuchten blauen Augen halb mitleidig und halb begeistert ansah; sie hörte sein berauschtes Gestammel und lächelte. Er glaubte sogar, sie bilden zu müssen, er erzählte von seinen Schriften, von Oden und Hymnen, die er plane, von seinen frühen Todesgesängen. Sie lächelte und ließ sich die Hände küssen. Der Seidelbast blühte, daphne mezereum, wie Schubart erklärte, und Katharina lächelte immer noch. Das ging ein paar Wochen lang, bis sie vor seiner jähen Heftigkeit erschrak. Er wühlte weinend den Kopf ins Laub und schwor, sie nie zu verlassen.

Der Dekan Schubart hörte von der Liebschaft und drängte den Sohn, „an seine Versorgung zu denken".

Jetzt freilich war Schubart kein Spieler mehr – Spielzeug und Instrument, zwischen Leidenschaft und Umwelt geworfen hing er da und versuchte, sich und seine Lage zu begreifen. Er schickte verzweifelt Bewerbungen und Bittbriefe hinaus, der Vater versuchte, alte Beziehungen auszunutzen, die Schwester, mit dem Conrektor Böckh in Wertheim verlobt, wurde zur Hilfe aufgerufen.

Schließlich kam eine Anstellung in Geislingen zustande, und Schubart nahm an: In einer unsauberen dunklen Schulstube tobten fast siebzig ungeschliffene Buben, und Schubart wäre am liebsten zurückgetreten, als er das Lokal seines Wirkens gesehen hatte. Aber – was blieb ihm übrig? Der Vater drängte, Katharina zögerte schon, er brauchte Geld. So nahm er die Lehrstelle an und hatte zudem noch Leichencarmen zu dichten und mit den ungeschlachten Burschen einzuüben, und seinem Vorgänger, für den es – wie üblich – keine Pension gab, von seinem knappen Verdienst einen Teil abzugeben.

Böckh wurde bald danach Rektor in Eßlingen, und Schubarts Briefe an den Schwager malten lebendig und nachdrücklich aus, was er als Schulmeister tat und litt. Der Schmutz und Gestank, die Unordnung und Faulheit, die ihm zusetzten, war das geringste der Übel: Unfreiheit hieß das größere. Seine Zeit war ausgefüllt, die Stunden erlaubten ihm kein dichtendes Schwärmen und kaum eine vertrunkene Nacht mehr. Und Katharina, die er nun, als bestallter Lehrer, um ihre Hand fragte, zog sich zurück. Die Eltern wollten das Geld nicht aus der Stadt geben, hieß es. Katharina widersetzte sich nicht. Sie hatte selber Angst vor dem unbändigen Poeten, sie fürchtete das ungeregelte und ungesicherte Leben, das ihr die Eltern vorstellten. Denn ein „wolltuchener Rock", wie ihn Schubart sich aus dem Geschenk des Fürstpropstes von Ellwangen für vier

Carolins erworben hatte, das schien ihr doch auf die
Dauer keine Garantie für ein geregeltes Dichterhono-
rar, und wie es um die Besoldung eines Schulmeisters
stand, hatte ihr der Vater – „nach eingehender Erkun-
dung des casus" – niederdrückend deutlich gemacht –
zumal der Mann in Geislingen amtete, und nicht einmal, wie es sich gehört hätte, in Aalen. – Zu jener Zeit
schrieb Schubart an den Schwager Böckh:

„O Leben, klein Geschenk, wenn dich mein Geist
durchdenket,
Mir nichts als eine lange Nacht,
Dein hoffnungsreicher Lenz, der andern Rosen
schenket,
Hat nichts als Dornen mir gebracht . . .
Wie schwer ist's in der Welt, sich Gönner zu er-
wecken,
Zwingt mich ein trauriges Geschick
Wie Satans Bild, krummschleichend, Staub zu lek-
ken,
Grausamer Weg zu meinem Glük . . .
Es schüttelt jeder Tag auf seinen leichten Schwin-
gen
Für Thoren oft ein Glük herab,
Der Himmel läßt mich nur brodlose Lieder singen
Und zeigt mir späten Trost: das Grab."

Und er fügte resigniert hinzu: „Sooft mich hungert,
mach ich Verse."
In Geislingen amtete er also, amtete zuerst mit gutem Willen und dem erfindungsreichen Schwung, der
ihm eigen war: Aber da war kein Gegenstand, der ihn
hinriß, und das ewige Widerkäuen der primitivsten
Grundregeln ekelte ihn an; da war kein Mensch, mit
dem er einen Gedanken austauschen, sich ernsthaft bereden mochte. Selten genug blieb Zeit zum Wandern.

54

Er lief, getrieben, schwärmend, im windigen Spätsommer über die Hügel, dichtete im kurzen Verweilen in sein Schreibheft, eilige Notizen, hingeworfene halbfertige Reime, ein paar große ausgreifende Gedanken darunter.

Es wurde Herbst. Heimkehrend kam er an einem Garten vorbei, in dem ein Mädchen Äpfel auflas; hier war das ansehnliche Zollhaus, wo der Oberzoller Bühler wohnte. Er blieb stehen und sah zu: das Mädchen war schlank, braun, gelenkig, ein wenig spitz das Gesicht, sehr geordnet und gesammelt, ganz eifrig. Schubart lockte es, in diese behütete, bedachte Welt einzubrechen; er sprach sie an. „Jungfer Zöllnerin – oder irr' ich da? – sie hat aber schöne Äpfel im Garten! Tun Sie mir den Gefallen und schenken mir ein paar?"

Die Jungfer richtete sich auf und sah ihn verwundert an. „Äpfel? Sie sehen mir nicht aus, als wär's Ihnen um Äpfel, Herr! Sie haben sicher selber einen Garten voll." Sie trat aber dann doch an den Zaun und reichte ihm einen gelben rotgeäderten Luiken*; Schubart nahm ihn, blinzelte und biß hinein.

„Und wie darf ich meinen Dank adressieren?" fragte er unter dem Kauen. Sie stockte, schaute auf und setzte an, dann schwieg sie. Aber endlich erfuhr er doch, daß er richtig geraten habe; sie sei des Oberzollers Helene, Helene Bühlerin. Er sagte noch, gutgelaunt wie er war, er hoffe doch, daß es keine verbotene Frucht gewesen, so sie ihm da gereicht habe, und sie antwortete flink: „Nein, nein – aber hoffentlich ein Apfel der Erkenntnis, so daß er Weisheit schenkt, denn die braucht ein Schulmeister zuvörderst, scheint mir!"

„Sie kennen mich?" fragte er erstaunt.

„Wer wird den neuen Geislinger Schulmeister nicht kennen – bei jedem Grablied und sonntags an der Or-

* Schwäbische Apfelsorte

55

gel wirkt er, und die Buben erzählen, er sei ein strammer Pädagog."

Schubart lachte. Soviel redete man über ihn – und „Pädagog" und „Apfel der Erkenntnis" sagte sie – ein kluges Geschöpf! Er verabschiedete sich und dichtete zu Hause ein Lied von Äpfeln, Mädchen und Erkenntnissen.

Im Spätherbst war Flachsmarkttanz. Die ältere Bühlerstochter war Weißroßwirtin und hatte Helene gebeten, zum Tanz zu kommen, es werde ihr guttun. Helene fuhr hin, auf einem Bauernwagen, nachdem der Oberzoller widerwillig zugestimmt hatte. Aber die Zollerin beruhigte den Mann: Die Helene sei so brav, daß man ihr das Vergnügen unter den Augen der verehelichten Schwester wohl gönnen könne. Und vielleicht finde sie dabei einen Mann.

Im Wirtshaus war das Gewirbel voll im Gang, als Helene eintraf; die Roßwirtin führte sie an einen Tisch und brachte ihr zu trinken. Durstig nahm sie das Glas. Dann tanzte sie, gewiegt vom Rhythmus, den die Kapelle exakt aus ihren Fiedeln holte; es waren Aalener Musikanten und sie spielten gewandt, ja, es hieß, der neue Präzeptor von Geislingen habe sie vor seinem Wegzug noch geschult, nicht nur die Turmbläser zum Sonntagschoral.

„Mußt halt e bißle lache und net gar so eckig do, mir send unter lauter rechte Leut", sagte die Wirtin-Schwester.

Helene hatte gehört, woher die Spieler kamen; im langsamen Reigen schritt sie an ihrem erhöhten Sitz vorbei. „Grüßet mir euren Meister, den Schubart, wenn er wieder einmal heimkommt!" rief sie hinauf.

Die Schwester fragte, ob sie denn den nicht eher zu Geislingen sähe, wenn er dort amtiere?

„Sehen tut man ihn schon, aber grüßen?" rechtfertigte sich Helene mit rotem Kopf.

Nicht lange danach kam Schubart ins Zollhaus; der Gruß war ihm bestellt worden, den ihm Helene auf einem Umweg geschickt hatte. Und jetzt wollte er sich dafür ‚bedanken'. Der alte Bühler saß in seiner Zöllneruniform am Tisch, hatte Schreibereien vor sich und stand steif auf, als ihm der neue Präzeptor gemeldet wurde. Die Frau Bühlerin kam in der Schürze herein, die sie schnell abstreifte. Schubart war im dunkelblauen Tuchrock, hatte das Haar in scharfe Rollen gelegt und die Zopfschleife stramm angezogen. Sein rötliches Gesicht glänzte, die kleinen Augen funkelten feucht. Der Mund war aufgeworfen, als er mit einer halben Verbeugung vor den Oberzoller trat und sich seines Kommens halber höflich entschuldigte. Schließlich lud die Frau ihn zu einem Glas Wein. Schubart setzte sich. „Wo ist – so ich fragen darf – dero anmutige Tochter Helene hingekommen?" fragte er dann, Mut fassend. Sie sei da, werke in der Küche.

Helene wurde gerufen. Sie hatte ihn kommen sehen und war zierlich geputzt. Schubart lächelte. Man schwatzte, trank, endlich blieb er zum Nachtmahl. Der Zoller examinierte den neuen Schullehrer in Theologie, soweit er das selbst verstand. Ob auch die Zollsünder und Schmuggler begnadigt würden, fragte er, und Schubart wußte nicht, ob im Ernst oder im Spaß. Da es gegen Mitternacht ging, wurde er still. Er spielte mit seiner Uhr, sah vor sich hin und dann Helene ins Gesicht. „Sie heißen wie meine Mutter und wie Helena, um die es im Krieg von Troja ging. Von welcher ist mehr in Ihnen, Helene?" fragte er mit einem seltsamen, fast angstvollen Klang in der Stimme.

Der Vater fuhr unfreundlich dazwischen: „Ich hab Sie vorher was gefragt, Herr Präzeptor!" Und Schubart erklärte, das sei bei Künstlern so, sie wären manchmal miteins hinweggenommen in ein anderes Reich, er möge verzeihen.

Das war ungeschickt, denn der Oberzoller hielt nichts von den Künstlern. „Sie meinen, die hätten sondere Rechte, da von ihnen sondere Dinge zu gewärtigen?" fragte er umständlich. „Sind doch keine solchen, so in Praktika von Nutzen, mehr des Spiels wegen getrieben, scheint mir."

„Ich bin ein Lehrer!" betonte Schubart, da er das Unverständnis spürte, „und ordentlich angestellt". Ein scharfes Wort lag ihm auf der Zunge, das ihm seine geistliche Kenntnis eingab: Ob denn die Zöllner nicht auch bei den Sündern genannt seien in der Schrift, wo von den Dichtern nichts stünde? Aber er verschluckte den Satz und schaute Helene an. Sie sagte vermittelnd: „Die Zollsünder werden wohl noch zu Gnaden angenommen, wie andere auch. Die Gnade ist doch das Meiste und Größte, Geduld und Liebe und Güte." Schubart dankte ihr mit einem Blick, dann senkte er wieder den Kopf über sein Glas. „Helene?" murmelte er, als sähe er Zeichen und Orakel in dem roten Leuchten vor sich auf dem Tisch. Sie nahm es als eine erneute Frage und meinte, ihr Gesicht zu ihm wendend: „Von der abenteuernden Helena hab ich nichts, glaub ich, bin eher eine Stille . . ." Ihre Augen sahen ihn bittend an, als wolle sie ihm verständlich machen, daß sie nicht sei, wie er sie vielleicht wünschte.

„Die Stille!" rief Schubart, so laut, daß die Mutter Bühler erschrocken zusammenfuhr, „die sucht der Sturm! Ich such' sie, und ohne die Stille, die friedvolle, kann ich nicht leben."

Erstaunt, langsam errötend, stand Helene auf; er hob ihr seinen Becher entgegen: „Heut noch finde ich eine Frau, ein Ja! Die ist's, Herr Oberzoller, Ihre Helene!"

Seinen schnellen heftigen Entschluß versiegelte und verbriefte er anderntags gleich mit der förmlichen Darlegung seiner Verhältnisse, seiner Vorsätze und Möglichkeiten und teilte ihn Eltern und Verwandten, Freunden und Bekannten bindend mit. Ende Oktober schrieb er an den Schwager Böckh: „Wieder ein Auftritt in dem Schauspiel meines Lebens! Noch sehe ich öfters mit Belustigung meine Amtsmiene im Spiegel und jetzt soll ich die Rolle eines Hochzeiters spielen. Der zehnte Tag des Monats Jenner ist der Tag meiner Trauung. Dem Namen nach kennen Sie schon meine Braut aus dem Briefe meines Vaters. Sie sollen sie auch von Gesicht kennen lernen. Wollen Sie das, so beschleunigen Sie Ihre Reise so sehr, daß Sie auf den Monat über acht Tag hier seyn. Ich weiß es gewiß, Sie kommen, denn Sie sind für mich die wichtigste Person aus der Freundschaft. Sie werden diese Reise nicht bereuen dürfen. Das Berliner Wochenblatt, die Briefe über Litteratur, Geßner, Wieland und Shakespeare, Hexen – und Perückenmagazin erwarten Sie.“ Es folgte die Einladung an seine Schwester und ein kurzer Gruß, und als er das Schreiben noch einmal überlas, sagte er vor sich hin: „Ein kühler Bräutigamsbrief, wahrhaftig. Es ist kein Jubel darin, eher Angst vor der Verantwortung und vor der Gebundenheit. Und Hast; aber es ist ja besser so, eh sie den Erlanger Klatsch hier erfahren.“

Beim Hochzeitsmahl hielt er Helenes Hand, Beruhigung und Halt suchend: Der alte Bühler sollte keinen ausgelassenen Schwiegersohn erleben, Helene keinen trinklüsternen Hochzeiter. Sie saß geduckt neben ihm, mit klugen Augen, gewärtig, ihn verteidigen, den Eltern ermunternd zunicken zu müssen.

Neu wie die Ehe war Schubart auch die Geislinger Luft: Das Leben sei zwar billig, schrieb er in den ersten Wochen, und Wälder, Wiesen samt einer Burgruine sprächen ihn nicht übel an, doch seien die Einwohner steif und mißmutig; er erblicke aber auch gute Gesichter und einigen Erfindungsgeist unter ihnen, und trotz aller Neuheit gediehen ihm seine literarischen Pläne: Wielanden habe er die „Zaubereyen" gewidmet und Winkelmann etliches am Zeuge geflickt. Seine Hausfrau sei zu Demut und Niedrigkeit erzogen, häuslich tüchtig und liebe nach Grundsätzen. „Ihre Leidenschaften sind tief versteckt", hieß es danach, aber sie sei gutwillig und barmherzig gegen jedermann.

Die „Verbindung der Stille mit dem Sturm", zunächst aus Überlegung und gutem Willen entstanden, schien ihm allzu gleichförmig wie eine Wegstrecke durch braunes Ödland, und Schubart, der Sensationen brauchte wie das Brot, fühlte, daß er versandete. Helene sah wohl, wie es lief, aber sie stellte sich unbewußt gegen das Verströmende, Grenzenlose und gänzlich Ungesicherte im Wesen ihres Mannes und hoffte, ihm bürgerliche Beständigkeit, Stetigkeit, Haltung anzugewöhnen.

Als der erste Sohn, Ludwig, am 17. Februar 1765 geboren wurde, fiel Schubart in hymnische Begeisterung, weinte, kniete vor ihrem Bett und schwor, sich ganz dem stillen Leben zu weihen. Ungeduldig und voll Zärtlichkeit beobachtete er die langsame Entfaltung des Kindes, von dem er „Urkraft" und überragende Intelligenz erwartete, eine Erhöhung seiner selbst. Es zeigte sich bald, daß Ludwig mehr von Helenens Art war, er liebte den übersprudelnden Vater als Spielkameraden und Geschichtenerzähler und fürchtete doch seine jähen Umschwünge und Ausbrüche, denn es war nichts Unbedingtes, Zuverlässiges und Unbeugsames in diesem Vater.

Schubart spürte ihrer beider Verschiedenheit. „Ich bin ein Feuermensch", meinte er zu Helene „und unter dem Widder geboren, und das Kind ist im Wassermann zur Welt gekommen und das Wasser wird ihm keine Gefahr bringen." Helene fragte verwundert, seit wann er denn die Astrologie der Alten betreibe? Das

Ich wünsche viel u brauch viel. Mein
Herz ist im Schwarm; schau das Himmels
versuch ich viel; steig oder sink
wird was auf meine l. Mroßn.

Schubart.

sei nicht christlich, und er habe doch seit je den Aberglauben verworfen.

„Künstler sind abergläubisch", murrte er, „und bleiben's wider ihren Verstand ... Aber Kinder sind sie auch und spüren der Kinder Wesen wohl."

„Kinder können Kinder nicht erziehen", sagte sie ärgerlich, „und du bist ein Schulmeister geworden."

Schubart hatte dennoch ein ganz ausgeprägtes pädagogisches Talent; er fühlte schnell heraus, wo er verstanden wurde, wo Zaghaftigkeit oder Angst ihm den Weg verbauten und die Hemmung mit Güte und Humor wegzuräumen sei; er merkte Verstocktheit und böswilliges Sichverschließen, wie es ihm dutzendfach bei seiner ungezähmten „Schülerhorde" begegnete. Es fiel ihm schwer, Disziplin zu halten, nicht bloß wegen der übergroßen Zahl, wo Ältere und Kleine, Begabte und Dumme zusammengesperrt waren, auch weil er zugleich so etwas wie Ästhetik und Hygiene einzuführen hatte. Am schlimmsten waren die Leichencarmen, die er oft verfassen, immer aber mit seinem Schulchor ausführen mußte, mit den „plärrenden jungen Stieren", die weder Noten kannten noch reine Töne von sich gaben. Solche Pflichten – er mußte sich daran halten, weil sie extra bezahlt wurden – rissen ihn oft genug aus der Muße der seltenen Schreib- und Lesestunden, und wo er eine Elegie – wie sie ihm damals am nächsten lagen – eben fast gereimt hatte, da traf ihn ein Auftrag oder eine Mahnung und schickte ihn auf den tiefverschneiten Kirchhof oder in die Sonnenglut hinaus in einen Nachbarort. Zu allem kam noch der Unverstand der Bühlerischen, die ihn oft genug störten, und der Kinderlärm im Haus. Der geplagte Poet, dem ohnehin in jener Zeit kaum eine große Dichtung gelang, machte sich in Diktaten Luft. Was die Kinder schrieben, merkten sie sich vielleicht eher. Den „Hansstoffel" ermahnte er zur Sauberkeit, den „Schlüffel" zum Aufmerken, den „Jockel" zum Fleiß. In einem Brief an den Schwager hieß es: „Sie haben 28 Schüler, ich habe über hundert Troßbuben. Sie können, wie Minerva, mit Ihren Telemachs durch die Rosengefilde der schöneren Literatur wandeln, ich steige mit nacktem Fuß auf dem steinigen Boden des ABC, des AB- ab, und anderer niedriger Geschäfte umher ... ich bin der Sklav' eines jeden Bürgers, der mir einen grindigen Buben anvertraut – ja, ich versichere Sie mit stiller Wehmut ..., daß ich von verschiedenen Vätern bereits mit Schlägen bedroht worden bin."

Schubart sah seine Lage sehr genau: Die Ordnung des bürgerlichen Lebens, in die er sich gefügt hatte – aus uneingestandener Angst vor der eigenen Haltlosigkeit, aus einer zivilen Tradition des Elternhauses, aus der Sehnsucht nach Versorgtsein und Umhegtwerden und aus einer jäh aufwachenden Verliebtheit, der das alles den Weg gewiesen hatte – und er wußte auch, daß Helene das war oder werden konnte, was ihm gänzlich abging: Zuverlässige Beständigkeit und Bergung, was freilich auch Enge bedeutete. – Und damit wollte er jetzt fertig werden: Mit dem Einfügen und Auskommen, mit der Verpflichtung und Verantwortung, mit der Rücksicht und Einsicht ... und war dabei selbst ein schäumender Sturzbach, ein Element, ein ungefaßtes Wildwasser – ein Wesen, das nur in einer primitiven Dienstbarkeit ertragen werden konnte. Denn in Schubart war etwas inkarniert, was er selbst nicht ganz verstand und überschaute: Das noch richtungslose Aufbäumen gegen einen Zwang, eine festgelegte Regel, die bis dahin Welt und Menschen gehalten und geschützt hatte und jetzt unglaubhaft geworden war. Er spürte das Berechtigte und Unabwendbare seines Antriebs, aber er hatte zunächst weder die Argumente noch auch die Methodik zu ihrer Durchsetzung, und wollte sich nicht den Schleichwegen der vorgege-

benen Formeln anpassen: Unbändig und unmäßig –
ohne solche Kraft aber auch unfähig für seine Sendung
in der Zeit, so tastete Schubart sich durch die Geislinger Tage.

Die häusliche Misere wäre nicht so schlimm gewesen
– Helene war gutwillig. Aber die Eltern Bühler sahen
sauer zu dem unordentlichen Treiben des Schulmeisters und noch scheeler auf seine gelegentlichen Aus-
flüge aus ihrer kleinstädtischen Beschränktheit, da ihnen die Kunst an sich als perverser Luxus verdächtig
war. Was sich am Ludwigsburger Hof breitmachte,
stand in krassem Kontrast zur pietistisch-asketischen
Lebensregel; das Theater war ohne Unterschied sünd-
haft, und es zu meiden verdienstvoll, der Hof ein ver-
derbtes Babel, und in den Abscheu vor den Abwegen
und Eskapaden mischte sich ein gesundes soziales Aufbegehren, da es ja ganz offensichtlich das Volk war,
von dem sich die übermütig gewordene Aristokratie ihre Verschwendung bezahlen ließ.

Aber vielleicht hätte sich alles durch einiges Nachgeben von beiden Seiten noch eingespielt, wenn nicht der
junge Dichter selbst ein schlechtes Gewissen dabei gehabt hätte: Er, der aus einem geistlichen Hause kam,
mußte sich sein Kraftgenie immer neu bestätigen lassen, um gegen die Vorwürfe der Kleinbürgerlichen zu
bestehen. Und das, diese Bestätigung, die Erfahrung
einer anderen größeren künstlerischen Welt, ließ sich
nur dort gewinnen, wo auch die Despotie, die Tyran-
nis, die Dekadenz und Perversion zu Hause waren.

Ein filzgrauer Februar, nebeldunstig, nur dicht vor
den Scheiben noch Form, Gezweig; ein Himmel ohne
Kontur und Farbe, ohne Wolken und Schwingungen,
kein Wind . . . Schubart schaute unlustig aus dem Fenster. Vor seiner Tür tappte der kleine Ludwig unsicher
durch den Flur, greinte nach dem Vater, und Helenens
spitze Stimme schalt mit der Magd. Die Frau war wie-

der schwanger, sie freute sich pflichtgemäß auf das Kind, das ihm Sorge machte. Die Schulden im Ort, die den beiden Alten nicht verborgen blieben, plagten ihn doch; die Magd trug Gerüchte von Haus zu Haus.

Ein Brief Wielands lag da, lang schon, er war wie ein Trostlicht, das er sich nicht aus den Augen rücken mochte; und obwohl Helene ihn ein paarmal in den Kasten räumen wollte, hatte er widersprochen – dies Zeichen eines Menschen in der Einöde müsse sie ihm sichtbar dalassen.

„Einöde?" hatte sie unfreundlich gefragt, „sind hierzulande keine Menschen? Nur zu Biberach im Oberland?"

Da kam die Post, der Briefträger trottete draußen vor dem Haus durch tiefen ungebahnten Schnee mit einem Schreiben. Schubart riß es ihm aus der Hand, ein wenig zu bedeutsam und betont und mit einem Blick auf Helene, die dem Mann die Tür geöffnet hatte. „Vom Haug!" rief er und schlitzte den Umschlag auf. Ob er kommen wolle, man führe zu Serenissimi Geburtsfest die Oper „Fetonte" auf, Jomelli dirigiere selber, Aprili singe, die Cesari sei zu hören – und das „gebildetste Orchester der Welt!"

Er las es ihr vor und sank auf einen Stuhl. „Das kostet Geld, Mann, und der Ofensetzer ist noch nicht bezahlt, geschweige deine Stiefel . . . und Ludwigsburg? Die Oper? Das ist nichts für uns, für dich, Mann!"

Er fuhr wütend auf: „Für dich, ja, wahrhaftig! Für maulende Weiber ist's nichts, die verstehen's auch nicht . . ." Aber da tat sie ihm leid, er schaute erschrocken in das rotfleckige blasse Gesicht, das die Erregung verzerrte. „Du solltest wohl mitreisen, Helene, in so eine Pracht, es tät dir gut! Kommst so nie hinaus . . ."

Sie preßte die Lippen zusammen und murmelte nur: „Das wär noch teurer zu zweien. Und ich hätt ja nicht einmal eine große Toilette dazu . . ."

Ein paar Tage lang schwankte Schubart, dann sagte er mit einem Eilboten zu. Er lieh sich unterwegs einen Rock, in Eßlingen beim Schwager Böckh, und fuhr von dort aus in der Postkutsche, denn der Fußmarsch hätte das Gewand ruiniert.

Als er wiederkam, ging sein Blick wie abwesend über die Geislinger Gegenstände, auch über Helene und das Kind, über die Stadt und über die Schüler. Es waren wirklich die besten Sänger, das herrlichste Orchester, Künstler von europäischem Rang gewesen! Ihm, dem Musiker, war es wie Funken ins Blut gesprungen, zündend, bis er aufflammte.

Er hielt sich jetzt alles fern, was geislingerisch und banal war, und setzte sich hinter ein Notenblatt. Seine Feder flog, er summte, probierte, schwelgte in der innerlich gehörten Melodie. Nichts, dachte er, keine Lust der Welt ist dem gleich, wenn einer schaffen kann wie ein Gott! Helenens zaghafte Liebe gewiß nicht! In Ludwigsburg hatte er zauberische Frauen gesehen, ganz der Anmut, dem schwebenden Lichterglanz hingegeben, einer blitzenden, flutenden, graziösen Welt; keine Verpflichtung, keine Vorschrift engte sie ein, diese Sphäre der hellen Schönheit, des sprühenden Spiels! Und er – ein Begabter, sollte hier verkümmern! Da lag noch immer Wielands herrlicher Brief, der ihn heraushob aus der Menge der Spießbürger: „... aber was soll ich Ihnen ... von der Ode sagen, womit Sie das Gedächtnis des guten Kaisers Franz beehrt haben? ... erlauben Sie mir, mit Ihnen immer ohne Cirkumherumschweifungen wie mit einem Freund und lieben Bruder in Apollo zu sprechen, wenn ich anders dieser Ehre würdig bin; denn ich gesteh Ihnen auch richtig und in vollem Ernst, daß, seitdem ich Ihre Pindarische Ode gelesen, und oft wieder gelesen, empfunden, überdacht, studiert habe – mein Genius den Ihrigen mit einer Art von Ehrfurcht ansieht, welches mir (unter uns gesagt) eben nicht mit vielen Leuten zu begegnen pflegt. Ich sage Ihnen also, mein Freund, daß seitdem ich aus dieser Probe die Größe, Stärke und Schönheit Ihres Genies kennen gelernt habe, ich keine Ruhe haben werde, bis wir einander persönlich kennen ... Können Sie nicht einmal auf etliche Tage abkommen? Mein Haus ist in diesem Fall das Ihrige ... aber eins liegt mir besonders am Herzen. Es betrifft ein Projekt, Sie hierher zu transplantieren ... Sie hierher zu bringen! Wie glücklich wäre ich dann! ... Das sumite materiam muß Ihnen keine Gedanken machen. Sie sind zum Dichter geboren! ..."

Schubart war darauf angelegt, von außen Antrieb und Aufschwung zu erwarten und sie begierig einzusaugen; jetzt steigerte er sich in die Vorstellung hinein, Helene und Geislingen hängten sich ihm wie Bleigewichte an die Flügel, und sein Genieflug in den Himmel der geistig Großen werde nur durch sie gehindert; vergebens suchten ihm ein paar Freunde klarzumachen, daß Genie auch Fleiß brauche, geistige Ökonomie, um sich wirklich durchzusetzen.

Helenes zweites Kind starb sechs Wochen nach der Geburt. Sie erholte sich schwer und blieb bedrückt, als sei es ihre Schuld, daß das zu früh Geborene zart und ohne Widerstandskraft gewesen war. Schubart vermied es, dies Leiden allzu nah zu sehen. Was ihm in seiner Empfindsamkeit wehtat, seine mühsam erworbene Harmonie störte, schob er von sich, wie geniale Naturen sich manchmal seltsam unnachsichtig vom Leiden ihrer Nächsten fernhalten. Er war ungern zu Hause; Helene sah ihn an, als sei er ein Feind, und suchte ihn wieder, jäh und unvermittelt und nie ganz ohne Vorwurf in aller heftigen Hinneigung.

Im ersten Frühling stand er mit seinen Schülern an der offenen Grube einer alten Nachbarin. Das „Wer weiß, wie nahe mir mein Ende", tönte unsicher und schwach über den blühenden Grabhügeln, wo die Schneeglöckchen und Narzissen im Wind standen. Schubart riß die Ungeduld mit – einen geschulten Chor leiten! Aber so, genauso krähend, würde er zu Grab gesungen werden! Er setzte unvermittelt mit seinem schönen Bariton ein und sang; die Kinder verstummten. „Wer weiß, wie nahe..." – und plötzlich sang er Verse, die ihm der Augenblick eingab:

„Des Menschen Leid, sein karges Leben
Und seinen Genius lischt der Tod!
Was Gott als Gaben ihm gegeben
Vertändelt er ums täglich Brot!
Und hohen Flug und Lieb und Treu
Verderbet er wie Stroh und Spreu!"*

Er hielt ein und schwieg beschämt; die Trauernden fingen zu murren an. Der Pfarrer warf ihm strafende Blicke zu, sagte aber nichts und schloß mit einem Segen die Feier.

Als Schubart heimkam, lag ein Brief da, vom Professor Haug: in Ludwigsburg werde die Stelle eines Musikdirektors und geistlichen Kantors frei. Er möge sich doch bewerben. Helene war empört: Das Sündengetriebe ziehe ihn wie ein Sumpf hinunter. Die Zollerischen jammerten und schimpften, sogar der Bruder aus Aalen meinte, das sei ein gefährlich glatter Boden für ihn – aber Schubart bewarb sich.

Peinlich lang ließ die Antwort auf sich warten. Der Dekan Zilling hatte dabei ein gewichtiges Wort zu reden und seine Eindrücke vom neuen Aspiranten waren keine guten. Dann kam die Zusage: Als geistlicher Chorleiter, unter den Augen der Kirche – das beruhigte Helene schließlich ein wenig. Aber dann, als es ernst

* Von der Autorin

68

wurde und Schubart selig pfeifend durchs Haus streifte und seine Schule tageweise vergaß, als er ihr kein Wirtschaftsgeld mehr gab, da er's für seine Equipierung am Hof brauche und sich allzulaut über das gleißende Ludwigsburger Licht vor dem Geislinger Schatten verbreitete, lief sie morgens weinend zu ihren Eltern.

Am 16. Juni hatte sie eine Tochter geboren, Julie, und Schubart fand sich wieder in der hohen Stirn, dem zusammengedrängten Untergesicht, den kräftigen Bäckchen des Säuglings; für Helene hatte er kaum einen Blick – es sei seine Tochter, sein Ebenbild, renommierte er, wie denn die Töchter den Vätern glichen, leider, da ja die Mädchen die genialen Züge ihrer Erzeuger nicht so ausnutzten wie die Söhne. Helene hängte ihr Herz an den kleinen Ludwig, der zarter war und schmaler als das Julchen, und die Großeltern verzogen beide Kinder, als sie zu ihnen floh.

Der Mann wohnte bei einem Geislinger Bürger, mit dem er oft getrunken und gesungen hatte. Zum Abschied predigte er in den Dörfern um Aalen, im schöngelegenen Bartholomä, in Essingen und Heubach, und spielte eingangs und zum Schluß virtuos die Orgel, bewegte die Hörer dazwischen mit kräftig gemalten Höllenbildern und sanften Gnadenversprechen und mündete fast jedesmal in Versen: „Der wird ins Hauptstädtische gelockt und wird das Angestammte vergessen – schad' um so einen Pfarr' . . .", hieß es voll Bedauern. Und erst als man hinter der vorgehaltenen Hand vom Ehezerwürfnis und den Auswüchsen und Abwegen zu Geislingen flüsterte, wurden die Begeisterten stiller. Das Hin und Her, Bitten und Weinen, die Drohungen des alten Bühler und Helenens Jammer – das alles lag als graue Last auf ihm – angekettet und nicht abzustreifen. Aber vor ihm lag Glanz und lauter Wonne!

In Ludwigsburg warf er sich begierig ins Getriebe; Haug führte ihn ein. Alle Register seines derb-vergnügten Humors zog Schubart in der Gesellschaft der gelangweilten Hofleute und fand Beifall. Naiv und vertrauensselig gab er preis, was er war und wußte. Als er dann Helene zu sich rief, kam sie mit den Kindern, ungern und zögernd, aber schließlich von den Alten gedrängt, da man den „feuerfangenden Mann" – wie er sich selbst nannte – lieber unter den Augen und der Haube haben wollte.

Als sie ankam, traf sie einen Kavalier im „bordierten Rocke mit Tressenhut und Degen", einen Höfling, der sich lustig und sicher bewegte. Jomelli, der große Komponist und Hofoperndirektor, war sein wohlwollender Förderer, Glucks und Hasses Musik studierte er und führte sie auf, kaum daß sein Orchester genügend geschult war.

Helene gab das freilich wenig Trost. Denn Ludwigsburg war vor allem Militärstadt, und die „Officiers" Schubarts beste Zechgenossen. Er war zwar kein Freund des Kriegerstandes, aber er hatte soldatische Freunde.

„Sie ließen mich an ihren Ergötzungen teilnehmen", schrieb er den auswärtigen Freunden, und setzte hinzu: „Ich, der ich dem Soldatenstande oft so scharf ins Gesicht sah, sein schimmerndes Elend, seine Leiden und Wehen, sonderlich seinen geistabwürdigenden Zwang, bei dem ihm nichts freibleibt als – ungestraft lasterhaft sein zu können, ganz genau kannte, sah diesen Stand immer für das letzte Verzweiflungsmittel eines vom Schicksal gejagten Menschen an."

Landesverwiesen

Ausgenützt und gezwungen, dafür frei in ihren „Ergötzungen", jeder Willkür des Fürsten oder seiner jeweiligen Günstlinge ausgeliefert – so lebten die Soldaten um ihn herum. Bei ihnen, denen das Austoben so nahe lag, vergaß der Musikant die Mahnungen der Frau und erregte bald auch die örtliche Geistlichkeit, die schon seinen Antritt nicht eben gern gesehen hatte: Der Spezial Zilling war sein Ludwigsburger Oberhirt, da er ja zunächst als Kirchenmusiker angestellt worden war. Georg Sebastian Zilling, ein Bäckerssohn, war aus Lauffen nach Ludwigsburg versetzt worden, ein recht selbstherrlicher Mann ohne einen Funken von Humor oder menschlicher Güte, und überzeugt von seiner Gesalbtheit. Ehren Zilling besaß einen Bruder, der es unter seinen Fittichen zum Mesner gebracht hatte. Ihm „oblag" es, dem brüderlichen Dekan vor dem Gottesdienst den Talar überzuziehen, und nie geschah dies ohne eine vorherige tiefe Verneigung.

Wenn Zilling mit „Geliebte in Ihm" seine Predigt begann, dann hatte alles reglos zu horchen, da nun das A, B, C und 1, 2, 3 der Einteilung zu folgen pflegte; und wenn der Kantor seine Paraphrasen vorher zu lang gedehnt hatte, also daß der Prediger erst später einsetzen konnte, so zog er die Andacht gern über Gebühr hin. Das war freilich nicht oft nötig, denn ein scharfer Verweis traf den präludierfreudigen Schubart schon bald nach seinem Aufzug. Schlimmer noch kam es, als Zilling sich zurückgesetzt fühlte, weil allzuviel Hörer Schubarts Vorspiel genossen und dann die Kirche verließen; bissiger noch, als sie sitzen blieben, nachdem der Spezial die Kirchentür schon dröhnend zugeschlagen hatte, und doch von drinnen noch das Finale auf der Orgel sich volltönend ergoß. Der Professor Balthasar Haug hielt weiter schützend seine Hand über den jungen Freund; Zilling gehörte zur Partei der Geistlichkeit, jener zum Hof, und Schubart „ließ mehr und mehr die kirchliche Pflicht in der geselligen untergehen", wie man von ihm berichtete.

Helene bewegte sich scheu und linkisch zwischen

den geputzten, gestutzten Menschen, ohne Geschmei-
digkeit, auch ohne Freude an Eleganz und schönem
Schimmer; sie gab sich keine Mühe, hübsch zu sein;
nichts Musisches war an ihr. – Bald gab es nur mürrisches Schweigen zwischen ihr und dem Mann, und
manchmal geforderte und erfüllte Pflichten.

Dann wurde wieder ein Sohn geboren: Christoph
Friedrich Gottlieb, ein zartes Kind. Schubart wagte es
und bot Klopstock die Patenschaft an; der große
Rhapsode sagte zu, die geistliche und menschliche Sorge für das winzige rosige Geschöpf zu übernehmen.
Schubart war glücklich, betastete die Öhrchen, strich
über den blonden flaumigen Schädel, und glaubte, mu-
sikalische Anlagen in der Kopfform zu entdecken. Er
lief hinaus in den warmen Abend, trat ins Wirtshaus,
wo ihn Freunde und lärmende Genossen begrüßten,
gern bereit, den Sohn zu feiern.

Die schwüle Luft dunstete im rauchigen Raum.
Schubart schlug das Klavier auf, griff ein paar Akkorde
und setzte sich, nahm einen Schluck aus dem Glas, das
der Wirt brachte, und intonierte eine stark rhythmische
Melodie, einen Triumphmarsch, der tändelnd in eine
Tanzweise überging, dann liedhaft ausklang. Aus der
gegliederten Form wuchs von selbst ein Text: Er
summte mit, sang vor, alle horchten lautlos, was da
entstand:

> „In einem Bächlein helle
> Da schoß in froher Eil!
> Die launige Forelle
> Vorüber wie ein Pfeil . . .“*

Seine Komposition ging den Worten nach, als wüch-
se sie hinein. Die Forelle flitzte funkelnd durch das

* Später von Franz Schubert vertont.

quirlende Wasser, bis es der listige Fischer trübte. Die Hörer übernahmen den Takt und summten mit. Als die Rute zuckte, die Forelle sich zappelnd fing, grollte es in seiner Melodie und draußen. Rollend polterte der erste Donnerschlag, das Licht der Kerzen flackerte, den Vorhang wehte es auf, hinschleifend strich er wie ein Laken über den Tisch am Fenster.

Schubart stockte; dann ließ er die Melodie im züngelnden Vibrato auslöschen. Er schrieb sie nicht auf, nur den Text behielt er. Da krachte der Donner, näher jetzt – jemand schloß die Scheiben. Im Zimmer blieb die Stille und das Knistern der unruhigen Lichter. Schubart sprang auf: „Horchet, sehet – es lauert draußen lautlos – und jetzt! Es zuckt – da wieder, von zweien Seiten! Es bricht herein – das ist ein Donner wie Gottes Gesang!" Er stand plötzlich auf dem schweren Stuhl und warf die Arme hoch. „Jauchzen muß ich, brüllen, eine Seligkeit ist im Wetter, magnetisch zerrt's und tobt und wütet!"

Draußen rauschte es jetzt sanfter: Der Regen! Schubart stieg vom Stuhl. Da blinkte noch einmal ein Blitz, schlug – wie in starke Akkorde zerstückt, der Donner. Schubart hob den Fuß, drehte sich und – tanzte. Er wirbelte kreiselnd zum Auf und Ab von Licht und Nacht vor den Fenstern, stieß an den Tisch, der krachend umfiel. Die Kerzen erloschen am Boden. Jetzt war es dunkel. Und beim ängstlichen Wispern der anderen tanzte Schubart noch immer, wuchtig, mit klopfenden Sohlen.

Er blieb stehen, als es draußen nur noch murrte; brodelnd versank der Ton hinter den Fenstern. Schubart rieb sich die Stirn und schrie plötzlich: „Licht, ihr Kerls, macht doch Licht!" Als einer Feuer schlug, taumelte der Tänzer zu einem Stuhl. Jemand schlich scheu hinaus, andere hinterdrein, Schubart rief den Wirt und zahlte den Schaden – ein paar zerbrochene

Gläser, ein verschmutztes Tischtuch, den versengten Teppich.

Dann ging er. Heim, zu Helene, ihre müde kranke Wöchnerinnenstimme hören, das Greinen des Säuglings, ihr Gefrage, warum er so spät komme und nach Wein rieche? Er lief in die Nacht hinaus und ließ sich von der Schankmagd zurückholen, die er kannte; sie war derb, albern, ohne Anmut, aber sie fragte nach nichts.

Im Frühherbst fuhren ein paar Freunde mit dem Hofmusikus nach Heilbronn. Man wollte den Virtuosen Pirker aufsuchen, der dort Klavierstunden gab, und man hoffte, seine kranke Frau zu sehen, die traurig-berühmte, die große Marianne Pirker, die acht Jahre lang – einer nie geklärten Versäumnis wegen, gefangen war: Es hieß, sie habe im Schreien nach Freiheit, im Toben über das Unrecht, in der Angst um die Kinder, die Stimme und den Verstand verloren, und der Mann, in einer anderen Zelle, habe sie nie besuchen dürfen.

Schubart hatte damals davon gehört, 1756, als er die Oper besuchte. Die Pirkers hatten Hilfe bei Freunden gefunden und Marianne war unter der Pflege der Frau von Killinger zu Eschenau langsam wieder zu sich selber erwacht – träumerisch müde freilich und ohne Kraft.

So trat sie Schubart entgegen, der mit Haug hereinkam, geführt vom gealterten Pirker, geleitet vom Diener der Frau von Killinger. Aus ihrem reglosen Gesicht wachte ein Schimmer auf, wie ein straffender Hauch, die Lider bewegten sich flatternd, die Augen richteten sich auf die Besucher: Große, tiefdunkle, runde Augen in einem Kreis von feinen Falten, wie mit Griffeln geritzten Rillen, die sich bis zum Mund zogen.

Die Stimme war schwach, klang geborsten. Frau Pirker hielt sich am Tisch, zog sich hoch und hob den

Kopf, daß die helle Kehle sich streckte. „Soll ich singen?" fragte sie verwirrt. Und ehe der Mann es hindern konnte, preßten sich ein paar Trillerfolgen aus dem weitgeöffneten Mund, schrille Töne, die in heiserem Keuchen endeten.

„Das war –" flüsterte Pirker – „einmal die Arie: ‚Lascami, o ciel pietoso, lascami respirar'!"

„Laß, barmherziger Himmel, mich atmen", übersetzte Schubart erschüttert. Frau Pirker winkte, drehte sich um und tastete hinaus. Man saß stumm beieinander. Schubarts Blick trieb Pirker zur Auskunft. Man wisse ja, anno 56 seien sie unverhofft verhaftet worden, Marianne aus der großen glänzenden Ruhmesbahn heraus, er, ihr Impresario und Mann, und der Friseur Reich, der Hofcoiffeur der jungen Herzogin, der Friederike von Brandenburg-Bayreuth, die eine Freundin seiner Frau gewesen sei; und man habe ihnen, den drei Gefangenen, vorgeworfen, sie hätten da einiges aus dem Privatleben des Herzogs . . . doch darüber schweige man lieber, es sei auch ihm nie ganz klar geworden und – man wisse ja, er habe mit den anderen unterschrieben, nichts darüber zu sagen.

Die Männer sahen sich an. Ob das alles denn nun besser geworden sei? fragte Schubart, den das Wort vom privaten Leben ein wenig stach. Er höre doch weiterhin zu Louisburg . . .

Aber Haug dämpfte hastig. Das gehe keinen an, das seien die höfischen Stilarten und Weisen, und Serenissimus müsse ja allein leben, ohne die Gemahlin.

„Sie ist damals endgültig zu den Ihrigen gezogen", ergänzte Pirker, mit leisem Stolz in der Stimme, „als man ihr das angetan hatte, den Schimpf mit der Marianne, und sie nicht hat anhören wollen, als sie für uns gebeten . . ." Er schreckte zusammen und schwieg. Seine fahrigen Hände zitterten über sein Gesicht, das die Runzeln zerschrammt hatten; er war viel älter als Marianne und die Haft hatte ihn zum Greis gemacht. „Württemberg müssen wir meiden", sagte er zaghaft, „aber hier in der Freien Reichsstadt Heilbronn ist es bloß eine halbe Verbannung oder gar keine mehr, da uns die Frau von Killinger geholfen. Ich habe Klavierschüler, eine eigene gute Methode, die Frau lehrt Gesang . . ." Er stand auf und schaute mißtrauisch durch die gerafften Florgardinen hinaus. Ein rotbrauner Baumwipfel wehte vor dem Fenster. Sein Blick wurde ziellos. „Wir haben droben keinen Baum sehen können, sie auch nicht. Man hat uns später besser gehalten, aber – keine Musik. Und der Gluck, unter dem die Marianne gesungen, hat auch nichts erreicht zu unserer Freiheit, und auch keiner aus der Heimat, aus dem Tirol."

Schubart versprach lebhaft, dem Musiker Schüler zu schicken, der Frau Schülerinnen; er werde auch eigene Kompositionen senden, sobald sie abgeschrieben seien. Und Pirker solle die herrliche Marianne grüßen, „die Primadonna Europens", die Nachtigall der Oper, die Dido und Ariadne der großen Bühne, die Kunstgenossin . . . Pirker nickte.

Draußen flüsterte Schubart bitter lächelnd: „Ein bißchen mehr ist sie noch als eine – ausgestopfte Nachtigall.*"

„Wie der Kerker einen Menschen verändert, verfälscht, vernichtet", meinte Haug schaudernd. „Sogar so einen starken Kopf und so ein heftiges Geblüt, so eine Heroine!" Schubart redete nichts mehr.

Im Spätherbst 1770 brachen die Blattern in Ludwigsburg aus. Anfang Dezember, am 8., starb Schubarts drittes Kind, der kleine Christoph Friedrich Gottlieb, an der Seuche. Schubart schrieb an Böckh:

„Dein Trost, mein Bester! Der kleine Klopstock, die

* Zitat

76

Freude meines Herzens, ist vor einer Stunde an den Blattern gestorben. Ich habe die Blattern noch nicht gehabt und meine zwei größeren Kinder auch nicht, und meine Frau zittert und ängstigt sich zwischen Lebenden und den Toten. Der kleine Martirer Friedrich Gottlieb liegt, von Narben zerrissen, neben mir. Kaum ist die Farbe des Todes auf seinem Gesicht kenntlich, o seine Seufzer, sein Röcheln, seine stillen Leiden, die wehmütigen hülfeflehenden Blicke, womit er zu seiner Mutter emporsah, werden mir niemals aus dem Gedächtnis kommen. Nun ist er hinübergegangen. Ich weiß nicht, was ich schreibe. Lieber möcht ich hier die Feder niederlegen und an Deinem Busen ausweinen können. Aber ich leide und schweige, bis auch ich mit wenig Erde beworfen, liege und schlummere. ‚Nur wenige verstehn, was den für Ehren schmücken, der liegt und überwunden hat,‘ sagt der große Gevatter meines verklärten Sohnes, Klopstock.“ –

Schubart litt, in solchen Stunden war er eins mit Helene, tief niedergedrückt, voll Reue, an echte und vermeintliche Verschuldungen denkend. Aber schon acht Wochen später klang's ganz anders, in einem blendenden Stil, der vor Spottlust, amüsierter Selbstironie und Lebensfreude tanzte:

„Liebster Schwager! Ich trete aus einer Wolke von Geschäften und Zerstreuung hervor und frage einmal wieder: Was macht mein guter Böckh? – Ach, er arbeitet, spricht sein Genius zu mir; stielt, wie Prometheus, Feuer vom Himmel und belebt menschliche Klötze. Mein Genius, einhörnicht, bocksfüßicht, ein Söhnchen des Capriccio, und folglich bei weitem nicht so fromm wie der deine, lächelt hier ein wenig und glaubt, der gewöhnliche Stolz des Autors habe der Zärtlichkeit des Freundes einen guten Theil entwendet. Schon gut! Ich nehme Anteil an deinem Ruhme und lerne mich in meinen Verlust schicken … Hier ist alles in den gewöhnlichen Lustbarkeiten des Hofes ersoffen. Opern, Bälle, Capucinaden, Harlekinaden, Comödien . . . Concerte, Pharotische*, wo sich unser Originalwiz beschäftiget, den Schweiß unserer Väter und unserer Gläubiger in Minuten zu zernichten – das, liebster Freund, sind ietzo unsere edle Beschäftigungen, und lachen muß ich über dich, wann ich dich im Geiste mit der Pelzkappe und einem abgelebten Pfeifchen am Pulte sizen und mit der lächerlichen Arbeit beschäftiget sehe – Menschen zu bilden! Ich bin nunmehro ein Hofmann! Stolz, windicht, vornehm, ohne Geld, und trage samtne Hosen, die, so Gott will, noch vor meinem seeligen Ende bezahlt werden sollen. Mit einer Miene also, kurzsichtig und frei, wie des Pilatus seine, lade ich dich und deine Frau und deine Kinder und deine Kostgänger und deine Mägde zum bevorstehenden Geburtstag ein." (Der Herzog hatte am 11. 2. Geburtstag, der mit großem Aufwand gefeiert wurde.) „Du wirst mich in einem neuen Logis antreffen, geypst, weit, modisch hell, wie es sich für einen Hofmann gehört. Meine Studierstube hat sich in ein Puzzimmer verwandelt, mein Pult in eine Toilette; meine Bücher hab ich einem kontrakten Schulmeister geschenkt, und statt des Tobaks kaue ich Lavendel. Ich freue mich von Herzen über das Privilegium, dumm und vornehm zu seyn, und lache über euch Autoren mit der papierenen Unsterblichkeit. Gott verzeih mir's! daß ich ein Narr war und den Messias auswendig lernte! Ich kann nun etwas Italienisch und Französisch stottern, lese Bücher hübsch sauber in Paris gedruckt, mit Gravelots und Eisens Vignetten, liebliche herzbrechende Heroiden, wo der Autor holdseelige Chansons trällert, und in ellenlangen Alexandrinern – gallische Gedankenlosigkeit auskramt. Ich glücklicher Mann! – So komm dann, so

* Kartenspieltisch

komm dann, du lieber Böckh, entrunzle deine Stirne von den Falten des Chrysippus, und besuche deinen – votre très humble serviteur Schubart. NS: Meine Briefe werden in Zukunft nicht mehr nach Tobak; sondern – dem Gott der Mode sei 's gedankt – nach eau de Levante riechen."

Aber noch am 23. Februar 1771 heißt es, wieder an den Schwager Böckh gerichtet: „Mein Schicksal bei Hof ist noch nicht entschieden. Ich wünsche meinem Fürsten nicht unter den Augen, sondern weit von ihm dienen zu können . . . Mir fallen immer die Donnerkeile ein in der Hand Jupiters."

Noch war seine Lage unsicher, obwohl er sich immer stärker in den höfischen, halbliterarischen Zirkeln engagierte, die er gelegentlich – Vertrauten gegenüber – so überlegen verspottete.

Da alles von persönlichen Launen, vom Wohlwollen einiger hoher Gönner, von der gesellschaftlichen Beliebtheit abhing, nichts schriftlich fixiert, nichts vertraglich unterbaut war, versuchte sich Schubart durch eine Audienz beim Grafen Montmartin, dem ranghöchsten Minister, Gewißheit zu verschaffen. Und weil man in Geislingen seine labile Situation unfreundlich kommentierte, schilderte er seiner Frau im Brief diese Unterredung in pathetischen Tönen, als eine Art Theaterdialog, der schließlich in Montmartins Versprechen ausklang: „Man muß Ihnen helfen!"

Noch im August desselben Jahres reiste Helene mit den Kindern zwischen Geislingen und Ludwigsburg hin und her; Schubart bat den Schwager, sie unterwegs in Eßlingen freundlich aufzunehmen und dafür zu sorgen, daß „mein bester Haußrath bequem und bald hierher verpflanzt wird", denn „nach meinen gegenwärtigen Umständen ist es mir zu kostbar, sie selbsten abzuholen". Es sollte und mochte so aussehen, als seien diese „Umstände" finanzieller Art; aber das war kaum der einzige Grund für Schubarts Zögern. Er hat in einem der früheren Briefe seine Unpäßlichkeiten angedeutet, in späteren Geständnissen selbstquälerisch berichtet.

Tumultarisch durcheinander gestand er Böckh, dem korrekten, brüderlichen Schulmann, daß die „genaue Reflexion" über seine „Thorheiten, Fehler, Sünden, Unglücksfälle" ihn „grämisch" mache, so daß er alles lieben könne außer sich selber. „Ein Zustand, den niemand beneiden kann, außer der zum Galgen geführt wird." Gönner, Schutzengel und die Frau von Türkheim, „die Erste Hofdame, ein Seraph an weiblicher Schönheit, meine Mutter, meine Schwester und noch mehr als diese . . ." waren die glänzende Gegenseite seiner trübsinnigen Selbsterkenntnis; vielleicht war diese Dame eine von denen, die ihm, wie überliefert wurde, eine venerische Krankheit zutrugen; denn ohne sich klar auszusprechen, sagte sein Brief an Böckh zuviel: „Zu diesem Gemüthszustande kommt ein siecher Körper, den ewige Kopfschmerzen, verdorrende Säfte, schlaffe Nerven und Verstopfungen quälen. Trüber Ernst, Schwermuth, Schmerz, mürrisches Wesen und finstere Reflexion einer finsteren Seele sind die Furien meiner gegenwärtigen Tage. Mich dauern meine Kinder, mich dauert mein Weib . . ."

Schubart zweifelte daran, ob es zu verantworten sei, Helene kommen zu lassen; aber – Leichtsinn, Unkenntnis, vielleicht auch die Scheu, ihr seinen peinlichen Verdacht zu gestehen, hinderten ihn, sie fern zu halten, und er verbot dem Schwager, seiner oder Böckhs Frau den Brief zu zeigen.

Helene kam; nach dem Besuch in der engen Geislinger Welt erlebte sie das hastige, prahlerische und unlautere Getue und Getriebe dieser Scheinexistenz, der noch keine handfeste Bestätigung des Herzogs Dauer versprochen hatte; sie spürte die Unruhe ihres Mannes, der sich hektisch abmühte, überall den besten – das heißt einen hofwohlgefälligen Eindruck zu machen, sie empfand, daß er vieles vor ihr verbarg. Das ging bis in den Spätherbst hinein. Es fehlte an Geld, unverhoffte Zuschüsse großer Gönner verschwanden im Aufwand für die Garderobe des Dichters, für Wagen und Gelage am Spieltisch. Manchmal blieb Schubart tagelang fort, ohne ihr nachher zu sagen, wo er gewesen war.

Helene fühlte sich elend. Sie konsultierte einen Arzt; nicht den Hofmedikus, keinen der bekannten Herren. Als sie erkannte, daß Schubart sie angesteckt hatte, floh sie völlig verstört, voller Angst und Abscheu; sein Bett hatte sie vorher auf den Speicher gepackt. Ihre lauten Klagen – sie war zu unglücklich, um jetzt noch ihre Zurückhaltung zu wahren – wurden in Ludwigsburg bekannt, und in Geislingen sorgten die Bühlerischen dafür, daß sie weit genug herumkamen.

Schubart kehrte vom Dienst heim – er hatte Stunden gegeben –. Er fuhr im Wagen, weil er den dicken Dezemberschnee fürchtete – und fand das Haus geräumt, die Frau mit den beiden Kindern verschwunden, ihre Schränke leer. Schubart blieb der Atem weg: Gekränkt, voller Zorn und Reue, verletzt im Innersten, raste er zu Pferd, alles andere vergessend, nach Eßlingen, in der vagen Hoffnung, dort Helene zu treffen und die Fahrt zu den Ihrigen noch abzufangen. An Böckh schrieb er unterwegs ein kaum leserliches Billett: „Eßlingen, December 1771: . . . meine Situation ist so verzweifelt, daß ich es nicht wagen kann, dir aufzuwarten. Heute früh versehe ich mein Amt, ich nehme hundert Neujahrsbestellungen an, – komme nach Hauß; – und Bett, Weib und Kinder sind weg. – Ohne zu essen setz ich mich zu Pferd und konte biß hier ihre Spur nicht finden. – Ein Weib, die ihren Mann verlassen kann, verdient keinen Seufzer – aber – Himmel! – meine Kinder! – Bester Schwager, leb wohl! ich habe viel verdient, aber nicht soviel! Es mag gehen wie es will, so werd' ich doch niemals einen Streich wagen, der deiner und meiner unwürdig ist. – Ich umarme dich und meine Schwester mit Entzücken und bin ewig dein – Schubart. NS: Alles ist vergebens. Ich muß fort und die Verzweiflung ist mein Führer."

Er spürte nur zu deutlich, daß er einen „Führer" brauchte: Böckh, der zuverlässig hinwandernde Bürger, sollte ihm Halt geben. Einsicht dämmerte, aber seine Eitelkeit und das Gefühl seiner treuherzigen Liebe machten ihn toll und blind: Der andere bessere Schubart konnte doch alles Häßliche legitimieren und die Waage ausgleichen!

Es war keine Lüge, wenn er sich kindlich-trostsuchend vor Gott hinwarf, wenn er „den Seinen nicht sagen konnte, wie lieb er sie hatte". „Die Menschen werden mir täglich kleiner und Gott größer und sein Himmel wünschenswerter", hieß es; aber Helene konnte nicht zurück, sie war durch seine Rücksichtslosigkeit, die sie als brutale Selbstsucht empfand, zu verletzt.

Schubart flehte Böckh an, zu kommen – „wenn ich denken, essen, trinken, schlafen könnte . . .", er schrieb eine vernichtende Selbstanklage, zählte nacheinander seine Vergehen auf: „Die Menschen: Deine Blutsverwandte: Dein Vater grämet sich, deine Mutter ächzet, denn du antwortetest ihr nicht einmal auf ihren mütterlichen Brief – sie weint und wünscht sich den Tod. Deine Gattin ist von dir befleckt, – seufzt, ringt die Hände, grämt sich in schlaflosen Nächten, ist von dir entfernt – ohne Antwort, ohne Hülfe, ohne Trost. Deine Kinder – eins ist von dir vergessen und das andere verwildert . . . Deine Gönner belohnst du mit Leichtsinn und Undank! – Deine Freundschaft hört mit Abscheu deinen Namen nennen . . ."

Er war jetzt völlig verstört. Er steigerte seine Selbstverachtung bis zum Exzeß, er büßte, wie nur ein

Künstler büßen kann, indem er alles aussprach und vor sich hinstellte: „Du machst Schulden, die du nicht bezahlen kannst. Deine Gesundheit zerstörst du durch liederliche Ausschweifungen. Dein Gesind wird liederlich und verhurt. Gedankenlosigkeit und Verschwendung verzehrt den Rest deines mittelmäßigen Kopfes ... Verzweiflung nähert sich – Ewigkeit und die Rache des Rächers erwarten dich –. Stirb! Verlorener!" Er fühlte sich als ein Gerichteter, ein Gestorbener und der Verdammnis verfallen. Solche Läuterung riß ihn auf wie einen Acker, machte ihn für die Umkehr offen; so ging er zu seinem erbittertsten Feind, dem Spezial Zilling, und beichtete ihm. Zilling wies ihn auf Christi Vergebung hin – er war nicht nur ein triumphierender Zelot – und Schubart schwor ihm und sich Umkehr.

Er war voll guten Willens. Aber der Riß zwischen ihm und Helene heilte nie mehr ganz; sie hatte ihr Vertrauen verloren. War er vorher für sie noch ein ungebärdiges und manchmal quälend unvernünftiges Kind gewesen, das sie mütterlich liebte, so war er jetzt in ihren Augen nicht nur ein Tor, sondern ein bewußt böser Mensch geworden. Leidenschaftlich hatte sie ihn gewiß nie geliebt, dazu war sie zu schmal angelegt, zu gehalten und vorsichtig, vielleicht zu „geizig mit sich selber". Und gerade das, was sie ergriffen und gerührt hätte, seine Hilflosigkeit und Unbeholfenheit, sah sie nicht. Denn ehe sie seine Bekenntnisse, seine Betroffenheit und Niedergeschlagenheit ganz erkannte, drängten sich seine höfischen Gönner und Zechgenossen mit forschem Spott dazwischen – er sei doch ein Mann und habe die Freiheit und Macht, zudem ein Genie, und das heiße doch ungehemmt sein und über den Gesetzen. Und wenn sie ihn verlassen habe, sei das ein Paß und ein Alibi für seine Ungebundenheit. – Schubart schrieb an den ständigen Beichtiger Böckh einen sehr häßlichen, kleinlich-keifenden Brief über die

Frau, warf alle Schuld auf Helene und blähte sein angeschlagenes Selbstgefühl künstlich auf.

Danach schrieb er auch an sie selbst, bot ihr – juristisch beraten – seine „offenen Arme" an und fühlte sich rehabilitiert, als Helene zauderte. Seine Gesellen machten es sich zur Ehre, ihm jetzt erst recht zum wilderen Leben zuzureden.

Er brachte seinen verlotterten Haushalt „in Ordnung" mit der Hilfe einer derben Magd, der Aalenerin Barbara Streicher, die ihm tüchtig putzte und säuberte und mit der er bald schlief. Ohne Helene trieb er's immer toller, sank tiefer und verlor Stil und Haltung. Den „Freunden" genügte ein ausdauernder Saufkumpan und ein gebildeter, musikalischer, witziger Tischfreund: Er schrieb Epigramme und Balladen, Volkslieder und Liebesgesänge ... dann, 1773, griff Zilling ein. Er meinte, zu rasch gnädig gewesen zu sein und bereute jetzt, den Unverbesserlichen angenommen zu haben. Das Ärgernis mit der Streicherin war nur ein Anlaß: Schubart hatte sich in vorwitzigem Gerede zu weit gewagt: Und der Herzog, der damals eben in eine neue entscheidende Phase seines persönlichen Lebens eintrat, eine innere Umkehr und Erschütterung erlebte wie nie zuvor, reagierte empfindlich auf seine groben Späße: Die letzte Maitresse, Catarina Bonafini, war entlassen worden, als Franziska von Leutrum, die unglücklich verheiratete junge Frau, den Herzog bezauberte; sie, aus einem streng evangelischen Haus, anmutig scheu und sehr bedrückt durch die erzwungene Ehe, wirkte wie ein Aufbruch und Einstrahl alles Hellen und weckte die besten Kräfte in Carl Eugen. Nach ihrer Scheidung von dem verwachsenen Baron von Leutrum lebte sie als Reichsgräfin von Hohenheim beim Herzog; da Carl Eugen noch immer an Friederike von Brandenburg-Bayreuth gebunden war, schien eine Heirat unmöglich: Carl war katholisch.

Schubart beobachtete die Vorgänge am Hof aus nächster Nähe; er wurde als Franziskas Klavierlehrer berufen, schwärmte für sie, dichtete ihre „wollenweichen Hände" an, die „Wangen, dran tausend Amoretten hängen", und reimte „Milch mit Blut getuscht" – auf „Brust". Er ersetzte die mangelnde Begabung seiner Schülerin durch eigenen Vortrag, geduldiges und feuriges Klavierspiel und devotes Gehabe. Sie lächelte und übersah ihn.

Dann wurde er zum erstenmal gemahnt: Ein dunkel gekleideter Kavalier, den er nicht kannte, lauerte ihm abends vor seinem Haus auf und steckte ihm einen Zettel zu. „Hüten Sie Ihre Zunge, hüten Sie Ihre Hände und bleiben Sie des Nachts allein!"

Schubart las den Wisch und lachte; ein paar Tage danach erreichte ihn wieder ein Wink: Man hatte die Streicherin angehalten und beschimpft. Aber das weckte den Trotz des Dichters – er ging öffentlich mit der geputzten Dirne aus, lud sie zum Wein und feierte ihre Schönheit mit tönenden Reden. Dann gab ihm Zilling einen deutlichen Hinweis: Er möge das Weibstück verjagen, Serenissimus sehe ihm genau auf die Finger. Wo denn seine Ehefrau sei?

Abends, im Wirtshaus, brauste Schubart auf: „Was will denn der hohe Herr?" Man schwieg betroffen. „Er denkt mich zu tadeln, da ich von meinem Weib schnöde verlassen bin und mich wie ein Mann schadlos halte! Und er? Tut er nicht dasselbe?" Er schaute sich um, aber niemand redete dazwischen; ängstlich gebannt, hämisch vergnügt starrten sie ihn an.

Ein paar Tage nach diesem Ausbruch erschienen Soldaten in Schubarts Wohnung und verhafteten ihn. Danach lag er ein paar Wochen im Turm.

In Geislingen lebte Helene indessen unter den Augen der klatschenden Spießer. Die Eltern beeilten sich, den Schwiegersohn als wahren Lumpen und Nichtstuer zu malen, und ihr Märtyrertum desto heller herauszustreichen. Sie hätte wohl – hieß es – noch solidere Bewerber gehabt und wäre den Eltern dann nicht auf der Tasche gelegen – das alles machte Helene hilflos. Die Kinder fragten, drängten nach dem Vater, lachten wenig neben der weinenden nervösen Mutter. Der herzogliche Erlaß, der dieses Elend heraufgerufen hatte, lautete:

„An das gemeinschaftliche Oberamt Ludwigsburg. Stuttgart, den 21. May 1773.

Von Gottes Gnaden Carl, Herzog etc. . . .

Unseren Gruß zuvor, Hochgelehrter, Ersamer, lieber Getreuer!

Was gegen den Stadtorganisten Christian Friedrich Schubart bei Euch sowohl in puncto eines mit der Barbara Streicherin von Aalen begangenen Ehebruchs, als auch wegen einer zu Anfang dieses Jahres verbreiteten Scarteque* vorgekommen, solches haben Wir Uns aus Euren an Unsere Herzogliche Regierung und Ehgericht in causa unterthänigst erstatteten Berichten des Mehrern gehorsamst vortragen lassen. Obwohl nun besagter Schubart so viel das adulterium** mit der Streicherin betrifft, seines Abläugnens ungeachtet, dermaßen graviert ist, daß derselbe als tantum non convictus mit der helftigen adulterien Strafe zu belegen wären: So wollen Wir jedoch von deren Einzug bey ihm gnädigst abstrahieren; dagegen denselben bey seinen neuerlichen Vergehungen, und in Rücksicht seiner von jeher bezeugten schlechten Aufführung, seines Organisten Diensts nicht allein entsetzt, – sondern auch verordnet haben, daß ihm um des in dem Publico in so mancherley Betracht gestiffteten Ärgernisses willen das

* Schandschrift
** Ehebruch

consilium abeundi gegeben werden solle. Und habt Ihr dahero dem Schubart hievon die Eröffnung zu thun, mit dem Bedeuten, sich aus Unseren Herzoglichen Landen hienächstens unfehlbar zu entfernen.

An dem beschiehet Unser gnädigster Will und Meynung, und Wir verbleiben Euch in Gnaden gewogen.

Ex speciali Resolutione Serenissimi Domini Ducis etc.“

Halb erschreckt, aufgescheucht, verstört – halb aber auch erleichtert sah Schubart sich gezwungen, alles aufzugeben und abzubrechen, was ihn – verlockend oder bedrückend – in Ludwigsburg gehalten hatte. Die Wanderschaft ins Ungewisse begann; Weib und Kinder waren in Geislingen, und Schubart hütete sich, sein empfindsames Gemüt und labiles Selbstgefühl neuen Proben auszusetzen. Er schrieb nicht an Helene, verzog sich vielmehr stillschweigend aus dem ungastlichen Württemberg, einen Taler in der Tasche; zuerst gegen Heilbronn, und von da sollte die Fahrt über Ansbach nach Berlin gehen, wo Friedrich regierte, dem er so oft begeistert zugejubelt hatte. Aber wie schon beim Studium, so warf er auch jetzt seine Pläne um, ließ sich von einem „Freund“ beschwatzen, nach der Pfalz zu gehen, redete, spielte, sang, schimpfte auf Carl Eugen und die verstockten Pfaffen und ließ sich seine Tafelmusiken mit Essen, Trank, Logis und Gnadengaben bezahlen. Die kleinen Höfe, deren jeder der glänzendste, musenfreundlichste sein wollte, nahmen ihn gern auf: Mannheim, Heidelberg, Schwetzingen.

Helene – sooft ihr der Umtrieb der Kinder, die Pflege des kranken Vaters, das häusliche Gewerke Zeit ließen – vergrub sich, grübelte, grub in sich selber und ihren Erinnerungen und suchte den Mann zu begreifen, der sie erhoben und erniedrigt hatte, beides in einem. Sie holte sich heimlich seine Gedichte hervor, ohne es die Ihrigen wissen zu lassen; man erwartete „stolzen Haß" von ihr, Verachtung und Abstand für immer. Aber es gehörte ja zu ihrer eigenen Rechtfertigung, Gutes an ihm zu finden, Großes, und zu begründen, daß sie ihn lieb gehabt hatte. Sosehr sie ein Zusammenleben fürchtete, so heftig wünschte sie doch zu wissen, „wer er war". Sie kramte in den Blättern, erschreckt und entzückt, seine Handschrift wiederzusehen, und merkte an der Angst, die sie davor fühlte, wie verletzt sie noch war. Sie fand ein paar Mädchennamen als Titel und legte die Blätter schnell weg; dann gab's da eins, das las sie ganz und immer wieder, „Frühlingsabend", im Klopstock-Stil; aber „Jupiter und Semele" überschlug sie rasch, denn es handelte doch von einer Liebesromanze mit einem Heidengott. Sie kannte Gellert und Klopstock, Ramler und ein wenig von Goethe. Sie liebte Rhythmus und Wortbilder, aber das suchte sie jetzt nicht; und ohne Schubarts Beistand verstand sie auch die hohen Töne kaum, die hymnischen Spiele.

Dann kramte sie das Bändchen „Todesgesänge" aus einer Schublade unter den Schnupftüchern, wohin sie es beim Einzug vor dem Vater versteckt hatte. Das Buch war vor vier Jahren in Ulm herausgekommen und hatte sie gefreut; dies Exemplar, sein einziges eigenes, hatte er gezeichnet: „Meinem treuen Weibe, Schubart. 1767". Sie setzte sich; drunten lärmten die Kinder im Hausgarten. „Auf die Leiche eines Regenten", las sie und seufzte; er war so unklug ehrlich:

> „Seid ihr, Götter dieser Erde,
> Seid ihr Menschen – gleich wie wir?
> O so zittert! Der Gefährte
> Eurer Größe lieget hier.
> Steigt von goldnen Stufen nieder,
> Zu den Särgen eurer Brüder,
> Denkt beim Leichenpompe heut . . ."

Sie überflog das Porträt des „edlen Regenten", das da als Vorbild gezeichnet wurde und fand den Schluß, ängstlich kopfschüttelnd las sie ihn:

„Dorten trefft ihr euren Richter
Wie der ärmste Bettler an,
Ihn, vor dessen Ungewittern
Auch der Zeder Wipfel zittern.
Drum so übt noch in der Zeit
Tugend und Gerechtigkeit."

Freilich, das hatten sie ihm verübelt. Gottgesalbt waren sie ja, und von je erhöht, die Glorie hatten sie – aber er war doch ein Dichter? Einer, der zu sagen berufen war?

Da stand auch Gellerts Grabschrift, und die schien ihr, so einfach sie war, besser gereimt als die „Regentenleiche":

„Hier liegt, sieh Wanderer und schau!
Die Wahrheit schreibt: Der beste Mann für eine
Frau
Und unbeweibt –
Der beste Vater eines Sohns.
Und ohne Sohn.
Der würdigste des größten Lohns –
Und ohne Lohn.
Der erste Weise seiner Zeit –
Und ohne Rang.
Es lauschten alle Söhne Teuts.
Wenn Gellert sang!
Sein Lohn ist dieser schlechte Stein!
Der Wandrer geht –
Wünscht alles in der Welt zu seyn,
Nur kein Poet."

Da hörte sie den Vater Bühler heraufhumpeln und steckte das Buch und die Papiere eilig weg.

Indessen fuhr Schubart bildlich und realiter auf einem munteren Strom dahin, machte sich wenig Sorgen und lebte von Gönnern und Bewunderern. Er verschenkte seine letzten Kreuzer an einen armen Soldaten, der bettelnd über seinen Weg hinkte; und dann, da ihn ein Regenguß überraschte, der den Invaliden unter ein Scheunendach trieb, lief er weiter, zu einem herrschaftlich prächtigen Haus und ließ sich dort als wandernder Virtuose aufnehmen, setzte sich, als die klimpernde Baronesse aufstand, ans Klavier und „ergoß unerschöpflich unaufhaltsam Wasserfälle von Harmonien", wie man ihm begeistert versicherte, spielte auch mimisch den bescheidenen, aber seiner Bedeutung still bewußten Genius und wurde sogleich zum Essen geladen; musizierte wieder, gab Urteile über Literatur und Komponisten zum Besten, die überraschend kenntnisreich formuliert waren, wurde weiter behalten, bewirtet, beschenkt, gefeiert – und zog endlich mit vier prachtvollen Pferden in einem „wohllackierten Gefährte" nach Heidelberg. Und ein Mann, der so hereinfuhr, mußte ja eine Leuchte sein! So öffneten sich wieder die Türen, er erreichte einen Empfang beim Kurfürsten Karl Theodor, der ein Kunstliebhaber und Musikfreund war, und lebte auch da wohlig und redselig – bis ihm seine Redseligkeit wieder schadete.

Mitten im Trubel, im Wagen nach einem Gelage, wurde ihm übel. Er ließ den Kutscher bei einem Arzt vorfahren, halb bewußtlos, mit rasenden Kopfschmerzen; sein Atem keuchte. Man bettete ihn auf ein Kanapee, ließ ihn zur Ader, machte Umschläge und gab dämpfende Essenzen. Im halben Bewußtsein träumend, meinte er Helene über sich gebeugt zu sehen, fuhr auf und fiel stöhnend zurück. Dann verlor er wieder die Besinnung.

Er erholte sich langsam. Und schon anderntags, noch zitternd, mietete er einen Rheinkahn und ruderte mitten im Strom, graugrüne Wiesen zur Seite, einen hellblauen, unruhig fliegenden Himmel darüber, ruderte, bis ihm schwarz vor den Augen wurde und legte endlich die Riemen ein. Jetzt trieb das Boot am Ufer hin gegen das Schilf. Er ließ es stocken, sich festfahren, schlug die Augen auf und genoß das Wiegen wie einen Traum. Der schaukelnde Rhythmus der Messiade von Klopstock fiel ihm ein, die er eben noch gelesen hatte, er rezitierte halblaut, verschwimmend zogen die Bilder und Worte ihm vorbei, der Rhythmus blieb. Er wurde wacher, stieß den Kahn ab und ruderte wieder; und im Sog des Wassers nahm er das Büchlein aus dem Rock, schlug es auf und las; die Ruder schleiften im Strom. „Im sechzehnten Gesang" – so erzählte er nachher, „lag ich mit der vollen Seele auf der Stelle, wo die gerichteten Seelen riefen: Jupiter, Gott des Donners, erbarme dich unser!" Und da riß den Taumeligen die Begeisterung auf, er warf die Arme in die Luft und „Messias" und Sitzbrett glitten in den Fluß; Schubart hielt sich. Da schwamm das Buch, und er starrte ihm nach: Mit dem letzten Geldvorrat hatte er es gekauft. „Wie angedonnert stand ich da und sah bleich und starräugig meiner lieben Messiade nach, die wie eine geschossene Ente auf dem Wasser fluderte und untersank." Er ruderte an Land, sehr erschöpft, ernüchtert, unwillig.

Aber solange nur sein Feuer blieb, trug ihn die Glückswelle weiter; in Heidelberg, wo ihn die „Bacchanalien betäubten", nahmen sich katholische Würdenträger um ihn an, gaben ihm Aufträge; er beurteilte Orgeln und Komponisten, dichtete aus dem Stegreif Hymnen und Pamphlete und lobte Goethe und Lessing, schwärmte von Shakespeare. „Er mache eine Bildungsreise", schrieb er einem Freund und glaubte es selber.

Karl Theodor ließ ihn wissen, er dürfe sich nicht mehr bei ihm zeigen, er habe ungut über die Mannheimer Akademie, das Herzblatt des Fürsten, geurteilt. Jetzt war auch dieser Weg verbaut.

Der Baron von Leiden brachte ihn über Dieburg nach Darmstadt. In Würzburg sah er zum erstenmal die herrlichen Tiepolo-Fresken, die kühn übersteigerten schwellenden Gruppen und Gewänder, das aus schattigem Umkreis aufblühende Licht der Mitte wie eine mystische Rose, auflösend und erlösend.

Um ihn herum „wimmelte die Welt buntscheckig durcheinander", kluge, sehr gebildete Katholiken teilten seine Kunsterfahrung, verschafften ihm Anschlüsse und Verbindungen. Ein Freund konvertierte. Mit den Gönnern reiste er nach Ellwangen, ins Herzland des schwäbischen Katholizismus, kam über Nördlingen und wagte nicht, den Schwager Böckh aufzusuchen, der dorthin versetzt worden war. „Weltoffen und der Kunst wohltätig", so kamen ihm die ehemals unerkannten Brüder aus der römischen Kirche entgegen. Schönheit und Pracht, die bei den pietistischen Frommen Feinde der Gottseligkeit heißen, übersetzten hier den Ungelehrten, was Worte nicht sagen konnten, rissen die Künstler hin und hinauf. Mächtig stürmten die Eindrücke auf ihn ein, der immer dem Augenblick, dem stärksten Anruf sich hingab: Er dachte daran, katholisch zu werden. Geborgenheit zog ihn an.

Über Donauwörth und Augsburg dehnte sich die jahrelange Fahrt – da erreichten ihn zwei Briefe seiner Frau. Helene hatte ihn ausfindig gemacht! Er wagte die Umschläge kaum zu öffnen – Unangenehmes kam da gewiß zutage, Vorwürfe, Bitten, Beschwörungen, denen er erliegen konnte. Aber es waren demütige, sehnsüchtige Worte, und dann der nüchterne Bericht über Leiden und Krankheit der Ihrigen, die sie selber mit Husten angesteckt hatten. Den Kindern gehe es gut, wieder gut, obwohl ihre Fragen nach dem Vater bitter seien und schwer zu bescheiden.

Schubart schwankte; ins Ungewisse, von dem er hier lebte, durfte er Helene nicht holen. Und dort bot sich kein Boden für ihn, das Herzogtum hatte ihn ausgewiesen. Konnte eine Familie hier leben, dieses Abenteuerdasein mitmachen? Helene würde ihm durch ihre Eifersucht alles verderben. Er antwortete nicht.

Durchbruch

Er zog nach München, wieder als Gesellschafter des Adels, als Hofmusikant ohne Bestallung, und tat sich einen Bedienten ein, einen ehemaligen Schneider und Soldaten, der auch zu barbieren verstand, zur Ader ließ, kurierte und purgierte, wo es fehlte, und im übrigen „ein Hallodri war, der ihn übel bestahl". Dieser Mann, Zerboll genannt, war sein Schatten, hielt ihn halb in Abhängigkeit und halb bei seiner Herrenlaune, lernte flöten und tanzen bei ihm und trieb den Dichter tiefer in das gauklerische Hasardieren, als Schubart wollte.

An einem tiefblauen heißen Augusttag legte er den Berauschten in ein Kornfeld und ließ ihn liegen. Schubart fand sich, als er erwachte, ohne Rock und Beutel, ohne Perücke und Schuh, und mußte mit Strümpfen und in Hemdsärmeln kilometerweit laufen, bis er ein Bauernhaus fand. Dort gab es kein Klavier, weder Flöte noch Geige, auch keinen Sinn für Verse und Bilder. Man ließ sich endlich herbei, dem fahrenden Vaganten im Heu einen Platz zu gönnen, da es schon tiefe Nacht war. Zwei Katzen leisteten ihm Gesellschaft, die ihn fauchend umstrichen. Er fiel in einen seiner phantastischen Träume: Etwas drängte ihn, Flittergold wirbelte wie der Rahmen eines Reliquienaltars, bunte Wolken dufteten, eine Litanei tönte dunkel. Er erwachte und wußte nicht, wo er war. Anderntags fuhr ihn der Bauer, dem er seine Berlocken* verpfändet hatte, wieder nach München hinein. Jetzt drängten seine Gönner ihn zur Entscheidung: Er solle konvertieren und habe eine Anstellung sicher.

Aber da schreckte Schubart zurück. Der Jesuitenorden war eben verboten worden, Empörung und Rachsucht brodelten auf. Und während er zögerte, einen so wichtigen Schritt aus Vorteilsucht zu tun, erkundigte man sich in Stuttgart. Der Bescheid war nicht günstig: Man schloß daraus, daß er nicht an den Heiligen Geist glaube und gab ihm den Laufpaß.

Und da stand er auf der Landstraße, fast so armselig und ziellos wie in der Katzenscheuer unter den Krallen seiner Traumgeschichte. „Wohin, Kerl?" Nach Stockholm, entschloß er sich, spielerisch und ohne jede Überlegung – und kam bis Augsburg, in die Weberherberge.

Dort standen zwei Kerzen auf dem Holztisch und eine am Ausschank, wo der Wirt Bier zapfte und Gläser füllte. In dem rötlichen Rauchdämmer bewegten sich klobig die Köpfe der Männer, die beieinanderhockten; es roch nach glostenden Pfeifen und nassen Kleidern. Darüber schwebte ein Arom von dem Sud, den die Wirtin in der Küche brotzelte. Schubart saß zwischen dem Schmied, der seine schweren Arme vor sich auf den Tisch gelegt hatte, und dem Fuhrknecht, der mit gesenktem Kopf vor sich hindampfte. Ein schmaler Bursche drückte sich dazwischen, ein blondes Stubengesicht, und hing mit wässerigen Augen verlangend an Schubarts Mund. Es ging auf elf Uhr, der Wirt hatte die Lichter noch einmal geputzt und ersetzt. Er blieb in der Tür stehen und wartete, wie sich der

* Schmuckanhänger am Gürtel

Disput der Männer drehen wolle: Schubart erzählte
von seiner Wanderschaft, es klang wie eine Moritat
und hatte dabei den Glimmer eines Theaterstückes, das
man auf einer Schmierenbühne sieht. Die großen Herren traten auf, in Frack und Lack, die ihn bewirtet hatten, mit allen Schwächen und Mängeln, geizig oder
hochmütig, und gelegentlich hieb er mit einem scharfen Wort nach den Höchsten, nach dem musischen
Karl Theodor oder dem theatertollen Carl Eugen.
Dann verstummte er und legte das Gesicht in die Hände.

Der Schmied redete umständlich von seinem Pech,
da ihm ein glühendes Eisen fast den Schädel versengt
habe. Aber Schubart saß still da und spiegelte sich im
Glas, drehte den Becher und hielt ihn schräg.

„Es gebe mehr zu jammern jetzt bei uns", sagte er
wie zu sich selber, „und es tät' bitter not, daß einer die
Dinge beim rechten Namen hieße, die in der Welt geschehen. Aber wo sie dem geistlichen und weltlichen
Regiment zuwiderlaufen, sind sie zu verschweigen, bei
Straf und Kassation – ich sag das, weil ich's erfahren
hab!"

Der bleiche junge Mann sah auf.

„Und die Verderbnis mag ich nicht tragen, ohne sie
aufzuzeigen – und darf's nicht!" Schubart stöhnte, ohne es zu wollen, fuhr sich in den Kragen und schob das
Glas weg. „Da ist die Freiheit in Engelland, wo der
König kaum mehr ist, denn ein gekrönter Popanz, das
Parlament aber sich müht ums Wohl der Bürger, da
gärt's im Frankenreich gegen den Übermut und drüben
überm Wasser – ich hab Nachrichten, die möchten
bald ein Journal voll machen."

Jetzt legte der Junge seine Hand auf Schubarts Arm.
„Verzeihet, Herr, aber ich kannte Euch seither nicht,
vermut' aber nach Eurer Rede, daß Ihr der Herr Schubart seid, Musiker, Dichter, Schreiber satyrischer Verse . . . seid Ihr's?"

Schubart nickte und lachte ihn an. „Also doch nicht ganz unbekannt hierzuland!" sagte er vergnügt. „Und wer sind Sie, Herr?" – „Ich bin der Buchhandelsgehilfe des Herrn Stage, der das ‚Schwäbische Journal' herausgegeben – es hat aber nicht recht wollen florieren – fehlt ihm ein tüchtiger Mann des Worts."

„Einer, der die Sprache führen kann – und den die Sprache führt?"

„Ja, so kann man's wohl heißen."

Schubart schwieg. „Mag der Herr mich einmal mit dem Herrn Buchdrucker bekannt machen?" fragte er dann. Der junge Mann versprach es; sie trennten sich jetzt, Schubart ernst, aber mit einer leisen Erwartung.

Am folgenden Tag hatte ihn einer der Ratsherren eingeladen, bei seiner Abendgesellschaft zu spielen. Diesmal war's ein evangelischer Zirkel, denn trotz der Parität in Augsburg, die das Stadtregiment streng und gerecht zahlenmäßig zwischen den beiden Konfessionen teilte, hielt man sie gesellschaftlich möglichst auseinander: Die reichen Leute waren zumeist Katholiken und hatten den größeren Einfluß. Hier also, zwischen dunklen geistlichen Habits und grauseidenen Pfarrfrauen, saßen auch ein paar muntere Männer in bunten Samtfräcken, und der Ratsherr selber redete, als Schubart eintrat, eifrig und angeregt auf einen dicklichen Gelehrten im reichbordierten Rock ein, der eine „umfängliche" Perücke trug. Schubart fiel dieser Gast auf: Etwas Verwandtes sprach ihn aus dem vollen rötlichen Gesicht an, die aufmerksam-dringlichen Augen vielleicht, die breiten und dabei ausdrucksvollen Hände – ein phantastischer Zug? Schubart bat, gleich zu Anfang spielen zu dürfen; die Luft sei noch rein, man brauche die Verstimmung der Klaviersaiten nicht zu fürchten, und er habe eben da einen Satz von Gluck präpariert, der wohl den Beifall der Herrschaften finden könne.

Schubart spielte. Er hatte eine Zeitlang keine Taste gedrückt, jetzt riß ihn der Klang des guten Instruments mit, er variierte und erfand, kaum daß der Satz zu Ende war, aus eigenem, paraphrasierte ein heiteres Thema, ließ das Motiv im Baß anrollen und mit kleinen Ranken und Triolen im höchsten Diskant piano ausschweben, schlug donnergleich schwere Akkorde an und löste sie spielerisch und tänzelnd auf – fingerfertig und schmelzend, wie es ihm der Augenblick eingab.

Man war entzückt, die Damen klatschten und riefen nach mehr, Schubart saß einen Augenblick überlegend da und schaute auf seine Hände; da stieg ihm ein Schwindelgefühl in die Stirn, Schweiß brach aus – die Lippen zitterten; fast war's wie damals, als er den Schlagfluß erlitt, und sicher nicht von ungefähr: Er hatte nächtelang gezecht und tagsüber wenig in einem schlechten Herbergsbett geschlafen, kaum gegessen und viel geraucht.

Er wandte sich um und verbeugte sich vorsichtig, um nicht vom Stuhl zu fallen. „Verzeihen die Herrschaften – mir ist nicht wohl . . .“ Er kam nicht weiter, drehte sich, sank vornüber auf die Tasten und krampfte die Hände um die Seiten des Klaviers.

Da stand der sonderbare, füllige Mann hinter ihm und hob ihm den Kopf hoch. „Mag sein, daß ich jetzt versage“, flüsterte er zum Hausherrn hinüber, „aber es muß versucht sein.“ Er half Schubart aufstehen und sich aufs Kanapee legen. Dann öffnete er sein Hemd und begann langsame Striche auf seiner Brust zu ziehen, ihm die Stirn zu berühren und ihn dann inständig anzusehen. Schubart fühlte ein drehendes Bewegen in sich, ein starkes Strahlen im Hirn und auf der Haut prickelndes Durchbluten; er richtete sich auf.

„Wunderbar! Wer sind Sie, Herr? Ein Arzt?“

Der Magus lächelte: „Auch, und Jurist, Theolog und

Philosoph und der Zoologie ein wenig kundig – ich komm aus Wien, der Doktor Mesmer."

Schubart erhob sich taumelnd. Die Behandlung hatte kaum eine Viertelstunde gedauert. „Ich habe von Ihnen gelesen, Meister", sagte er unsicher, „und von dem tierischen Magnetismus, den Sie behaupten. Da ist – hört ich – ein Sternenreigen, der sich magnetisch anzieht und der Menschennatur zufließt."

Mesmer lächelte verschmitzt und zog die dicken Backen breit. „Magnetische Kräfte, elektrische Einschüsse. Sie sind auch eine elektrische Natur, Herr Schubart!"

„Ich? Ihre Striche haben mich verwirrt – ich geb's Ihnen zu . . . Sie hypnotisieren Ihre Kranken?"

„Nichts da – die Kraft fließt aus mir in die, so sich mir anvertrauen – und Sie taten's, weil Sie schwach waren!"

Schubart entschuldigte sich, er müsse in seine Herberge. Der Gastgeber ließ ihn in einem Wagen heimbringen.

Ein paar Tage später fragte Schubart an, ob seine Visite angenehm und ob der Magus aus Wien noch da sei. Er wurde wieder eingeladen. Mesmer trat ihm entgegen, als habe er sein Kommen erwartet. Er sei ein Alemanne, erzählte er ihm gleich, stamme aus Iznang am Bodensee, habe in Dillingen studiert, in der Jesuitenhochschule, in Paris auch und sonstwo – und in Wien laufe man ihm jetzt zu. Der Hausherr sah herüber, Schubart spürte seinen leisen Widerwillen gegen den phantasierenden Doktor; ihn selber zog er sonderbar an.

Verwirrt dachte Schubart: Wahrhaftig! Da muß ich gegen den Gaßner wettern, der die Leut' stundenweit zu sich pilgern heißt, verspricht, sie zu heilen durchs Handauflegen, und läßt sie im Straßengraben verkranken, da er sie siecher gemacht als zuvor. Und mir – mir hilft einer, den ich bloß nach dem Namen kenne, streicht mir das Herz, schaut mir ins Aug, und mir geht's besser. Kann's der eine nicht und der andere kann's?

Unsicher machte ihn auch sein unbestätigtes Talent, das er spürte und anzweifelte in einem, ungeborgen und nie recht befestigt und erfaßt, ohne Aufgabe.

Die Depressionen packten ihn so stark wie je. Ein Ende mit dem Unwürdigen, der Schmeichelei, Kriecherei, Lüge, endlich auch ein Ende mit der Verpflichtung, der Sorge, dem schlechten Gewissen gegen Helene und die Kinder; nichts mehr tun müssen, nichts mehr wollen, nicht mehr diesen unaufhaltsamen, unwiderstehlichen Antrieb spüren: zu erkennen, zu formulieren, zu kritisieren. „Schubart, mach Schluß!"

Da stand er, sah zum Fenster hinaus auf die schmutzige Gasse: Halber Winter, kein Schnee, nur braunes Gefließe, zerfetzte Wolken über den geschachtelten Dächern, alles zu eng, alles hinschleichend, sinnlos, wie Würmer kriechend die Gedanken, und wo keine Lust ist, ist kein Freund. Er wußte, daß er nur wie eine Art Hofnarr angenommen und gefördert wurde; da war keine Treue, auch Böckh hatte sich zurückgezogen, auch Haug – und kein Mädchen, das länger zu ihm hielt als für ein paar Wochen, ein paar lustige Tage.

Helene! Er warf sich aufs Bett, das Gesicht im Kissen: Helene! Das war kein Trost, nur Quälerei! Er hatte ihre Briefe, gute demütige Briefe, die sie viel gekostet hatten, nicht beantwortet! Er konnte jetzt nicht hinschleichen und sie um Zuflucht bitten, um Zugehörigkeit und Beständigkeit und Nahesein – das war vertan. Die Kinder würden ihn fremd anstarren, denn Gutes hatten sie kaum von ihm gehört. Und hier – hier in der Bude konnte er nicht bleiben, er hatte den Wirt noch nicht bezahlt. Widerlich, alles widerlich! Wozu den Kerl weiterpäppeln, an dem nichts mehr echt ist? Der Werther schießt sich eine Kugel in den Kopf – hat Mut gehabt, der Mensch! War ja auch wegen einer Liebsten. Die meine hieß Kunst, Schreibkunst, Musika! Was soll's? Sie hat mich verlassen, da ich sie verlassen – hab keine Lust und kein Genie mehr dazu!

Oder? Ist der Goethe beim Werther stehen geblieben? Hat er's nicht versucht und mehr erzeugt als das schöne, rührende, tränenselige Gebild? Wahrhaftig! Er ist fortgeschritten. Den Götz hab ich gelesen – stürmend, wütend, hochauf. Ein herrliches Gemälde der Freiheit! Gott weiß, was ich dem Goethe zutrau! Und da ist der Klopstock, und die Großen alle – Shakespeare! Versteh ihn einer, wenn ich's nicht bin! Wie Akkord und Tonstrom muß einer reden, daß es die kleinen Geister mitnimmt – man müßt sie leiten! Was Mesmer! Mich retten? Geholfen hab ich mir selber. Was absterben! Mann, Schubart! Du schwärmst schon wieder, es schäumt und schlägt Wellen, dein Meer! Hast doch alles, die Kraft, die Weite, das Wissen – die Aufgabe! Er sprang auf. Nichts mehr von Bedrücktheit, wie weggewischt und verweht die Wolke; brennend vor Tatenlust lief er auf einmal im Zimmer hin und her. Ganz zaghaft sagte etwas in ihm: Daß es nur nicht wieder auslischt, das Feuer! Und: Wenn ich jetzt eine Bouteille da hätte, konnt ich's länger halten! Hunger hab ich auch. Ach was, der Geist muß triumphieren! Muß einfach! Er setzte sich und holte Feder und Tinte herbei, kritzelte ein paar Verse und zerknitterte das Papier gleich wieder. Dann beschloß er zu laufen, Luft zu spüren, Bewegung. Er warf den Mantel um, stülpte den Hut flüchtig aufs Haar, packte den Stock mit einem heftigen Griff. Als er die Tür aufriß, stieß er fast mit einem Mann zusammen, der eben die Treppe erstiegen hatte und bei ihm anklopfen wollte.

Es war ein schwarz gekleideter Herr mit einem ernsten klugen Gesicht, der den Dreispitz abnahm und sich mit ein paar Rückwärtsschritten ihm gegenüberstellte. „Buchhändler Stage!" sagte er freundlich-abwartend. „Der Herr Schubart?"

Schubart bat ihn herein und zog Stühle herbei. Im Augenblick wußte er nicht, woher er den Namen kannte; es schwirrten so viele Namen in seinem Ohr.

„Mein Gehilfe hat mir von Ihnen erzählt", begann Stage. Es gab ein langes Gespräch. Stages Journal war am Einschlafen, ein „funkender Redakteur" fehle ihm, klagte er, einer, der Funken schlage und aus dem Publikum Funken zu locken wisse, einer, der die Zeit höre, auch wo sie leise rede, bloß zu hauchen wage, und der's auch verstehe, so zu schreiben, daß nur die Wissenden erfaßten, was gemeint sei. Er habe viel mit der Zensur zu handeln gehabt, und das sei eben die Schwierigkeit; denn nach ihrer Pfeife zu tanzen, lohne die Mühe des Druckens nicht, das gäbe ein halbtotes bleiches Kellergewächs sonst.

Schubart war sofort begeistert. Er griff nach Stages Hand, fast hätte er ihn umarmt.

„Und hier, in Augsburg, sind der Fallstricke noch mehr", sagte Stage, „da wir die Glaubensparität haben, gut gemeint im Entwurf, schlecht geworden in der Ausführung, da jeder den anderen belauscht und bespitzelt – schwierig wird's werden, höchst diffizil! Wollen Sie die Redaktion übernehmen, Herr Schubart?"

Der Vertrag kam zustande, nach einigem Hin und Her, ein Abkommen, das Schubart eine Wirkung ins Breite versprach und ihn wirtschaftlich einigermaßen sicherte. Er konnte Helene kommen lassen!

Vorerst rief er, sobald sich alles gefestigt hatte und eine Wohnung gemietet war, nur den Sohn Ludwig zu sich, der neun Jahre alt war. Daß Helene ihm das Kind anvertraute, zeigte ihre Güte, ihre Zuversicht und die richtige Einschätzung seines neuen Impulses: Sie spürte, vielleicht sicherer als Schubart selber, daß jetzt endlich der richtige Weg sich anbahnte, daß er eine Furt in der wilden Flut gefunden hatte, und daß das „Journal", das Stage ihm vorschlug, allen seinen Fähigkeiten gerecht werden konnte. Das schnelle Erfassen und genaue Abwägen, der treffende originelle Ausdruck, die geschickte Wendung, der eingängige Klang – und die Sprache, seine „Freundin", die ihn mehr führte als er sie, die alle gaben ihm dazu ihren Segen. Wichtiger als diese Formen war freilich sein neuer Impuls, ein zum erstenmal so erlebter: Daß er es sei, Schubart, der in seinem Stil und nach seinem Erkennen die Wahrheit zu sagen hätte, andeutend manchmal, umwölkt und eingefärbt, aber dem Mitdenkenden klar genug. Und daß er gerade jetzt in dem Vaterland, das unter vielerlei Bedrückung stöhnte, die Bedrücker nennen und damit entlarven solle, die „alten Mächte", deren verderbliches Spiel er erkannt hatte; nicht zynisch, humorvoll eher, mit einer leisen Wärme oft genug, wollte er das tun; Stage riet ihm das dringend an, und er versprach es. 1774 las man in Augsburg eine Ansage:

Nachrichten an das Publikum

Wir kündigen unseren Lesern unter dem Titel „Deutsche Chronik" ein neues Journal an, ohne von der Menge gelehrter und ungelehrter deutscher Tagbücher zurückgeschreckt zu werden. Denn in Tübingen und Lindau hat man schon längst der Göttin Critica Gute Nacht gegeben. Wir schreiben also unsere Chronik in der vollen Überzeugung, daß wir wenigstens was nützlichers tun als die Tonne des Diogenes wälzen. Seitdem Abbt in den Literaturbriefen einem biographischen Missetäter die Pflichten eines Chronikenschreibers vordeklamiert hat, sollte man sich zwar sorgfältig in der armseligen Sphäre der Kritik zu erhal-

Deutsche Chronik.

auf das Jahr 1774.

herausgegeben

von

M. Christ. Fried. Daniel Schubart.

Zweytes Vierteljahr.
vom 27sten bis 52sten Stück.

Ulm,

gedrukt bey Chr. Ulrich Wagner,

und zu finden

in Augsburg,

bey Conrad Heinrich Stage.

ten suchen. Meine Leser hätten also nichts zu erwarten, als Wetterbeobachtungen, Viktualienpreise, Mordgeschichten und ängstliche Beschreibungen von allerhöchsten, höchsten und hohen Taufhandlungen, Vermählungen, Leichenbegängnissen, Galatägen, wo die Roben der Damen bis auf die Fransen der Lakaien und Läufer auf das genaueste beschrieben werden, und Jahr, Monat, Tag, Stunde, Minute, Sekunde auf das sorgfältigste bemerket sein müßte. Aber ich Chronikenschreiber bin wenigstens so meisterlos als mein Bruder – in Apoll oder in Merkur – der Verfasser von „The Englisch Chronicle". Ich werde mich also mit der edlen Freimütigkeit eines Sueven über Politik, Literatur und schöne Künste ausbreiten, und vor meinen Vortrag Geschick und Laune – Feder, Kopf und Witterung – sorgen lassen . . . Aber nun werfe ich mit jenem reisenden Deutschen, als er Engelland verließ, den Hut in die Höhe und spreche mit einem heißen Seufzer: „O Britannien! Von deiner Freiheit und deinem Humor nur diesen Hut voll!" Mit dem Merkantilischen meiner Chronik bin ich gleich fertig. Wöchentlich werden zwei Blatt, jedes einen halben Bogen stark, erscheinen und bei dem Buchhändler Stage in Augsburg ausgegeben. Von Druck und Papier zeugt die erste Probe. Und damit ich und mein Verleger vor Arbeit und Kosten schadlos gehalten werden, so verlangen wir jährlich drei fl. – sage drei Gulden – in hübschen Konventionssorten, wovon das schon verflossene Vierteljahr abgezogen wird.

Vorbericht

Ein verzweifelter Entschluß ist's, in unseren hyperkritischen Tagen ein Wochenblatt zu schreiben, das bei der zahllosen Menge anderer noch Leser finden soll. Der Geschmack, dieses Chamäleon . . . ist so verschieden unter den Deutschen, daß mehr als Menschenkräf-

te dazu gehören, alle zu befriedigen... Das erste
Vierteljahr meiner Deutschen Chronik, welches ich
hiermit dem Publikum vorlege, ist vielleicht ein kleiner
Versuch, diesen bunten Geschmack des Publikums einigermaßen zu vergnügen. Indes weiß ich gar wohl,
wie weit ich noch von diesem Ideal abstehe, das ich mir
zu erreichen wünsche. Beinahe scheint's in Deutschland nach der itzigen Verfassung unmöglich zu sein,
eine gute politische Zeitung zu schreiben. Bei jedem
guten Gedanken, der dem Novellisten entwischt, muß
er einen Seitenblick auf öffentliche Ahndungen werfen.
Dann wird er furchtsam und kalt. Daher der schläfrige
Ton der meisten Zeitungsverfasser, der in schwülen
Tagen so manchen Politiker im Großvaterstuhl in
Schlummer wiegt... Bei aller widrigen Lage, in der
ich bin, will ich mich doch bemühen, meinem Ideale
immer näher zu kommen und soviel sich's tun läßt,
Politik, Literatur, Dichtkunst, Musik und bildende
Künste miteinander abwechseln zu lassen. Lob und Ta-
del soll mir willkommen sein, jenes mich zu ermuntern
und dieser, mich immer aufmerksamer zu machen...
Da eine Abhandlung von deutscher Tonkunst in meiner Chronik zu weitläufig ist, so können sich die Liebhaber bei meinem Verleger melden... Ich mache meine Verbeugung und bin kühn genug, mir recht viele
Leser, nahe und ferne, von Herzen anzuwünschen!
Augsburg, den 2. Juli 1774.   Schubart.

„Einen Hut voll englischer Freiheit..." Schubart
wußte wohl, warum er sich in eine Freie Reichsstadt
setzte, nach Augsburg, mit dem Blick auf Ulm, wo die
Chronik zeitweise auch gedruckt wurde: Freie Reichsstädte waren unmittelbar dem Kaiser zu Wien unter-
stellt und hatten darüber hinaus besondere Rechte. Die
kleinen Landesfürsten – der württembergische Carl
Eugen, dem er seither – wie er's bitter nannte – „bot-

mäßig" gewesen, hatten dort keine Gewalt. Die „öffentlichen Ahndungen", das heißt, die staatlichen Zugriffe und Strafen, die ihm bei einer offenen Kritik drohten, hatte er in den Freien Reichsstädten weniger zu fürchten, zumal gerade Carl Eugen bei seinem beständigen Streit mit den Ständen vom Wiener Regiment aufmerksam beobachtet wurde: Die Stände, freier seit der Schaffung des „guten alten Rechts" von 1514 unter Herzog Ulrich, hatten gegen den Herzog in Wien geklagt wegen seiner unmäßigen Wirtschaft, seinen bedrückenden Schulden, die immer wieder das Land auszugleichen hatte, wegen seiner Eingriffe in Kirchen- und Gemeindekassen, seiner Truppenaushebungen und Soldatenverkäufe.

Man hatte Preußen und andere Staaten um Intervention gebeten, Friedrich der Große hatte – zunächst wohlwollend pädagogisch, dann mit scharfem Spott, Carls Führung kritisiert, aber die Kriecher und Schmeichler, die aus seiner Schwäche Vorteile zogen, waren näher und stärker. Das Vorbild Versailles, der Schatten der – damals schon toten – Pompadour, die Prachtbauten, Gärten, Theaterkulissen und Ballettfeste sollten als Glorienschein das fürstliche Haupt vergolden wie Wolkenglanz und Engelchor einen Gott. Da aber die Schöpfergewalt und Wundermacht fehlten, mußte das Volk, die geduldige Masse, ermöglichen, was sich sonst nie hätte schaffen lassen: Schönheit und hohe Kunst, Pracht und berauschende Musik, feinste Kultur, noble und große Dinge, aber bezahlt mit der traurigsten Armut und Not der „Niederen Stände". In dieser Luft wuchs Schubarts Anklage und fand immer lauteres Echo.

Er konnte freilich noch nicht sehen, was sich am Hof, im engsten Kreis um den Herzog, langsam wachsend änderte. Franziska war endlich – man muß es schon so sagen – ein Mensch neben Carl. Ihre vom

Vater erzwungene Ehe mit einem verwachsenen, bitteren, brutalen Mann hatte sie sieben Jahre lang ausgehalten. Was sie an Carl band, war nicht nur Verliebtheit und Leidenschaft, sondern – ein Für- und Ineinander, das den selbstherrlichen Genußmenschen ganz unmerklich wandelte: Die Schranzen verschwanden, die Tänzerinnen und Sängerinnen, die ganze krampfhaft und über Vermögen verantwortungslos hochgespielte Betriebsamkeit ebbte ab, und im Stil der Epoche trat an ihre Stelle die pädagogische Vorliebe. Die Hohe Carlsschule, militärische Pflanzanstalt und später Akademie, wurde Carls leidenschaftlich geförderte Schöpfung; er berief die besten Lehrer, erarbeitete mit ihnen den damals modernsten Lehrplan, kümmerte sich schwäbisch-gründlich und mitunter naiv-despotisch um seine Zöglinge, Söhne der begabtesten württembergischen Familien. Man spottete an den Höfen, Franziska habe ihrem Carl statt der pomphaften die „pädagogische Grille" beigebracht, aber die Wissenden atmeten auf, je mehr sich die Wirkungen dieser neuen Neigung langsam entfalteten. Im Land draußen, vollends in den Reichsstädten, spürte man solche Wandlungen noch kaum.

Schubart schaute in seinem Blatt vor allem nach Sachsen und Preußen, England und Amerika, hinaus ins „Ausland", verglich, mahnte und tadelte, was im eigenen Umkreis schlechter war: Kirchliche Enge, kalte dogmatische Auslegung, Unduldsamkeit und geistliche Despotie verdrossen ihn am meisten, und er hatte in Augsburg alle Gelegenheit, solche Auswüchse an beiden Konfessionen zu studieren.

Seine Angriffe gegen Kirche und Thron, die Stage guthieß, wenn er auch Übertreibungen dämpfte, trugen der „Chronik" auch bald genug Vorwürfe ein; beide, der Verleger und der Autor, hatten unter vielerlei Angriffen zu leiden. Obwohl Schubart vorsichtiger wurde und Zitate einflocht, wußte man doch, daß er selber fast der einzige Autor war und jedenfalls die Auswahl der Nachrichten und ihre entscheidende Formulierung von ihm stammte.

Inzwischen war Helene zu ihm gezogen, eine brauchbare Wohnung war eingerichtet worden und die beiden Kinder, Ludwig und Julchen, entwickelten sich in der endlich wieder gesünderen Atmosphäre wohlig und gut. Ganz im Rokokostil klangen ein paar Idyllen, die er damals schrieb, befriedet und optimistisch, und vielleicht stammt auch der „Frühlingsvers" aus jener Zeit, in dem es heißt:

„Lieblicher Abend, Erweicher der Herzen,
Dank dir, des Frühlings liebkosender Sohn,
Daß du geendiget zärtliche Schmerzen,
Sieh doch, die Holde umarmet mich schon,
Schmelzende Wonne flimmt in den Blicken,
Ach, ich empfinde Himmelsentzücken,
Liebe, nur du
Wiegst uns in Ruh,
Kannst wie ein Gott nur allein uns entzücken!"

Aber schon wieder grollte es am Horizont oder vielmehr in den kirchlichen und weltlichen Augsburger Amtsstuben, und der katholische Bürgermeister von Kuhn drohte: „. . . einen Hut voll englischer Freiheit? Nicht eine Nußschale voll soll er haben!"

„Im finstersten Erdenwinkel unseres armen Vaterlandes" sah Schubart immer noch und immer wieder die abergläubische Wunderfurcht und bedenkenlose Scharlatanerie sich breitmachen. Hatte er Mesmer nach seiner eigenen Erfahrung hypnotische Kraft zugetraut, mindestens einem so sensiblen „Instrumententum" wie sich selber gegenüber, so überzeugte er sich durch Augenschein, daß der Pfarrer Gaßner ein Dilet-

tant wäre und die Heiliggläubigkeit seiner Schäflein
ausnutzte. Nachdem ihm jetzt seine Chronik zur Ver-
fügung stand, in der er eher schreiben konnte, wie er
wollte, nahm er sich diesen Pfarrherrn aufs Korn; er
malte ächzend Leidende, von Schmutz starrend, Ster-
bende im Straßengraben, Blinde, die hilflos über die
Landwege stolperten, und die marktschreierische An-
preisung des Priesters, der ihnen Heilung versprach.
Ob Gaßner wirklich gutgläubig war oder nicht, blieb
freilich offen; Opferbüchsen und Gabenkörbe füllten
sich jedenfalls, und ein Drittel der Kranken – so wurde
behauptet – starben unterwegs.

Schubart erzählte das alles auch laut und dramatisch
am Wirtstisch, feuerte den Abscheu seiner Freunde an,
ihren Haß gegen kirchliche Übergriffe, und merkte
nicht, daß alles – aufgefärbt und verschärft – an den
Klerus und an den Bürgermeister von Kuhn berichtet
wurde.

Nach ein paar Chroniknummern wurde Stage die
Herausgabe verboten; das Blatt siedelte nach Ulm
über, in die größere Freie Reichsstadt mit vorwiegend
evangelischer Bevölkerung; dort wurde der Druck
jetzt besorgt.

Aber Schubart hatte seinen Stil gefunden: So lebendig überquellend, wie er im vertrauten Kreis redete,
schrieb er auch – unvorsichtig genug – in seinem Blatt.
Der Jesuitenorden war gerade aufgehoben. Schubart
stürzte sich mit beißender Ironie auf das Thema,
schrieb, dem Orden sei das Ende zu gönnen, da er
mehr geschadet als genutzt habe, und erregte damit
die Feindschaft der katholischen Mitbürger im Land
und – was weit gefährlicher für ihn war – des Wiener
Hofes.

Gruppen empörter Gläubiger rotteten sich zusammen, man veranstaltete Umzüge, die ihm galten, er wurde
bedroht, Helene zitterte um ihn und die Kinder, man

warnte sie, steckte ihr heimlich Pasquille* mit Mord-
drohungen zu, sie mahnte und bat, nach Geislingen
zu fliehen, sich mit den Kindern zu verbergen, und
Ludwig und Julchen wagten sich kaum auf die Straße.

Und wieder – wie schon zweimal, wurde der Dichter
unverhofft gefangen und eingesperrt. „Wer weiß, was
erfolgt wäre", schreibt David Friedrich Strauß, „in einer Stadt, wo kurz darauf die Pfaffen ein Mährchen
unseres Dichters verbrannten, hätten nicht die Demon-
stranten der protestantischen Partei es seinen Feinden
räthlich gemacht, sich mit seiner Ausweisung zu be-
gnügen."

Was lag näher, als sich nach Ulm zu wenden, wo sein
Blatt gedruckt wurde? Am 13. Februar 1775 schrieb er
an seinen Bruder Conrad, den Stadtschreiber** von
Aalen: „... Meine Chronik werd ich noch lange
(wenns dieß bißchen Odem erlaubt) fortsetzen. Schon
werden 1600 Exemplare verschloßen. Das Ulmer Intel-
ligenzblatt mach ich auch, und Fasnachtsschilde – und
Anmerkungen zu einem theologischen Buche – und einen Roman – und übe mich hizig im Klavier – und sehe auf die Donau hinaus – seh da ein Wölkchen aus
meiner Pfeiffe in die Lufft kreißen – und lache und
weine – mache Lufftsprünge vor Freuden und stampfe
vor Unmuth den Boden. Welche Harlekinade! Emp-
fiehl mich meiner liebsten Mutter und unserem Schwager und Schwester und Deiner Braut! – Kannst wohl
das Porto vor meine Briefe zahlen; hast Spartam***
und eine reiche Martham. Leb wohl liebster Bruder,
bin von Herzen der deinige   Schubart.

N. S.: Meine Frau empfielt sich; ich wohne in der
Krone. Beim kaiserlichen Minister, der Ulmischen Geißel, bin ich sehr wohl angeschrieben."

    * Spottschriften
  ** Heute etwa Rechtsberater der Stadt
*** Vermögen

Vier Wochen nach diesem Brief schrieb Schubart aus Ulm an den Professor Haug: „Wohlgeborner Herr Professor! – Hier sind die verlangten 6 fl., 56 X vors Diplom. Der arme Teufel, vor dens ist, ist ein Schneider; ich hab ihm meinen Dukaten, den Sie mir gütigst abtraten, geschenkt. Wollen schon nächstens einen Reichen beim Wamms bekommen, dann will ich gern ein Geschenk von Ihnen annehmen ... Ihr Herzog ist hier durchpassiert, und war ungemein gnädig. Er hat einen hiesigen Patriciersohn in die Sklavenplantage auf der Solitude aufgenommen. Seine Donna Schmergalina saß neben ihm, wie Marianne an Achmets Seite. Aller Fürstenglanz ist in meinen Augen nicht mehr als das Glimmen einer Lichtpuze – es glimmt und stinkt ...“

Helene, die hinter ihm stand, las die letzten Sätze. „Liebster, das ist gefährlich, so zu schreiben – ach, daß du Vorsicht lerntest, wie wollt ich Gott davor danken! Aber – du lernst's nie!“

Schubart lachte, was sie denn von Haug denke, ob sie den für einen Schwätzer und Verräter halte?

„Nicht den“, sagte sie traurig, „aber wer weiß, ob die Post sicher ist? Ob nicht einer den Auftrag hat, so einen Brief heimlich zu öffnen und weiterzumelden?“

Schubart schüttelte den Kopf und brummte ärgerlich. „Und ist's nicht wahr? Da sitzt die Reichsgräfin, seelenvoll schwärmend und voller Gottes- und Tugendsinn und ist doch nicht seine Frau ... Schmergelet so vor sich hin – vor lauter Edelmut triefend ...“

Helene ging bedrückt hinaus. „Sie hat ihn aber doch schon stiller gemacht, die Gräfin“, sagte sie unter der Tür.

Schubart siegelte seine Botschaft. Dann schlug er mit der Faust auf den Tisch. „Sklavenplantage! Das ist das Wort! Wo er die Buben drillt, wie er sie will, daß sie nachher fügliche Beamte werden und ihm gehorsamen, wann er den Leuten die Gelder abpreßt.“

Ungefähr vier Wochen danach schrieb Schubart wieder an den Bruder Conrad in Aalen. Jetzt heiratete Conrad die Witwe des Stadtschreibers Heuchelin von Aalen, Katharina, geborene Darm, seine, Christians erste Liebe. Ihr Sohn war ein ausgezeichnet begabtes Kind und Conrad, der zweite Vater, sprach stolz und liebevoll von ihm.

Schubarts Brief kam nach einigem Zögern zustande; er trank ausgiebig und setzte die Feder erst an, als die Flasche leer war. Es klang krampfhaft lustig, was er schrieb.

„Nur drei geflügelte Worte, liebster Bruder! – 's hat mich herzlich gefreut, wieder 'n Laut von dir zu hören. Werd ganz gewiß auf deine Hochzeit kommen und deinem trauten Weib einen derben Schmatz auf'n alten Fleck geben. Hab sie ehmals zärtlich geliebt; hab ihr Herz zu Empfindungen der Liebe gestimmt, und nun – spielt der jüngere Bruder auf'm Flügel. Gönne dir's herzlich! Empfang all den Seegen, der mein war; den mir aber Geschik und eigne Schuld raubte. Wollen schon sehen, wie ich 'nunter komme. Aber ohne Weib und Kinder komm ich. Mein Weib ist immer kränklich und krankes Reißgerät* taugt nicht. Kinder machen mir zuviel Sorge. Allein will ich kommen und mich 'mal wieder rechtschaffen gegen dich ausleeren. – Unserm Hauße tausend Empfehlungen! – Heut ist mein Geburtstag! Ich alter Narr zähl schon 36 Jahre! und 's schmeckt mir noch Essen, Trinken und Beischlaf. – Hopsa! Aufs Wohl deiner Braut! Mutter, Schwester und Schwager leben hoch! – Haben doch nichts als 's liebe Leben und dieß Herzchen mit dem tanzenden Pulse. – Bin Dein Schubart." – Kurz danach fuhr er alleine zur Hochzeit.

Schubart saß neben der Braut, die es lieber anders

* Reisebegleitung

gesehen hätte: Conrad zu ihrer Linken, Christian zur Rechten, und Katharina zwischen ihnen, ein wenig weiter unten am Tisch neben der „Hoyerin", Schubarts Schwester, deren Mann Diakon in Aalen war, schaute der kleine Heuchelin heraus, der jetzt einen Stiefvater bekommen sollte; verlegen und verschmitzt guckte das helläugige Kind unter den Erwachsenen herum. Hoyer hatte das Paar getraut; jetzt beim Wein, hielt Schubart die Brautrede. „Bruder! Wir sind verknüpft und verbunden in alle Ewigkeit! Seit ich damals als unmündiger Knabe unschuldig-schuldig die Pistole auf dich angelegt und – Gott sei's kniefällig gedankt – dein gefehlt, seit ich mit blutigen Tränen einsam mir den Tod gewünscht, da ich mich als deinen Mörder gesehen; seit du mir und uns allen, da du unversehrt bliebst durch ein Wunder, neu geschenkt – ist dein Weg mit dem meinen verflochten und verkettet und einer in den anderen gleichsam eingegossen unverlierbar! Dies, lieber Bruder, ist mein Spruch zu deiner Hochzeit! Und da ich dir so innig verbündet, ist's kaum zu verwundern, wenn mich kein Neid ankommt, da ich die mir einst so liebe Katharina – ihr wißt's alle, meine Guten – an deiner Seite sehe, strahlend schön wie in der ersten Blüte, liebliche Wittib und Mutter eines Söhnleins, das ich zuvorderst liebe, als wär's mit verknüpft in unseren brüderlichen Bund! Katharina! ich trinke auf dies Band, das dennoch, so widrig mir das Geschick mitgespielt, dich einem Schubart anheimgegeben, und ich wünsche dein Blut, zärtliche Braut, in glorreicher Mixtur dem unsrigen vermählt zum Aufgang herrlicher Kinder!" Er war ernst geworden und – leicht gerührt wie so oft – selbst tief ergriffen; der derbe Scherz, den Conrad nach seinem Brief gefürchtet hatte, blieb aus. Schubart beugte sich zu Katharina, die züchtig, selbstbewußt und würdig an dieser ihrer zweiten Hochzeitstafel saß, und trank ihr zu. Dann hielt er einen Augenblick lang das Glas ins Licht, wie er es gern tat, spielte mit den roten Funken auf dem Damast vor sich, blickte mit schmalen Augen gespannt hinein und dann auf die Kerze, die unruhig brannte. Er duckte sich erschreckt und murmelte: „Ein Rosmarin – ich seh einen Zweig sich spiegeln . . . ist doch ein Totenkraut?"

Katharina hatte ihn verstanden und wurde blaß. Conrad hörte nicht hin. Er stand auf, ging um die Braut herum und schüttelte dem Bruder die Hände, umarmte ihn und meinte: „Wenn du mich damals getroffen hättest, wer weiß, wer heut an meiner Stell' säß!"

Aber Schubart winkte ab: „Beruf's nicht, das ist eine Narbe, die nie ganz verharscht in mir."

Geruhiger, sagte Schubart nach seiner Rückkehr zu Helene, komme er heim. Er hatte dem Bruder, dem er durch sein Schuldgefühl verpflichtet war, viel und rückhaltlos von sich geredet, von sich, der selber sein ewiges Problem war: „Ich bin ein Spiegel, in dem sich alles abmalt", hatte er zu dem Jüngeren gesagt, „das Unruhige, das in der Zeit ist, Regung, Gärung, wie in einem Korn, das sprießen will, das faule Hüllen schmerzhaft abstößt – das hochauf schäumt und zusammenfällt, alles das ist in der Zeit – und in mir drückt sich's ab. Mir ist wohler, da ich's in der Chronik aussprechen kann, aufzeigen, benennen. Was du in die Sprache greifst, ist stillgelegt, betrachtbar und zu untersuchen. Was ungenannt schwärt und schwämmt, ist immer noch gefährlich." Conrad meinte: „Gefährlich ist deine Phantasie, Christian, und das Ungezähmte in dir!"

„Dich zähmt das Amt, Conrad, die vorgezeichnete Pflicht, mich . . . nichts und niemand!"

Mißklänge

In Ulm lernte Schubart den Maler Füßli kennen, einen Schweizer, der in phantastischen Zeichnungen kühnste Bewegung, Überschneidung, ornamental gebändigte Gesichte unheimlich formte, Bilder aus der Mythologie, die bisher keiner gestaltet hatte – antike Schöpfungsgedanken, Klassisches in barocken Linien, Odysseus und Polyphem, Nachtmare und Gespenster. Man scheute vor dem Ungewohnten, lehnte seine Kunst ab.

Schubart selber, obwohl kein Maler, spürte die Musik darin, die gebändigte Wildheit, die Verbindung von Außenwelt und Innenschau, eine neue Schöpfung aus den Elementen des Anfangs, zugleich auch das Gefährdete des Malers, sein Spiel mit dem Wahnsinn. Er regte ihn an, er kam belebter, voller Einfälle, von den Gesprächen mit Füßli zurück. Helene liebte den Umgang nicht.

Abends gingen die Männer an der Donau spazieren, winterkühl wehte der Oktoberwind. Das Abendlicht streifte süßrot den Himmel, das Münster stieß seinen unvollendeten Turm wie einen gekappten Helm in den helleren Horizont. Füßli lief, die Hände auf dem Rükken, mit wehendem Haar vor Schubart her. „Ich hab das Bild vom Polyphem noch einmal geändert“, rief er in den Wind.

Schubart beeilte sich, ihm auf den kurzen Füßen nachzukommen. „Der Höhlengrund war noch zu schwarz“, fuhr Füßli fort, „oben, wo der Einäugige sich abhebt, muß er heller sein, der Kopf, das zausige Gebirg, mit der Hand, die das Augenloch krampfig zudeckt – das muß herauskommen – und die andere, hilflos tastende Hand, die den Widder am Rücken streift.

Drunter schleifen die Füße des Griechen über den Fels-
grund, die merkt er nicht, ist halb verrückt vor
Schmerz, der Geblendete. So schleichen sie sich hinaus, und ihn lassen sie verraten in seiner Höhle –
dumpf und stumpf und abgeschnitten vom menschlich
Lebendigen, dem er nahezukommen sich müht – jetzt,
nachdem er's vertan."

„Er war doch ein Tier!" sagte Schubart, „hat sie gefressen, einen nach dem anderen."

„Er war ein Element, eine Kraft, ein Ansprung, und
sie haben ihm den Weg verbaut – er mußte verkommen
und verkrüppeln!" Schubart sagte nichts mehr. Gefangen wie Polyphem – in Erlangen und Ludwigsburg und
jetzt noch nicht lange in Augsburg – er spürte wieder
den Schauder beim Kreischen der Tür, beim Knirschen
des Schlüssels.

Sie liefen noch eine Weile, Schubart stumm, Füßli
manchmal unvermittelt aus seinen Visionen redend.
Geplagt waren sie beide von ihren Gesichten.

Schubart verklärten sich in jenen Tagen die vergangenen Aalener Feste. Er schrieb an Conrad: „Ich bin
ganz gut hier angekommen, liebster Bruder, hab aber
biß diese Stunde jeden Augenblick zurückgerufen, den
ich nach langer Zeit wieder mit dir gelebt habe. Wonne
war für mich mein Aufenthalt in Aalen, biß auf die
schwarze Scheidungsstunde, an der ich biß Ulm zu leiden und zu weinen hatte . . . Meine meisten Bekanntschaften lassens Herz leer, du aber füllst es aus . . .
Neuigkeiten kann ich dir wenig melden. Der Kreiß* ist
würklich hier versammelt und verzehrt die Ulmer Spar-
gel. Ich speiße bald da, bald dort, und hätt einen sehr
angenehmen Frühling, wann mein Weib nicht so übel
wäre. Sie ist nicht lebendig und nicht tod. Es ist so ein
Hinbrüten, Seufzen, Klagen, Weinen, daß es ein Jam-

* Kreisabgeordnete

116

mer ist, einen Zeugen dabei abgeben zu müssen. Meine lieben Kinder dauern mich dabei am meisten . . .“

An Katharina schrieb er: „Im Geist umarm ich Sie, liebste Frau Schwägerin, und frage Sie, ob es Ihnen wohlgeht? – So wohl, wie ich es Ihnen seit zwölf Jahren mit dem zärtlichsten liebevollsten Herzen wünsche. Erfreuen Sie meine Familie bald mit einem jungen Schubart; denn ich hab nur einen einzigen Stammhalter, und mit meiner sehr kranken Frau ist nichts mehr zu machen . . . Noch einmal 'n Kuß auf Ihre Augen, beste Schwägerin, dann gute Nacht! – Bin ewig und ewig, immerdar und allezeit, und fern und nah und da und dort

Ihr ganz ergebenster   Schubart.“

Die Kinder! Schubart liebte sie mit aller Treue, deren er fähig war; aber auch mit Ungeduld, immer erwartungsvoll, fordernd, heftig und zugleich voller Angst; er wußte, daß sie seine einzigen bleiben würden.

Ein trüber, brütend heißer Augusttag lag über Ulm, als Schubart mit ein paar Freunden zum Baden an die Donau fuhr. Die Männer stiegen an einer flachen Wasserstelle vom Ufer hinunter, tauchten, um der stickigen Schwüle zu entgehen, und kamen prustend wieder herauf. Der Maler Füßli war dabei und Schubarts Freund, der Baron Schaflizky, der ein paar Tage lang sein Gast war.

Schubart, rotköpfig und stämmig, war eben ans Ufer gewatet und zog sich herauf, als Helene mit den Kindern daherkam; sie wolle ihn abholen und den beiden das schöne Donauwasser hier draußen zeigen, sagte sie. Während sie mit ihm sprach, ihm die Kleider zureichte, setzte sich Julchen ins Gras, breitete das Röckchen aus und zog ihre Puppe aus dem Beutel.

Ludwig war hinter eine Esche geschlüpft und streifte

die Kleider ab; für seine elf Jahre war er ein schmächtiger Bursche, weißhäutig und mager. Er ließ sich lautlos hinter dem Stamm in die bräunliche Pfütze gleiten, unter die aufgewölbten, weit hinausgreifenden Baumwurzeln, zwischen Wasserkraut und hingeschleiften Weidenzweigen. Keiner hatte ihn gesehen. Die Füße im qualligen Schlamm, tastete sich der Junge vorwärts – da rutschte es unter ihm weg, er glitt aus, schlug mit dem Kopf an die schrägen Äste und schoß, die Füße voraus, in die Strömung. Er griff um sich, drehte sich, tauchte unter, hatte den Mund voll Wasser, kam wieder hoch und schrie, verzerrt und gurgelnd.

Schubart sah sich blitzschnell um.

„Ludwig!" wimmerte Helene. Die Freunde standen starr davor, als Schubart, schon in Rock und Schuhen, mit einem großen Satz ins Wasser sprang, ein Stück weit vor das abtreibende Kind, um es aufzuhalten. Aber die Strömung schwemmte den schlagenden, wirbelnden Buben gegen die Flußmitte. „Rechts, Ludwig, rechts!" schrie der Vater, versuchte sich paddelnd in die Nähe des Knaben zu schieben, ungeschickt patschte er, der nie schwimmen gelernt hatte, hielt schnaubend den Kopf hoch, von den vollgesogenen Kleidern beschwert. Ich versinke! dachte er, schon überflutet, und hob die Arme. Da trieb es ihn jäh auf, er sah Schaflizky nachspringen, vor sich erkannte er das weiße Gesicht des Knaben mit strähnig verklebten Haaren schon nah dem Ufer, sah die helle Hand nach einem Ast greifen und ruderte wild. Er hatte noch Kraft genug zu ein paar Armschlägen – schrie triumphierend und winkte.

Helene starrte ihn an – da kroch Ludwig ans Land. Sie warf dem schlotternden Buben ein Tuch über, Schubart stieg nach ihm herauf, schwerfällig, mit gesenktem Kopf. Wenn's wieder ein Schlagfluß gewesen wär', dachte er plötzlich.

Jetzt wandte Helene das Gesicht herüber: „. . . und du, Mann? Komm, laß dich abreiben . . ." Er lag vor ihr, spuckte Wasser und streifte mühsam den nassen Rock ab. Der Ton, mit dem sie ihn angesprochen hatte – es war mehr seufzende Ergebung darin, verpflichtetes Mitleid als Angst; Angst hatte sie nur um Ludwig!

Schubart stand auf und lief zu dem Liegenden, der sich erschöpft aufrichtete. „Bist noch da, Bub! Ich wär doch gern ersoffen deinetwegen!" Der Ludwig soll mich liebhaben, wenigstens der, dachte Schubart bedrückt. „Wassermann! Dein Geburtszeichen! Dir kann's Wasser nicht feindlich sein, gelt?"

Ludwig setzte sich benommen auf, steif, befangen. „Danke, Herr Vater!"

Schubart wollte die Fremdheit überrennen, nahm den nassen Kopf des Buben zwischen die Hände und rieb die Backen, die Ohren, lachend vor Erleichterung, und wartete auf mehr.

Helene stand hinter den beiden, Schaflizky saß neben Füßli im Gras und trocknete seine Füße ab. „Der meinige hätt' mich geprügelt!" flüsterte Schubart der Frau zu, „sie waren härter damals."

Aber auch das überwand nicht die Scheu, ließ niemand erschüttert aufweinen, wie er hoffte. Füßli trat heran und fragte, was er helfen könne; man sollte doch vielleicht einen Schluck Wein holen? Helene lehnte ab; es sei auch so heiß genug, sie dampfe ja schier. Inzwischen stand Schaflizky neben Julchen, die ihre Puppe an sich preßte. Sie schob sich neben den Vater und hauchte, kaum verstehbar: „Hättst mich auch herausgezogen?"

Schubart nahm sie auf den Arm – „ein schweres Mädle bist schon!" Sie lachte, schaute zur Mutter, die den Ludwig streichelte, und duckte sich an Schubarts Schulter.

„Das Julchen!" sagte er, „mein Ebenbild" – und sang

im Gehen weiter, während er das Kind auf und ab schaukelte auf seinem Rücken: „O Julie, mein Ebenbild – nur sanfter noch und nicht so wild – an jeder Engelsanmut reich – an Großgefühl dem Vater gleich." Er trällerte noch eine Weile so fort, und die Neunjährige genoß den Ritt und strampelte mit den Beinchen.

Schubart drehte sich nach Helene und Ludwig um. Sie kamen mühsam nach. Er setzte das kleine Mädchen ab und blieb stehen. „Komm, Herzenssohn", rief er, „da ich dich nicht hab durch das Wasser tragen dürfen, will ich dich jetzt tragen!" Er hob den Buben auf und schleppte ihn, der schlaff in seinen Armen hing, über den unebenen Uferweg. Helene lief mit Julchen nebenher; die Freunde folgten.

Er habe eben bei diesem Anblick wie einen Funken die Idee zu einem Christophorusbild gehabt, sagte Füßli langsam, es solle eine gute Komposition werden. Schubart sah vor sich hin auf das matte Kind. „Schwer wie's ganze Leben . . .", murmelte er und stolperte weiter. „Schwerer mit jedem Tag, als wär's nur Fortgehen und Abscheiden . . ."

Schaflizky lief schneller, er triefte vor Nässe, Füßli hastete ins Atelier, um sein Bild zu skizzieren.

„Warum auf einmal so melancholisch, Mann?" fragte Helene.

„Ist's nicht ein Grund zur Freude, daß wir ihn wieder haben?"

„Ja, den Ludwig . . . aber wie lang werd ich's treiben?"

Sie schüttelte den Kopf. Trübsinnige Vorstellungen plagten ihn manchmal, umschlagend aus der hellsten Freude.

Nicht lang danach, im Frühherbst, machte sich Schubart auf die Reise nach Aalen, das er nach Conrads Hochzeit so ungern verlassen hatte. Der Stadtamtmann Schleich begleitete ihn. Schubarts Ankunft erregte Aufsehen und sollte sie erregen: Man sprach von dem bekannten, vielberedeten Chronikschreiber, der sein Blatt weiterum – nicht nur in Ländern deutscher Zunge – verschicke.

Die alte Dekanin war ein gebücktes, ängstliches Weiblein geworden; seit der Dekan tot war, lebte sie sehr bescheiden im Hause des Stadtschreibers, und Katharina, die Jungvermählte, sorgte freundlich für sie. Schubarts Besuch erregte die Mutter tief. Sie lief ihm weinend und zitternd entgegen, mochte ihn kaum allein lassen und hielt und strich seine Hand, als wollte sie ihn für immer festhalten.

Als er nach ein paar Tagen ging, fuhren die Seinen ein Wegstück mit. Auch der junge Heuchelin, Conrads Stiefsohn, durfte den Abreisenden begleiten; er saß neben dem Dichter, und die Diakonin strich mit den runzeligen braunen Fingern über den Kopf des Jungen und dann über Schubarts Haar. „Wie er dir gleichsieht", sagte sie und lachte verwirrt, „'s könnt deiner sein – Näsle und Mund und Stirn –".

„Ich heiße Heuchelin!" sagte der Junge und befreite sich ungeduldig aus ihrem Griff.

Bei Essingen kehrten die Aalener um; Schubart umarmte die Mutter, den Bruder, die Schwägerin, die kränklich blaß aussah. Er hieß anhalten, winkte noch einmal, und ließ hinter dem abfahrenden Wagen sein Tuch wehen, ehe er sich mit Schleich zu Fuß aufmachte, um die nächste Poststation zu erreichen.

Schubarts Chronik blühte und nahm ihn ganz in Anspruch. Er „leuchtete mit seiner Laterne" rücksichtslos und mit Lust in alle Winkel und Spalten – es lese sich wie ein Roman, schrieb ihm einer der Freunde. Er entwarf und kritisierte, während Julchen „am Schlafrocke zupfte", während Preußen in Böhmen einfiel und der Papst auf unklare Weise starb. Er nahm Musikstücke, Dichtungen, Dramen, Soldaten- und Pfarrstand unter seine Lupe und, so sagte er selber in einer guten Stunde zu Helene, sich selber zu wenig. „Mein Stil dröhnt", hieß es einmal, „und ich entlehn' aus dem Schwäbischen und Bayrischen und aus Homer und Pindar und Ovid – wie's kömmt und mir zur Hand ist . . ."

Freund Stage schränkte ein: „Sie haben eine ausgebreitete, aber eine wilde Bildung, lieber Schubart – es wuchert durcheinander, bunt und blütenreich, doch die Beete sind überwachsen – möchten Sie nicht die Rebschere dransetzen?"

Schubart war gekränkt. „Suchen Sie sich einen, der soviel weiß und es so lebendig schreiben kann . . . suchen Sie ihn doch, Stage!"

Stage beruhigte ihn. Er wisse wahrhaftig keinen, der so ein Gespür fürs Dramatische habe, so einen Blick aus unverstellten Augen und so unbändige Wortgewalt.

Schubart lachte; er formte und wühlte in seinem Stoff, als habe er die Welt zu gestalten. „Ich spiele", sagte er oft, „wie wenn ich Heere und Meere in meinen Händen hätte."

Den Ulmern war er nicht geheuer; er zeige das Ungewisse der Weltläufe, das Ungesicherte und Bedenkliche, und das wolle man doch nicht so spüren. Ruhe wolle man, Beruhigung, allenfalls Erbauung und liebliches Ergötzen. Helene trug ihm solche Reden zu, nicht ganz absichtslos, selbst besorgt um das Bewährte, Bestehende, Gemauerte, das sie brauchte wie ein Nest, um darin ihre Jungen zu pflegen.

Aber Schubart suchte das Gespräch, er wollte überzeugen und er brauchte Anklang, Lob, Widerhall. Er nahm gern Einladungen zu Konzerten an, ließ sich hören, ließ sich sehen. Im Winter 1776 forderte ihn der Resident von Ried, General und Bevollmächtigter des Wiener Regiments, zu einem Klavierabend in sein Palais, nicht ganz ohne Absicht, da er ihn aushorchen und prüfen wollte; denn der Wiener Hof und die fromme Maria Theresia vermerkten jedes kritische Wort und jeden vorlauten Ton. Es war nicht vergessen, was er beim Tod des Papstes Anno 74 geschrieben hatte: „Man flisterts nicht mehr, sondern sagts ganz laut, daß es mit des Papsts Tod nicht ganz richtig zugegangen. Seine Eingeweide waren ganz aufgefressen, und Nägel und Haare sind ihm ausgefallen. Auch sein Mundschenk ist an nämlicher Krankheit gestorben. Man läßt also keinen Exjesuiten aus Rom gehen und das Castell Sant Angelo soll ganz von Truppen umringt seyn . . .“

Schubart spürte das Lauern in Rieds Kreis. Er sah kritische, hochmütige, selten freundlich-gütige Gesichter um sich her. Auf Stühlen saßen sie, standen ums Klavier, in Fauteuils lehnten die Damen, Diener liefen ab und zu, Kerzen flammten verschwenderisch hell aus allen Winkeln und auf allen Tischen. Schubart, das rote hochstirnige Gesicht erhoben, trat heran und begrüßte die Herrschaften förmlich und mit dem Bewußtsein, mehr zu sein als sie alle. Er küßte hofmännisch den Damen die Hände, verneigte sich gehemmt vor dem Residenten, einem großen vollen Mann in strahlender Uniform. Ried winkte ihn ans Instrument wie einen Lakaien; Musikanten hatten der Unterhaltung zu dienen, angenehmen Ohrenschmaus zu bieten, unterbrochen und übertönt vom Gerede und Gelächter, wenn es den Hörern so genehm war.

Schubart setzte sich, klappte die Rockschöße hoch und spreizte die Beine. Er sah sich um, Ruhe verlangend, und schlug einmal und zweimal einen lauten Akkord an, schloß die Augen und kniff die Lippen ein. Als es endlich still wurde, begann er mit einer Händelphantasie. Aber im Forte schepperte das Klavier, hauchte heiser im Piano – es war verstimmt. Schubart versuchte Läufe und Triolen; beim hohen F zirpte es nur noch mißtönig. Der Virtuose stieß den Stuhl weg;

er verbeugte sich flüchtig: „Halten zu Gnaden, Exzellenz, aber das Instrument ist nicht bei Stimme – so verhunz ich meinen Vortrag gänzlich, und dazu ist mir der große Händel zu schad!"

Ried sah auf: „Verstimmt? Mein Klavier? Er irrt wohl, Herr Musikus, das gibt's nicht in meinem Haus! Ich halt auf die besten Werkzeuge der Kunst, und in ganz Ulm wird Ihnen Ähnliches nicht geboten werden – das Werk stammt aus Wien!"

„Und wenn's aus Honolulu käm, es ist schlecht!" schrie Schubart wütend. „Das mag der Schinder beklimpern, nicht der Schubart!" Er lief hinaus. Mit lautem Knall schlug die Tür zu.

Ried tobte. Das sei ihm noch nie passiert, und zu Wien habe er die exquisitesten Künstler auf solchem Klavizimbel gehört und sie seien damit zufrieden gewesen. Das da sei ein Stümper und ein Aufrührer dazu!

Die Kaiserin bekam einen empörten Bericht ihres Residenten und ärgerte sich, zumal sie bisher schon nichts Gutes über Schubart gehört hatte: Ein Mann, der in Sachen des Glaubens ein Spötter und Verächter war, der ein unmäßiges und gottloses Leben führte und dazu mit seinem Blatt soviel Aufsehen erregte und Einfluß gewann! Dem preußischen Friedrich flocht er Ruhmeskränze, ihrem gefährlichsten Feind, und den Pfarrer Gaßner, den Wohl- und Wundertäter, verhöhnte er. Freilich war Maria Theresia zu klug, um nicht auch Schubarts Genie zu spüren.

„Pater", sagte sie zu ihrem Beichtiger, „'s möcht' grad schad sein um den Schwätzer, so man ihn aufheben müßt."

„Es wäre auch nicht im Sinne erhabener Majestät, so wir's täten", erwiderte der Beichtvater, „sollt' mich aber nicht wundernehmen, wenn es der württembergische Herzog tun wollte, wie er die Pirker dazumalen eingesponnen, die Eure Majestät dann durch Ihre Fürsprache erlösten. Was bei diesem da freilich nicht möglich und wünschbar wäre . . ."

„Die Pirkerin", sagte Maria Theresia, „hat des Herzogs unmäßigen Wandel in Bayreuth angezeigt, und soll doch das Weib lieber schweigen über derlei. Dem Schubart mag's schärfer vermerkt werden; und daß er auch den Gaßner nicht schont!"

„Es ist empörend und böswillig, den Wundertäter zu verleumden!" bemerkte der Pater, „da er des Guten viel tat und der Kirche die Seelen zuwandte. Wir sind freilich vorsichtig geworden in derlei Fällen", setzte er kaum betont hinzu, „und prüfen genau, wie weit echter Glaube und Wunder zusammentreffen. Der Schubart hat manche Ansätze –"

Die Kaiserin schwieg nachdenklich. „Man muß beide beobachten, den Gaßner wie den Schubart."

Am 30. Dezember hieß es in der Chronik: „Parentation dem 1776. Jahr, gehalten am Grab der Zeit. Ich verstumme, seh noch einmal hinunter in die weit aufgerissene Kluft, wo der trübe Strom der Zeit braust, gestorbene Jahrhunderte wie Äser von Walfischen fortwälzt, und hier! hier klopfts in meinen Innersten: Bringst du Ehr oder Schmach für mich in die Ewigkeit? – Vertilge, zerstöre im Feuer oder Wasser, wenn ich ja was schrieb, oder künftig schreibe, das nicht Gott, der Tugend, reiner Sitte, der Vaterlandsliebe, brauchbarer Wissenschaft, teutschem Biedermute und Rechtschaffenheit heilig ist! – Leser, sieh mir nach in gähnenden Abgrund, dahin stürzest auch du!!!"

Schubart überblickte und überblätterte die Berichte des vergangenen Jahres: Amerikas Freiheitskrieg, Englands selbständiges Parlament, Gärung in Frankreich, dazwischen Namen wie Hölty und Voß (die zu Claudius ziehen wollten), Theologie und Werthers Leiden – Soldatenverkauf – „Warum sollen Teutsche als

Knechte dienen?" – und: „wie oft sind nicht schon die
Europäer wegen ihres unmenschlichen Betragens gegen die Schwarzen in Amerika angeklagt worden; aber
was hat's geholfen? Wann Claudius seinen Schwarzen
so rührend klagen ließ und Chodowiecki ihn mit der
vollen Kraft seines unnachahmlichen Griffels zeichnete? Die barbarischen, vom Teufel der Gewinnsucht be-
sessenen Europäer verschlossen ihr Herz und befrie-
digten sich mit der Erklärung, die unglücklichen Neger
wären zur Tugend und zu guten Handlungen weniger
fähig als andere Menschen. Wehe dem, von dessen
Geißel das Blut dieser Unglücklichen troff!"

Den Jesuiten schickte er spitze Spottreden nach –
jetzt lächelte er im Lesen darüber. Auch die „Zinssen-
dorffer" hatte er bedacht. „Der Prediger F., der sich als
Kreuzvögelein immer in den Wunden des Heilands
wälzt, brachte neuerlich seine Mündel, fünf unerzoge-
ne Waisen, durch ein unterschobenes falsches Testa-
ment um ihr ganzes Vermögen. Fluch dem tückischen
Teufel!" – Er hatte Voltaire rezensiert, Klopstock ver-
herrlicht, Hahns Kritik veröffentlicht, „in alle Saiten
gegriffen, in allen Gassen gepfiffen".

Letztes Stück vom 23. Januar 1777:

„Überlaß das meiste der richtenden Zeit", schrieb er
in einer Anweisung an die Kunstkritiker; aber es klang
ihm selber, als deute die Mahnung weiter hinaus und
meine mehr. „Was willst du richten? Was willst du
richten?!" fragte er zweimal. Und schloß: „So richte
mich, Leser!" Ein weise gewordener überlegener
Künstler, dem der „Instinkt in den Fingerspitzen" das
Echte anzeigte und ihn das Falsche abwehren ließ – in
sich selber zu einem Jahrring ansetzend, da er endlich
auch nach außen Luft und Bewegung hatte – so stand
Schubart Anfang des Jahres 77. Aber die ihn richteten,
hatten lange Beweise gesammelt; wie zu einem Holz-
stoß lag Scheit um Scheit geschichtet, und viele trugen

'Ich hoffe man werde mich nicht
ungehört verdammen &c.'

immer neue Stücke herbei. Daß er seit 1776 sein Blatt „Teutsche Chronik" nannte, im Glauben, das heiße auch „deutlich", hielt man für Anmaßung; er setzte „deutsch" und „deutlich" gleich. Allzuviel „Deutlichkeit" in Schubarts Sinn war unerfreulich für viele: Man hatte nicht vergessen, was er am 25. März 1776 drukken ließ: „Hier ist eine Probe der neuesten Menschenschatzung: Der Landgraf von Hessen-Kassel bekommt jährlich 450 000 Taler für seine 12 000 tapfere Hessen, die größtenteils in Amerika ihr Grab finden werden. Der Herzog von Braunschweig erhält 56 000 Taler für 3964 Mann Fußvolk und 360 Mann leichter Reiterei, wovon ohnfehlbar sehr wenige ihr Vaterland sehen werden. Der Erbprinz von Hessen-Kassel gibt ebenfalls ein Regiment Fußvolk ab, um den Preis von 25 000 Taler. 20 000 Hannoveraner sind bekanntlich schon nach Amerika bestimmt, und 3000 Mecklenburger für 50 000 Taler auch. Nun sagt man, der Kurfürst von Bayern werde ebenfalls 4000 Mann in englischen Sold geben. Ein furchtbarer Text zum Predigen für Patrioten, denens Herz pocht, wenn Mitbürger das Schicksal der Negersklaven haben und als Schlachtopfer in fremde Welten verschickt werden."

„Eine Sage: Der Herzog von Württemberg soll 3000 Mann an England überlassen und dies soll die Ursache seines gegenwärtigen Aufenthalts in London sein!!!" hieß es am 28. März, und eine kleine schwarze Hand wurde, um die Nachricht hervorzuheben, mit deutendem Finger hinter die Ausrufungszeichen gesetzt . . .

Gegen Ende des Jahres 76 schon hatte er – durch einen leichtfertigen Korrespondenten irregeführt, von der schweren Erkrankung der Kaiserin Maria Theresia berichtet: Ein Schlagfluß habe sie niedergeworfen – „dürft ich diese Nachricht in meinem nächsten Blatte widerrufen!" – setzte er hinzu. Ein Lob für Joseph, den liberalen Mitregenten seiner großen Mutter, galt am Wiener Hof soviel wie ein „verdammlicher Todeswunsch" für die Kaiserin. Daß sie gesund wurde, vielleicht gar nicht ernstlich krank gewesen war, konnte Schubart erst in der übernächsten Chronik melden, und das war zu spät.

Ein paar Leute erzählten Helene, man habe eine Schmähschrift auf ihren Mann verbreitet, die ihn als geschwätzigen Schmiervogel verleumde. Andere wollten wissen, man werde ihn von Wien aus „aufheben" und nach Ungarn verschicken. Schubart nahm das alles nicht ernst. Der Württemberger war verärgert, gewiß: Die „Donna Schmergalina" hatte er nicht vergessen und nicht den „Dionys von Syrakus" – „als Dionys von Syrakus – Aufhören mußt, Tyrann zu sein – Da ward er ein – Schulmeisterlein!"

Aber er lebte jetzt in Ulm, in der Freien Reichsstadt, er war sicherer: Schubart, der große Karikaturist, sah Schwächen und Ecken überscharf und zeichnete sie auf, unbedacht, blind vor Freude an seiner treffenden Formulierung, taub gegen die Objekte seiner Ironie, und vollends gegen ihre Macht. Er spielte, wahrhaftig, aber es war ein gefährliches Spiel.

Das neue Jahr, das 1777., begann mit Schneestürmen. Es fauchte und heulte durch die engen alten Gassen von Ulm. Nachmittags wurde es bald dunkel. Dann kamen mildere Tage und stillere Nächte. Schubart träumte; seine frühen Gesichte suchten ihn wieder heim. Er warf sich in den vollen Kissen herum, stöhnte und schlug den Kopf an die Bettkante.

Helene fuhr auf. „Was ist, Mann? Hast Alpdrücken? Ist doch nicht der Wein? Der ist gut." Sie griff besorgt nach seinem Arm; er schüttelte sich. „Wieder das alte Bild, Weib, das alte von damals, aus dem 69er Jahr – weißt nimmer?"

Sie überlegte, griff nach der Kerze und schlug Licht.

„Du hast so viele unheilige Bilder gesehen und davon erzählt", sagte sie spitz, „weiß es nimmer."

Er überhörte den Vorwurf. „Doch, Weib, das mit dem Berg, wo ich in der Asche gewatet, und sie kamen mit den Krallen und rissen mich und hackten, und ein kleines gutes Männlein führte mich auf eine Wiese – eine grüne Flur – es war schauerlich und so klar, als stünd ich mittendrin!"

„Komm", sagte sie mitleidig, „ich tu dir ein kaltes Tuch um die Stirn, streck dich aus, tu die Decke weg – es ist zu warm vom Ofen in der Stube – soll ich die Tür zumachen?"

Schubart hörte nicht hin. Er lag atmend und aufgewühlt neben ihr und dachte nach. „Es kommt ein Unglück!" flüsterte er. „Sag nicht, daß man's nicht spürt, da bin ich wie ein Tier – Hunde spüren's Wetter, und mich hat's immer gebeutelt – hab gezuckt mit allen Nerven – hab einmal sogar tanzen müssen unter dem Donner; – heut drückt's mich zu Boden."

Um den zwanzigsten des Monats wurde es wieder kalt; froststarr knackten die Mauern, ungestalt hockten die Häuser und Bäume unter den dicken Schneepolstern, das Eis auf der Donau sirrte, braune Risse zogen sich zwischen den Schollen hinaus.

Schubart saß in seinem Studierzimmer und rieb sich die klammen Finger – der Ofen rauchte, langsam fing das feuchte Holz an zu knacken; er riß das Türchen auf und sah winzige Funken springen, spürte den Rauch bitter im Mund.

Gegen Mittag kam Besuch. Helene führte den Klosteroberamtmann Scholl herein, der aus dem nahen Blaubeuren herübergekommen war, um den „Herrn Professor" aufzusuchen. Schubart kannte ihn flüchtig, er hatte einmal in der Klosterkirche die Orgel gespielt. Scholl besorgte die Verwaltung des evangelischen Klosterstifts, in dem junge Leute auf das Theologiestu-

130

dium vorbereitet wurden. Die Prüfungen waren
schwer, die Zucht hart und die Kost knapp. Aber wer
dann das berühmte Tübinger Stift bezog, gehörte zur
schwäbischen Geisteselite.

Scholl schob sich schüchtern ins Zimmer, ein kleiner
dürrer Mann mit zerknittertem Gesicht, Vater von elf
Kindern und gedrückt von Amt und Armut. Er verbeugte sich, unangemessen tief, als stünde er vor einem
hohen Herrn. Helene schloß die Tür und trat neben
ihren Mann.

„Verzeihen der Herr Professor", sagte Scholl heiser,
„daß ich gerade zu Mittag komme, aber ich . . ."

„Schon gut, Herr Klosteroberamtmann", beruhigte
Schubart und stand behäbig auf, „ich freue mich jedes
Gastes, und meine Helene tut wie ich."

Scholl nahm den hingeschobenen Stuhl, wischte das
Gesicht und rieb die knochigen Hände. „Es ist ein besonders dringliches und herzliches Anliegen, das mich
herführt, Herr Professor – und Frau Helene!"

„Lassen Sie den Professor weg, Scholl, ich bin keiner, man nennt mich mitunter so, wenn man mir
schöntun will."

„Verzeihung!" sagte Scholl noch einmal, ruckte auf
dem Sitz und stieß hervor: „Ein Anliegen, ja – ich
komm von meinem Anverwandten, dem Professor
Gmehlin, der den allerdringlichsten Wunsch hat, Sie
zu sprechen, großer Mann! Er wartet bei mir zu
Haus."

„Aber der kennt mich doch schon!" rief Schubart erstaunt.

Scholl zog den Kopf ein. „Kennt Sie? Das glaub ich
wohl – wer kennt den Chronikschreiber nicht? Aber er
muß Sie sprechen – selber – er verehrt Sie, wie kaum
einen Menschen auf Erden – er liebt Sie."

Scholls Augen glitzerten feucht, seine Backenkno-
chen wurden rot wie im Fieber. Er legte die Finger

ineinander, als wolle er beten, drückte sie auf die Knie und seufzte.

„So?" meinte Schubart. „Also dringlichst? Ja, da will ich's bedenken. Aber heut sind Sie unser Gast, Herr Scholl, die Helene richtet gleich die Kammer, die ist nicht kalt, liegt am Kamin – und jetzo gehen wir miteinander zum Essen – das beste Haus hier, den ‚Baumstark', kenn ich wie meine Hosentasche!" Helene schaute ärgerlich warnend herüber.

Scholl fiel schnell ein: „Sie sind dabei mein Gast, Herr Professor, anders tu ich's nicht!"

Schubart nickte und stand auf. „Gehen wir gleich – zu bereden gibt's gewiß manches, und hier stören die Kinder."

Helene hatte ein ungutes Gefühl, auch gegen ihren Mann: Es war, als laufe er ihr zum Trotz davon, obwohl er spürte, wie die Sorge sie im Griff hatte, ja, fast als wolle er die eigene Bangigkeit überrennen.

Die Männer blieben den Tag über fort; abends gab Schubart in der Stadt ein Konzert. Als sie heimkamen, ging Helene bald zu Bett. Dann waren beide allein. Schubart bot Schnupftabak an, Scholl dankte, er sei nicht wohl, etwa die Kälte, aber er freue sich, bis er seinem Vetter . . .

„Ja, ja", beruhigte Schubart, „da sehen Sie – ich schreib grad eine Rezension über das Theaterstück ‚Emilia Galotti' von Lessing – Sie kennen doch den Gotthold Ephraim Lessing, Professor zu Hamburg?"

Scholl sah hilflos drein. Dann beeilte er sich zu nikken. Schubart blätterte in seiner Kritik und las hie und da einen Satz laut.

Indessen kam Helene wieder, sehr blaß, fröstelnd, denn im Treppenhaus war's kalt; sie hatte nicht schlafen können. Jetzt sah sie Schubart lang an. Scholl stand füßescharrend auf und empfahl sich. Sie habe noch ein Glas Wein hinaufgestellt, rief sie ihm nach.

Sie trat hinter Schubarts Stuhl. „Mann, mir ist's, wie
wenn einer ums Haus schliche – weißt nicht mehr, wie
der alte Lehrer zu Geislingen sagte: Der Tod geht ums
Haus? Mir ist angst, Mann?"

„Warum?" fragte er unwillig, „weil ich jüngst geträumt? Hörst doch, was der Scholl für ein harmloser
Bruder ist, selber voll Furcht, und der Professor Gmehlin tät mich verstehen und loben, meint er", er richtete
sich auf und sah sie fordernd an.

„Ich gönn dir jedes Lob, Mann, aber bleib besonnen
– du bist's nicht immer, und jetzt gewiß nicht. Ich hätt
den Scholl lieber außer Haus gesehen als darinnen."

„Was! Der schläft! Laß ihn – morgen sehen wir weiter!"

Helene ging seufzend in die Küche.

Anderntags saß der Gast still bei der Frühsuppe. Er
redete das Nötigste, zitterte, wenn er sein Brot strich,
und entschuldigte sich: Er habe kaum geschlafen.
Doch, doch, das Bett sei gut, der Wein herzstärkend
gewesen, er freue sich, dazusein.

Helene stand auf, sie habe zu tun, die Kinder zu waschen. Schubart spürte die ungemütliche Stimmung
und ärgerte sich – die Frau verdarb ihm die Gäste, Leute, die ihn bewunderten, die er seiner Chronik halber
brauchte. Er forderte den Oberamtmann auf, mit ihm
wieder in den „Baumstark" zu gehen, zu seinem
Stammtisch.

Dort saßen sie sich gegenüber: Scholl war indessen
gesprächiger geworden, schwadronierte beim Wein,
lobte das Regiment zu Stuttgart und wie alles besser sei
als vordem, ante lucem, vor dem Ein- und Aufgang der
Franzel, die den Herzog sanft zügele; er lobte auch
Carl Eugen, aber mit niedergeschlagenen Augen, als
verrate er zuviel von ihm.

Am zweiten Morgen kam Schubart lachend aus seinem Arbeitszimmer: Er habe schon etliches geschrie-

ben, ein heiteres Lied, dazu ihn der Wein gestern im „Baumstark" begeistert und die Gegenwart des Herrn da, so still er manchmal sei – aber jetzt müsse er auch wohl nachgeben und mittun – er fahre heut mit dem Klosteroberamtmann gegen Blaubeuren, es sei ja sonnig, der Schnee blitze, es treibe ihn geradezu.

Helene sah ihn bestürzt an. Sie klammerte sich an seinen Rock, faßte ihm ins Haar und drückte sich so heftig an ihn, wie sie sonst selten tat.

Scholl schob sich herein. „Bleibt's dabei, Herr Schubart? Fahren wir nachher?"

Die Kinder kamen, Hand in Hand, und standen an der Tür; großäugig schauten sie den Vater an und scheu den Gast. Die Kerzen flackerten. Schubart suchte die Pelzkappe und nahm den Umhang. Scholl beugte sich über den Tisch – hustend hing er gekrümmt vor dem Licht und warf einen langen Schatten. Helene sagte noch einmal: „Christian ... weißt doch ... muß es denn sein?"

Schubart lachte breit: „Warum nicht? Es wird eine schöne Schlittenpartie. Heut abend bin ich wieder da und bei dir – denk an mich – ich bring den Kindern eine Blaubeurer Butterbrezel mit ... und vom Blautopf einen Gruß und blaue Karfunkelstein' aus dem Gewölb in seiner Tiefe!"

Helene stand am Fenster, als der Schlitten unten abfuhr, die Pferde hörte sie nicht, der Schnee schluckte den Hufschlag. Schubart drehte den Kopf – seine Augen wurden groß ...

In Stuttgart ging Carl Eugen in seinem Kabinett auf und ab. Der Sekretär saß am Schreibpult, den er für Diktate jedesmal vom Diener hereintragen lassen mußte, und wartete. „Nichts zu schreiben", murmelte Carl, „noch nichts. Ist der Kommandant vorbereitet?"

„Der geheime Kurier ist schon vor dreien Tagen – so wurde gemeldet, auf Asperg gewesen, Durchlaucht."

134

„Les' Er die Order noch einmal vor – nein, nicht die an den Kommandanten Rieger, die an die drei Oberamtleute, zuerst die ... an den Scholl."

„Zu Befehl, Durchlaucht."

Der Sekretär las: „An den Closters Oberamtmann Scholl zu Blaubeuren. Dem Closters Oberamtmann Scholl zu Blaubeuren wird wohl nicht unbewußt seyn, wie vor einigen Jahren der in Ludwigsburg angestellt gewesene Stadt-Organist Schubart theils um seiner schlechten und ärgerlichen Aufführung willen, theils wegen seiner sehr bösen und sogar Gotteslästerlichen Schreibart, auf unterthänigsten Antrag des Herzoglichen Geheimen Raths und consistorii seines Amtes entsetzt und von dort weggejagt worden. Dieser sich nunmehr zu Ulm aufhaltende Mann, fährt bekanntermaßen in seinem Geleise fort, und hat es bereits in der Unverschämtheit so weit gebracht, daß fast kein gekröntes Haupt und kein Fürst auf dem Erdboden ist, so nicht von ihm in seinen herausgegebenen Schriften auf das freventlichste angetastet worden, welches Seine Herzogliche Durchlaucht schon seit geraumer Zeit auf den Entschluß gebracht, dessen habhaft zu werden; um durch sichere Verwahrung seiner Person die menschliche Gesellschaft von diesem unwürdigen und ansteckenden Gliede zu reinigen.

Sich dieserwegen an den Magistrat zu Ulm zu wenden, halten Höchstdieselben für zu weitläufig und dürfte vielleicht den vorgesetzten Endzweck gänzlich verfehlen machen; wohingegen solcher dadurch am besten zu erreichen wäre, wenn Schubart unter einem scheinbaren und seinen Sitten und Leidenschaften anpassenden Vorwande auf unstreitig Herzoglich Würtembergischen Grund und Boden gelockt und dasselbst sofort gefänglich niedergeworfen werden könnte.

Seine Herzogliche Durchlaucht senden zu diesem Ende den Obristwachtmeister und Flügel Adjutanten von Vahrenbühler eigens nach Blaubeuren ab, um sich mit dem Cammerherrn und Oberforstmeister Grafen von Sponeck, dem Stadt Oberamtmann Georgii und dem Closters Oberamtmann Scholl in der Sache über die schicklichsten Mittel mündlich zu berathschlagen, – und solche sodann, nach dem einmal festgesetzten Plan wo möglich, Höchstdero gnädigstem willen gemäß, auszuführen, indem der Major von Vahrenbühler wegen des Weiteren bereits die nöthigen Verwaltungsbefehle hat.

Gleichwie aber die gute Ausführung dieses gnädigsten Auftrags hauptsächlich auf der strengsten Geheimhaltung des Ganzen beruhet; also wollen auch Seine Herzogliche Durchlaucht Sich zu ihm, Oberamtmann Scholl, in Gnaden versehen, derselbe werde hierinnen, so lieb ihme Höchstdero Herzogliche Huld und Protection nur immer seyn kann, das unverbrüchlichste Stillschweigen gegen jedermann beobachten, und überhaupt nach seinen theuren Pflichten klug und behutsam zu Werke zu gehen sich nach Kräften bestreben. –
Decretum Stuttgart, den 18. Jenner 1777.

Carl, H. z. W. u. T.“

„Und heut haben wir . . .?“ fragte Carl Eugen.

„Den 23., Durchlaucht.“ Der Sekretär, „dienstwilligst“ empört über den Rebellen und schon länger in das Vorhaben eingeweiht, spürte jetzt doch einen leichten Schauder beim Gedanken an den völlig unvorbereiteten Mann, den man so betrügen wollte. „Es dürfte jetzt im Werke sein“, sagte er matt, „denn sie müssen ja wohl zu Kirchheim übernachten, daß sie am 24. in der Früh, wie dem Kommandanten angesagt, zu Asperg einlaufen.“

„Hm, ja – dem Ried hab ich's auch für den ohngefähren Termin versprochen“, bemerkte der Herzog, „da er mich dringlichst gemahnt, als dem schwäbischen Kreisobristen, der Kaiserlichen Majestät zu willfahren.“

Der Sekretär sah auf; Carl brauchte sonst nicht so großtönende Worte. Und daß Ried dem Herzog eröffnet hatte, er habe Vollmachten, den Mann aus Ulm wegzuführen, da er ja dort auf Reichsgebiet sei, das wußte er auch. Aber Carl redete weiter und lief unruhig im Zimmer herum. „Er ist ein Spaltpilz und eine üble Hefe in der Welt, ein Mensch ohne Grenzen und Ehrfurcht und eine gefährliche Pest für das Volk, zumal er Wortmacht besitzt."

Die Saite reißt

Helene Schubart wartete; sie kramte in den zurückgelassenen Kleidern, putzte zum zweiten- und drittenmal die Schuhe ihres Mannes, lüftete die Stube, schüttelte das Bett auf; man soll sich für einen Arbeit machen, um den man Angst hat. Sie schickte die Kinder dahin und dorthin, fuhr sie grundlos an und preßte sie gleich wieder stürmisch an sich, weinte auf und lachte hektisch vor sich hin.

Ludwig drängte, er wolle Schlitten fahren mit der Julie, und der Freund Martin von nebenan wolle mit. Helene nickte; irgend etwas drückte ihr die Kehle zu, sie nannte sich selber lächerlich und wehleidig, aber sie konnte sich nicht von der unfaßbaren Last freimachen. Da fuhr sie zusammen: Sie sah ihn vor sich stehen. S c h u b a r t stand da und schaute sie aus großen weiten Augen an, reglos, immer die Augen – und war dann weg. Ein Gesicht – mein Gott, Herr Jesus, er ist tot! dachte sie, halb ohnmächtig, und tastete nach einem Stuhl. Der furchtbare Tod des jungen Nikel fiel ihr ein, Schubarts Freund, des Jesuitenzöglings, der revolutionärer Reden halber in Dillingen durch ein geistliches Gericht zum Tode verurteilt und enthauptet worden war; die Drohbriefe und Schmähschriften – Schubarts Träume – und dahinter stand Scholls hagere Maske wie ein Totenschädel.

Füßli kam vorbei, stieg die Treppen hinauf und fragte nach dem Schubart, er wolle ihm eine neue Skizze zeigen, es solle ein Stahlstich werden – ob sie es sehen möge?

„Es ist freilich eine seltsame Vision, die mich heimgesucht hat", sagte der Maler entschuldigend. Helene war froh, sich ablenken zu können. Sie schickte die Kinder hinaus und ließ sich das gerollte Papier öffnen: Da lag eine hingeworfene Frau, den Kopf nach hinten gebogen, und über ihr schwebte ein schwarzes Pferd mit glühenden Pupillen, ein Alptraum.

Helene stöhnte, sie nahm das Blatt nah vor die Augen und sah wieder und wieder in das Ungesicht des Phantoms, sie strich über den gestreckten Hals des Opfers, dann legte sie die Hand vor die Augen.

„Woher ist Ihnen das gekommen?" fragte sie, und Füßli, erschüttert über ihre Reaktion, fuhr ihr sanft über den Rücken, über die Hände und rollte schnell seine Zeichnung zusammen.

„Verzeihen Sie mir, Frau Schubartin! Ich hab nicht ahnen können, daß es Sie so erschrecken möchte! Ich wollte es dem Herrn Gemahl vorlegen, da ich hoffe, er werd es in seiner Chronika würdigen."

„Meinem Mann?" Sie setzte sich heftig auf. „Der ist weggefahren, mit einem sonderlichen Menschen, der ihn einlud – und sie sind mit dem Schlitten nach Blaubeuren gereist! Und mir ist's wie auf dem Bild da – der böse Geist liegt auf meinem Herzen, bedrückt mich, schändet meine Seele . . . es muß ein Unheil in der Luft sein . . . mein Mann!" Sie sah den Maler starr an, hielt die Hand am Mund, und Füßli erkannte etwas in ihren Augen, das ihn hilflos anrief: irre, ausweglose Angst.

„Warum schrecken Sie denn so zusammen, Frau Schubartin? Ihr Mann ist doch des öfteren auswärtig,

138

und diesmal nur eine kleine Schlittenstunde weit . . . was soll's?"

„Sie wissen doch, Füßli, Blaubeuren ist württembergisch; hier war er sicher, in der Freien Reichsstadt Ulm."

Füßli beruhigte umständlich und unbeholfen. Dann empfahl er sich bald.

Die Winterdämmerung legte sich dumpf über die Straße, Helene holte Kerzen und stellte eine Lampe auf den Tisch. Ludwig und Julchen saßen mit Büchern in der Ecke, auf niedrigen Hockern, nah beieinander. Im Kachelofen knackten die Flammen, Schatten sprangen über die Wände im Auf und Ab des Lichtscheins. Helene las, leise vor sich hin murmelnd, in der Hauspostille.

Da schellte die Torglocke. Ludwig sprang auf. Helene hörte die Küchentür gehen, dann die lauten Tritte der Magd. Die Stiege knarrte; Schlüssel – dröhnend zugeschlagenes Haustor, wieder Schritte, diesmal zwei, einer mit derben Stiefeln neben dem Tappen der Magd. Die riß die Tür auf: „Ein Expresser, Frau!" Helene stand auf.

„Eilpost – bin geritten wie der Satan!" schnaufte der Mann und wischte den Schnee aus dem Bart. „Da! Vom Herrn Stadtschreiber aus Aalen – ist's erlaubt?" Er zog einen Stuhl heran und fiel darauf, steifbeinig, mit froststarren Füßen. „Draußen steht der Gaul – angebunden . . ."

Helene hörte nichts; die Magd lief hinunter, Ludwig hinter ihr, um nach dem Pferd zu sehen. Julchen drückte sich schnell an die Seite der Mutter, dann trippelte sie dem Bruder nach.

„Theure Frau Schwägerin!" las sie. „Das Beifolgende erreichte mich soeben durch einen Eilenden aus Ulm, vermute den Schreiber als den Stadtamtmann Schleich. Gott stärke Sie."

Mehr erfaßte sie nicht, als daß der Schlag getroffen
hatte. Sie faltete das beigelegte Papier auseinander und
trat an den Tisch. Laut las sie, stockend, und schwankte beim Lesen:

„Den 24. Jenner 1777

Hochedelgebohrner etc. . . .

So eben vernehme die Nachricht, daß dero Herr
Bruder gestern vormittags mit dem Blaubeurl. Hrn.
Kloster-Ober-Amtmann, auf dessen Invitation zu einem Besuch, von hier nach Blaubeuren auf einem
Schlitten abgefahren, sogleich aber nach der dasigen
Ankunft von einem Husaren-Officier in Arrest genommen und unter Begleitung zweyer Hussaren in einer
Chaise weiter, dermalen unwissend wohin, transportirt
worden; die Ursach ist ganz ohnbekanndt, und die Sache macht großes Aufsehen; Sie können leicht denken,
wie sehr ich betroffen ward,

in möglichster Eil ect.   Notus."

Die Magd war in die Küche gegangen, die Kinder
standen drunten vor dem Pferd und hielten sich an den
rotgefrorenen Händen; es war ein großes grobes Tier,
der Botengaul.

Als sie heraufkamen, sahen sie die Mutter zuerst nirgends und riefen sie, tappten angstvoll durchs Zimmer.
Da lag sie, bewußtlos, die Hände neben sich wie tote
Dinge, auf dem Tisch zerknittert der Brief. Sie schrien
nach der Magd, sie zerrten sie hoch und legten sie aufs
Sofa; die Magd lief nach einem Arzt. Julchen weinte;
Ludwig stand, das Kinn gesenkt, vor dem Lager. Dann
zogen die Kinder eine Decke über ihren Rock, immer
noch stumm, ganz verstört.

Als der Arzt mit der Magd hereinkam, warf Helene
den Kopf herum. „Mann, Mann! Wo bist?" verstanden
sie. Der Doktor war ein alter magerer Herr, unlustig
strich er die schneekrustigen Stiefel ab, trat ans Bett
und griff nach dem Puls. Sein fragender Blick traf die

hilflosen Kinder; die Magd starrte dumm nach ihm hin.

„Habt ihr Wein da?" fragte der Arzt, „und warmes Wasser?" Dann forschte er die Magd aus. Ein Eilender sei dagewesen und habe einen Brief gebracht, berichtete sie ängstlich. „Und was war's mit dem Brief?"

Keines wußte mehr. Inzwischen rieb man Helenes Hände und Füße mit Schnaps, ihr Herz, ihre Stirn. Sie stöhnte schwer. Plötzlich stemmte sie sich auf und saß in den Kissen. „Oh, daß Ihr mich wecken mußtet!" Und jetzt erst, stammelnd, sprach sie zu den Kindern vom Vater. „Er ist gefangen, weggeführt, unbekannt wohin, und diesmal lassen sie ihn nicht mehr los!"

Jetzt konnte sie weinen, schluchzend hielt sie den Arm um Ludwig und gab Julchen die Linke; der Doktor beruhigte, er wolle helfen, vielleicht könne er doch Nachrichten erlangen, es werde so schlimm nicht sein. Endlich ging er kopfschüttelnd.

Abends saßen sie alle beieinander wie graue Puppen, reglos, gelähmt und gerichtet.

Julchen hielt es nicht aus, lief zur Tür und riß sie auf. Der Junge hatte inzwischen den Brief des Onkels gelesen, er rüttelte die Mutter am Arm: „Ihr solltet ihm schreiben, Frau Mutter! Ich glaub, der Herr Vater kommt dann bald heim!" Er sagte das gütig und beruhigend wie ein gereifter Mann; er fühlte sich verantwortlich für die Mutter.

„Hast recht, Ludwig, ich schreib was!" Sie schleppte sich an den Tisch, Ludwig brachte Tintenfaß, Papier und Kiele.

Helene schrieb:

„Ulm, den 24. Jan. 1777

Bester Herr Schwager! Ihren Brief habe ich Erhalten, bin aber nicht imstand selbigen zu beantworten, noch viel weniger mein Mann, welch Erstaunen denken Sie ein Teufel in menschlicher Gestalt hat mir meinen Mann gestolen, vielleicht auf Ewig gestolen. O Erbarmung vor eine ganze Familie, die mit der Verzweiflung ringt. Fluch dem verderber ich kan ihn fast nicht nennen ein ober Ambt Mann von Blaubeuren namens Scholl hielt sich 3 tage hier auf lief meinem Mann bestendig nach, sogar in mein Hauß und suchte ihn zu überreden, mit sich nach Blaubeuren zu fahren, gab auch vor, der Hr. Professor Gmehlin wäre bey ihm auf einen Besuch und wäre sein einziger Wunsch, mit meinem Manne zu sprechen, ob ich mir gleich alle Mühe gab meinen Mann zu bitten, daß er bey uns bleiben möchte, und dem Teuffel sagte, der Herr Professor könnte besser zu uns kommen, war alles umsonst, Sie fuhren gestern Früh hier weg, mit der Versicherung daß Sie abends wieder hier seyn würden. Aber welche hiobs Post in Blaubeuren wartete schon ein Hauptmann auf Befehl des Herzogs von Wirtemberg meinem Mann auf den Aschberg zu lieffern, alwo er Seinen Lohn Empfangen soll, nach der Aussage ist er heite früh schon an den bestimmten Ort gebracht worden. Waß mein Mann gethan, weiß ich und kein Mensch Hier, kan mir auch nichts einfallen lassen wann ich mich zu tod denke, ich habe schon . . ."

Helene warf die Feder hin. „Ich muß nach Stuttgart schreiben und eine Bittschrift an den Residenten, den General von Ried, abfassen und dem Magistrat sagen – wir haben ja nichts im Haus, kein Brot, kein Geld, kaum Essen für drei Tage – nichts, nichts –" Sie weinte, aber stiller jetzt, gefaßter. Sie ließ den Brief liegen und fing fieberhaft an zu planen. Die Kinder schliefen schon, als sie eilige Botschaften nach Stuttgart und Ludwigsburg schickte, und – mit Hilfe eines Bekannten – ein Gesuch an den Baron von Ried aufsetzte, das am Morgen übergeben werden sollte; sie lief anderntags zu den Ratsherren, die ihr als wohlgesinnt genannt wurden, bat und flehte, nahm die Kinder mit, die verfroren, zitternd und müde mit ihr durch den Schnee trabten, über den Münsterplatz zu den Häusern der Honoratioren. Ihre Mantille war bald naß, die Schuhe troffen; sie trieb die Kinder voran, trieb sich selber immer weiter.

Die Ratsherren bedauerten – wo man so hohen Orts handele, könnten sie nicht wagen, dawider zu sein. Ried ließ sich verleugnen.

Helene hastete heim. Sie warf kaum das nasse Zeug ab, streifte die feuchten Schuhe von den Füßen, dann kritzelte sie schon wieder, holte den angefangenen Brief an den Schwager hervor und beendete ihn: „Ich habe schon nach Stuttgart an einige gute Freunde geschrieben und schreiben lassen, um zu Erfahren, waß die Ursach ist; auch haben wir eine Bittschrift dem Herrn Minister Baron von Riedt übergeben, und darin kniefällig gebetten, Er möchte Sich unser und meines Mannes annehmen, waß Er vor uns thun wird, müssen wir Erwarten, der hiesige Magistrath wird thun waß möglich ist, aber die seyn zu schwach und haben kein Herz, auch seyn einige darunter die meinem Manne feind seyn, rathen Sie mir waß ich anfangen soll, betrachten Sie meine armen Kinder, meinen unglücklichen Mann, und ich – ach Verzweifflung ist mein Teil wan mir nicht Gott und gute Menschen beystehen, ich bin nicht im stand, den Jammer auszudrücken, der mich quält, da siz ich ohne Mann, ohne Brodt, und keinen Gulden im Vermögen, und werde von Schuldner und allen seiten her gequält, ich bin ganz sinnlos und unmächtig, ich und meine Kinder Empfelen uns Ihnen nebst allen angehörigen und bitten um Beystand. ich bin

   ihre unglückliche Schwägerin H. Schubartin.

kommt mein Mann nicht bald los, und ich habe mich ein wenig Erholt, so lasse ich Alles im stich und gehe vor den Herzog, und sag Ihm, daß er mir lieber mein Leben als meinen Mann nehmen soll, will alles nichts helfen, so wird Er mir doch erlauben ein gleiches Schicksahl mit meinem Manne zu haben, ich wage Alles, Leben oder Tod, Alles ist mir gleich, hätte mir Gott meinen Mann genommen, so wollte ich's als eine Christin Ertragen, aber daß ist unerträglich."

Schubart lag im Stroh. Das Verlies war feucht, die Wände glitzerten vereist. Er grub das Gesicht in den Mantelkragen, die Hände in die Taschen. ‚Ich bin wie ein Schlachtvieh! Kein Mensch mehr! Sie haben mir das Menschsein genommen! Helene – da kommt kein Mensch mehr zu dir zurück – wenn er zurückkommt! Aber sie lassen mich ungehört verfaulen, diesmal ist's das Gericht! Herrgott, das Gericht, Dein Gericht ist's, die Verdammnis . . .‘ Er schlug stöhnend den Fuß im Stiefel auf die hallenden Fliesen. Über ihm war ein vergittertes Loch, durch das ein grauer Schimmer hereintastete, wäßrig-bleich, und in den Ecken saß die Dunkelheit.

Es stank in dem Loch, Gestank von Generationen, die hier vegetiert hatten, zugrunde gegangen waren. „Wie ein Vieh haben sie mich gefangen und hingeworfen – und ich war so arglos wie ein Kind!" Er hielt sich die Ohren zu, obgleich nichts zu hören war als das Knistern des Strohs, auf dem er sich wälzte. Er streifte die Halme vom Ärmel, aber dann ließ er die Hand sinken. ‚Ist jetzt gleich, ob ich verschmutzt bin, ob ich verkomm und verludere – 's sieht mich keiner mehr an – langsam . . . langsam eingehen! Erfrieren, verhungern – was sie sich so ausgedacht haben, die Giftigen da oben im Hellen; oder vergessen bleiben – das wär das Allerbitterste. Ich sitz in des Polyphem Höhle – aber kein Widder, der mich hinausschleppt – und über mir ist das Untier, der Übergroße, der Mächtige . . .

144

und nicht bloß der Herzog. Dahinter lauern sie, die Zillinge und die Patres, und die Mörder des Nikel, mit dem ich Briefe ausgetauscht – den sie zu Augsburg enthauptet und verbrannt – und der Scholl – der Judas! Söldling, feiger, hätt mich der Hund nicht warnen können? – Ein Wink nur, ein kleines Zeichen . . . oh, ich hätt ihn geschont, er hätte nichts büßen müssen . . . aber er – weiß alles und schweigt und täuscht mich und gibt mir die Sicherheit wie einen Judaskuß – und das Weib, die Kinder, so liebe, geliebte Kinder, und unversorgt! Vorgesichte, fast schon Vorwissen – und dann, wenn's da ist, rennst du blind hinein, mußt hineinrennen, du Getriebener, wie ins Fatum! Denk nicht, Schubart, denk nicht mehr, du wirst wahnsinnig!'

Er sank in einen Halbschlummer der Erschöpfung und wachte an seinem keuchenden Atmen wieder auf. In seinem Hirn rasten jetzt die Bilder: Die Schlittenfahrt neben dem plötzlich schweigenden Scholl, verschneite, ungestalte Büsche, die Berge von Blaubeuren, das Rusenschloß, aus den dünnfiedrigen Winterästen wie ein Block sichtbar, braune Mauern, gefleckt vom Schnee, und die Pferde vor ihm, dunkle glänzende Rücken mit Decken halbverhangen, auf und ab wogend im schnellen Trab, und sein Atem in der frischen eisigen Luft, sein vergnügtes Erwarten des wichtigen Mannes, der ihn so verehrte. Blaubeuren, die Fachwerkhäuser um den Markt, das Kloster mit dem schöngespitzten Turm, die Bäume im Blautopf gespiegelt.

Der Amtmann ließ halten, sie stiegen aus: Scholl war flink neben ihm, wie ein beflissener Geist, er selbst schälte sich langsam aus den Decken und freute sich auf Wärme und einen Schluck Wein. Die Stille lag im Hausflur, als wäre sie auf der Lauer; er stieg die knarrende Stiege hinter dem Amtmann hinauf, trat ins Zimmer, das der auftat, und merkte den geschwinden Abschied des Gastgebers erst, als er schon allein war, oder doch nicht allein: Vor ihm am Fenster saß eine Frau, ein Mädchen, am Spinnrad. Schubart warf sich herum, er ächzte: „Wär ich da noch hinaus, die hätt' mich nicht halten können!" Aber er war ans Fenster getreten, hatte ein Buch auf dem Sims gefunden, den „Sebaldus Nothanker", und drin geblättert. Das Mädchen begrüßte ihn scheu, und er sie freundlicher, dann schwiegen sie beide.

Jetzt stand Schubart auf aus dem Stroh. Er ging zur Tür, die ein schweres Schloß von außen verriegelte. Er rüttelte, schabte, strich daran herum. Er maß die Ekken, die Länge und Breite mit seinen Schritten. Er stampfte den unebenen Ziegelboden. „Herrgott – du hast mich verlassen! Du – du hast mich aufgegeben – jetzt, in der Kraft, im vollen Schaffen – mit noch nicht achtunddreißig Jahren! Da lieg ich, wehrlos – ohnmächtig – ganz ohne Recht! Gewalt! Ja, sie haben mir Gewalt angetan. Mit List hereingelockt – mit Gewalt gefesselt, die Teufel! – Er sah sie wieder an Scholls Tür, als der einen Spalt öffnete: Der Herr von Vahrenbühler schob das dürre Männlein weg und trat klirrend herein, ein Husarenoffizier. Und er stand da mit seinem „Sebaldus Nothanker" in der Hand. „Mensch, Vahrenbühler, willst mir einen Mummenschanz vormachen schon im Januar? Du bist – hier?" Und daneben erkannte er im fahlen Schneelicht den Grafen Sponeck, den Oberforstmeister von Blaubeuren, und zwei Husaren und den Amtmann Oetinger, dazwischen wischte der Scholl herum wie ein verdammter Schatten, und sein Weib mit einer riesigen Haube – das alles wie ein Blitz, wie ein unerfaßtes Traumwesen. Es war ganz still zuerst, nur der Scholl wimmerte etwas von „leidtun" und „Befehl erhalten".

Er schrie auf und hielt sich am Tisch. Das Mädchen stand auch da, undeutlich spürte er ihre Gegenwart noch, eh einer kommandierte: „Im Namen unseres

Durchlauchtigsten Fürsten nehm ich Sie in Verwahr, Schubart!"

Er keuchte: „Ich hoff, er wird mich nicht ungehört verdammen!"

Einer packte ihn roh an der Schulter: „Los, Mann, hilft nichts mehr – Befehl vom Herzog!" Danach trabte er, ganz entwürdigt und verstört, zwischen ihnen hinunter und stolperte in den Schlitten, gestoßen und geschoben wie ein Ding.

Wieder Schneefelder; seine Pfeife hatte er noch, rauchte wie ein Süchtiger, sah nichts, hörte nichts, dann wieder fuhr er auf. Die Wachsoldaten waren hinter ihm, der Offizier zur Seite. Einmal, in Kirchheim beim Übernachten, hielt man ihm Feder und Papier hin, aber schreiben konnte er nicht. Helene! Herrgott, daß man sich immer erst verlieren muß, um ganz zu spüren, wie man zusammengehört. Ein Lehrer gab ihm unterwegs warme Handschuhe, tröstete ihn mit Bibelversen. Weiter! weiter! Und dann den Berg hinauf in die Veste, wo die Verdammten hausen. O mein Traum! Waten in Asche, krallige Nägel in der Stirn – und ich ras' wie ein Irrer in die Falle! Dann im Hof droben der Herzog, das rote Vogelgesicht mit den selbstgerechten Kugelaugen, daneben die Franzel: Sie weiden sich, sie warten auf einen Kniefall. „Da kroch ich ins dumpfe Loch, streifte mit dem Blick den Ring an meiner Wand, sah den Offizier an und war froh, daß ich wenigstens ungefesselt blieb. Das da wird mein Widerhall sein, die gefleckten Mauern, der Strohhaufen!"

Auf der Solitude ließ sich der Herzog in seine Zimmer leuchten. Es war spät, man kam vom Tanz, Franziska war erhitzt und müde. Carl hatte sich zuschauend amüsiert und ein bißchen gelangweilt, der Franzel nachgesehen, wie sie gemessen zum Menuett antrat, sich nach ihm umwandte und wieder herankam. Es sei ihr nicht wohl, wenn sie ohne ihn tanze, man könne es doch mißdeuten, flüsterte sie ihm zu.

Ihr Neffe, der Kammerherr von Böhnen, der Mann ihrer Nichte von Schertel, trat auf sie zu und verneigte sich, die Beine in den hellen Strümpfen verschränkt, die Hand ausgestreckt, die andere auf dem Herzen. Sie nickte ihm zu und zwang sich zu lächeln. Böhnen führte die „hohe Frau Tante" zum Menuett; ihr fließendes Überkleid schwebte, locker, faltig, silbrig schimmernd, das Haar saß eng um den schmalen Kopf, zu kleiner Frisur gesteckt und mit einem Häubchen aus seidenen Blüten gehalten. Sie tanzte korrekt, abgezirkelt, anmutig, aber ohne Lust. Carl sah es sofort. Dann war sie plötzlich zu ihm gekommen, hatte die Stirn mit dem Spitzentuch getupft, die Hände gefaltet – sie könne nicht mehr. Das Geflirr und Geklirr liege ihr heute nicht – und dreißig sei sie auch schon.

„Dreißig?" Der Herzog lachte. Das sei jung genug und er sei fünfzig – das erst sei eine Grenze und bedeute das halbe Leben und mehr. Dann, im Schlafzimmer, ließ er sich schnell auskleiden, kalt abreiben, und warf sich aufs Bett. Franziska setzte sich neben ihn, den Kopf gesenkt, streifte die Handschuhe ab und wartete auf seine Anrede. Als er sie stumm anschaute, suchte sie einen Anfang. „Der Kommandant vom Asperg läßt sich selten sehen bei uns, früher ist er manchmal zum Ball erschienen."

„Der Rieger? Was kümmert dich der?"

Sie hob den Kopf, aber er sagte eilig: „Dem steckt der Turm noch in den Knochen, wiewohl's eine gute Weil her ist, daß er im Loch gelegen – nach seinem Verrat. Jetzo kann er doch zufrieden sein, er ist wieder zu Gnaden gekommen, Kommandant und Obrister und sein eigener Herr dort oben."

„Asperg!" Sie legte ihm die Hand auf den Arm. „Ich

hab heut immerfort das Jammerbild vor mir gehabt, den Mann im Gewölb und seine einsame Frau in Stuttgart."

„Jammerbilder gibt's genug auf der Welt!" brummte er verdrießlich, „und der Schubart hat sein Schicksal lang genug herausgefordert, ist mit Warnung und Mahnung und Vorgeschmack reichlich bedient worden – und hätt' können wohl einsichtiger werden. Die Übung hat er schon als Student gehabt, und dann 73 in Ludwigsburg, und bei der Austreibung von Augsburg . . ."

„Carl, aber er war gerad' auf einem guten Weg, in Ulm hat er etwas Besonderes getan und war fleißig – sie loben seine ‚Chronika' viel. Und jetzt, mein ich, wär's doch genug: ein ganzes Jahr, und er hat's schwer dort oben, es sei dunkel, wo er liegt auf dem Stroh, und ein Ring an der Wand für die Kette . . ."

„Das ist besser als tot", schnitt er ihr das Wort ab.

Franziska stand auf und ging hin und her. „Die Frau schreibt überall hin", fing sie wieder an, „an den Klopstock hat sie sogar geschrieben und der hat's dem Kommandanten Rieger vorgelegt und für ihn gebeten."

„So? Warum nicht mir?"

„Er hat's nicht gewagt, denk ich."

„Und dann?"

„Der Gleim und der Lavater und die Ulmer und aus Augsburg – und was weiß ich, wer noch – sie bitten alle für ihn – es macht so viel Aufsehen, Carl!"

„Woher weißt du denn das alles? Willst dich doch noch in Staatsgeschäfte melieren, Franzel? Du weißt, daß ich das nicht dulden kann . . . Sollen sie doch ein Land regieren, das voller Wirrköpfe und kurioser Ideen ist, Kerle, die aufbegehren und die Erfahrung nicht kennen . . ." Er setzte sich und zerrte an der Decke. „Ich laß mir berichten, er seufze und fluche und heule und jammere – haltloser Mensch das, ohne Maß!"

„Was tätst du denn, wenn man dich einlochen tät ohne Absehen der Zeit, Carl?"

„Ich? Bin ich einer wie der? Bist du dem Schubart sein Anwalt? Bin ich der Herzog oder nicht?"

Sie schwieg erschrocken. Soviel hatte sie bisher nie gewagt. Er spürte ihre Niedergeschlagenheit und wollte beruhigen. „Das kann ihm nur guttun, droben", meinte er ruhiger, „da besuchen ihn die Frommen, der Hahn etwa, und der Rieger ist auch ein Pietist geworden; und er liest den Oetinger und den Bengel und wie sie heißen –", er schnaufte und errötete plötzlich, „die stillen Rebellen, denen ihr Christus ein Vorwand ist, wider mich zu bocken."

Sie war blaß geworden. „Das sind deine besten Schwaben, Carl!" – „Ich weiß, ich weiß! Dein Pietismus! Manches aufgelockert und angewärmt hat er bei den starrköpfigen Dogmatikern in eurer Kirch', aber recht verstanden, wie Menschen zusammenleben sollten, das hat er nie. Das ist doch ein Laiengewächs, meint, der Geist käm über jeden, daß er mit Zungen redete und hätte alle Erkenntnis und brauchte nichts zu lernen und kein Herkommen, kein Verantworten und keine Historie. Halt dich davon weg, ich bitt dich, Franzel."

„Ich hab's ja versprochen", sagte sie ergeben. „Aber der Schubart . . ." – er sah mißmutig auf. „Ein ganzes Jahr schon . . .", flüsterte Franziska.

Der Gefangene kauerte in der einzigen helleren Ekke am Tisch auf dem Hocker und zupfte die feuchten, modrig zerfallenen Fasern aus einem verfärbten Fleck in seinem Schlafrock. Der „Dampf seines Kerkers", den er in Gedanken und halblauten Selbstgesprächen anklagte, saß fest wie eine undurchlässige Glocke um ihn; kaum strich ein dünner Lufthauch durchs Gitter herein. „Man gewöhnt sich an den Stank, leider, die Lungen faulen auch", murmelte er.

Die Waschschüssel wurde ihm einmal am Tag gefüllt, mit Zisternenwasser, das lau und grau war. Zisternenwasser brachte auch der stumme Kerl, der ihm den Trinkkrug hinstellte. Schubart schlürfte es mit Ekel, spürte Leibweh und Husten und Asthma kaum mehr als die Mückenstiche, die ihn den Sommer über plagten. Irgendwie, durchs Fensterloch oder mit dem Essen, waren dünne sirrende Fliegen hereingekommen, am Kübel hatten ihre Maden genistet, den Tisch überkrochen sie mit schmalen Flügeln, und sooft er sie zerdrückte, waren sie wieder da.

Draußen hinter dem Gitter ahnte er etwas Blaues, Blitzendes, Sonne und Himmel, ahnte auch Abendschatten und Nachtgeflimmer der Sterne, meinte einen schwachen Mondstreifen zu sehen, der das holprige Bodenpflaster fleckte, hörte drunten Rufe, Vogellaute, Trompeten. Er täuschte sich oft und entdeckte bedrückt seinen Irrtum: Er würde verlernen, die Außenwelt zu verstehen! Andere neben ihm mochten sich schon besser auskennen in diesen Lauten ohne Gestalt, die sie durch Jahre hin aufnahmen und deuten lernten. Jahre, dachte er. Ich spüre erst jetzt, was Zeit ist! Zeit, die ich bisher als einen Plunder geachtet.

Er machte täglich seine Runde im Verlies. Bewegung, sagte er sich, reglos ist tot. Er zwang sich, Verse und Prosatexte zu memorieren, er mußte ‚das Hirn gelenkig halten', das geistige Gut bewahren. Aber er wußte, daß kaum einer wie er den Widerhall gebraucht hätte, die Reaktion, Anregung, Frage, Lächeln.

Schon nach acht Tagen hatte er jede Mauerspalte gekannt, jeden Moosfleck, jedes Spinngewebe. Wenn der wortlose Wärter die Zelle fegte — manchmal scheuerte er sogar —, bangte er um die Streifen und

Masern, die ihm wie lebende Wesen vertraut waren, um die Flecken, die er in Bilder verwandelte, um eine Spinne, die er ansprechen konnte. Seine Tage riß er in die Wand mit einer Schnalle, die ihm an der Hose hing.

Er bat um Federkiel und Papier: Verweigert. Er bat um frische Wäsche oder um ein Waschfaß – versagt. Schließlich ließ der Kommandant ein Hemd, Strümpfe und Unterzeug hereinbringen, für das er sich schriftlich zu bedanken wünschte: Vorwand, dem alten Schreiblaster zu frönen, hieß es.

Er hätte wohl eine Verbindung zu seiner Frau gesucht, so man's ihm erlaubte? hörte er den Kommandanten höhnisch fragen. Briefe seien aufs strengste untersagt – auf ausdrücklichen Befehl. Briefe! Helene! Ihre Gedanken plagten ihn „wie ständig tropfender Wasserschlag, wie Vogelhacken und kleine Krallen", er spürte, wie sie litt, und konnte ihr keinen Laut schikken, keinen Atemzug. Er würde sie verlieren, gefährdeter als sein Publikum war sie, die er so verletzt hatte. Er konnte die Kinder verlieren! – Wenn ich nicht mehr reden darf – schreiben muß ich! Das ist mein Leben! – Sie haben mir das Leben abgeschnürt, ich kann nicht alles ins Gedächtnis graben – es fliegt wie Schaum durch mich hindurch – ich bin nichts mehr, wenn ich's nicht bewahre, dies wenigstens, was ich hier tu und bin, was sie mir antun.

Er entdeckte nachts einen Glühwurm an seiner Mauer und war entzückt: Ein Zeichen! Ein Flöckchen Licht! Aber man kehrte ihn fort, den lebendigen Funken. Er grübelte; dies hier – für ihn mußte es einen Sinn haben – ihm wie ein Spiegel sein Wesen hinhalten, vorhalten, was er war und sein würde. Wenn er in diesem ersten Jahr nachts bei Sturm wachlag, Stöhnen durch die Mauerritzen zu hören glaubte, Heulen, Klopfen – seine unbändige Phantasie schaukelte und gaukelte die verzerrten Fratzen vor ihn hin, um ihn herum. Um sie zu bändigen, suchte er sie zu beschreiben und geriet ins Wortewühlen, Fabeln, ins groteske, zerfließende Gerede; versuchte Maß zu halten, Verse zu formen und sie sich einzuprägen – aber dann sank der Einfall wie ein ermatteter Flügel zusammen.

Er dachte an andere, denen es ähnlich ergangen war – nicht nur Rieger. Schubart hatte gleich zu Anfang des ersten Vierteljahres einen seltsamen Zusammenstoß mit dem Kommandanten gehabt: Als Rieger die wippende Rute aus der Hand gefallen war und er sich danach bückte – er, Schubart, und sie dem Zuchtmeister reichte. Da hatte sich auch der Oberst gebückt und sie stießen mit den Köpfen zusammen.

Rieger wurde blutrot, er glitt aus und tastete fahrig nach Halt. „Halt er Sein Maul!" schrie er den Gefangenen an, der keinen Laut von sich gegeben hatte, „Er Lump, Er!" Der Verängstigte half ihm auf und entschuldigte sich kaum hörbar, als habe er den Sturz verschuldet. Und der Kommandant klopfte seine Hosen ab und verschwand, ohne ein Wort. Er hatte rote feuchte Augen gehabt.

Seither fürchtete sich Schubart noch mehr vor seinen Besuchen, wiewohl dies der einzige Mensch war, der mit ihm sprach; ein Mensch, den er schwach gesehen hatte. Auch der Pfarrer Moser war eingekerkert gewesen und hatte geschrieben – mit der Lichtputzschere kritzelte er seine Sätze auf die leeren Blätter in seiner Bibel. Schubart versuchte es auch – eine Bibel hatten sie ihm gelassen. Aber der stumme dumme Wärter merkte es, man nahm ihm die Blätter und schliff die Schere stumpf. – Nichts, nichts, was bleiben durfte – nichts, was Helene, die Kinder, die Freunde einmal von ihm wissen würden, was die Welt über ihn denken sollte! Wie kann etwas Geistiges fortbestehen, das sich nicht irdisch verfestigen darf? Er nahm die Knieschnalle an seiner Hose, mit der er seinen Kalender ritzte –

bald ein Jahr lang zählte er die Tage – man schnitt ihm die Schnalle weg – endlich war's eine Gabel, die er schwärzte; ins Liederbuch kratzte er seine Gesänge – auch das nahmen sie und rissen es an sich.

Jetzt war er kaum mehr der Schubart, kaum mehr eine Seele, kaum mehr ein Hirn – er fiel ins Unsichtige hinab. Da unten, in der Mitte des wirbelnden Entsetzens, krampfte er sich an. Er schlug die Bibel auf und fand im Buch Hiob sich selber: mit Schwären und Grind, verworfen, verachtet, kriechend im Unrat – und verhöhnt: Müde, müde . . .

Dann weinte er haltlos, schluchzte wie ein trauriges Kind, ohne Gedanken.

Im Herbst hörte er den Sturm, ohne einen Luftstrom zu fühlen – knisternd wehte es herein, ein einziges welkes Blatt, braun gerollt, die Form verzerrt, ein Lindenblatt. Er hatte den mächtigen Baum damals gesehen, als sich die letzten Eindrücke von der Welt draußen in seine verstörten Sinne brannten – als er hereingeführt worden war. Er hob die Blattmumie auf und hauchte sie an. Er hoffte mit aller Kraft, sie möchte leben, diese tote Seele, das ausgedorrte Herz. Er legte die Hände als schützende Wölbung darüber und spähte durch die Spalten. Draußen tappten Schritte – das Essen. Er erschrak, drückte unbewußt gegen die zerbrechliche morsche Form und spürte sie zwischen den Fingern zerbröckeln.

Als er gegessen hatte, lehnte er an der Mauer und wartete auf ein neues Zeichen, den winzigsten Trost: Ein neues Lindenblatt. Er sagte sich Verse vor und prägte sie sich ein:

„Aber ach, mein Herbst ist gekommen
So früh ist schon mein Herbst gekommen,
Das Schicksal blies mit kaltem stürmendem Odem
Und meine Blätter fielen. Fern ist meine Liebe

Meine Kinder sind ferne
Der schwarze starre enthaarte Ast
Vermag nicht mehr zu schatten die Lieben."

Es wurde kalt. Schubarts Glieder taten weh; Schwindel und Schwäche machten ihn taumelig, er tastete hilflos an den Wänden hin. „Totgesprochen, abgenabelt vom Blutstrom der Welt" hockte er in seinem „Felsenbauch". Es drang nichts zu ihm, nicht einmal ein ahnungsvoller Traum, wie er ihn sehnlich herbeizwingen wollte – keine Ahnung von Helenens Gedanken – alles in einer unsichtigen Schwärze begraben. Ein Jahr lang! Er hatte nur erfahren, daß man seiner Frau ein Jahresgehalt von 200 Gulden und seinen Kindern Freistellen in den herzoglichen Eliteschulen verschafft hatte – eine Sorge war ihm abgenommen.

Aber er selber wußte, jeden Tag deutlicher und furchtbarer, daß er sein stinkendes Elend nicht mehr lang ertragen konnte. Er sträubte sich noch immer gegen den Schmutz, gegen die Würdelosigkeit, gegen das laue Versinken ins tierische Vegetieren. Aber er hatte so viel Kraft daran verschwendet, menschlich zu bleiben und das Schauerliche abzulehnen, nicht anzuerkennen, daß er fast keinen Widerstand mehr hatte – wenn es noch lang so ging, würde er sich „bescheiden" müssen, aufgeben, sich fallen lassen, und jede Vorstellung von „Menschendasein" aus seinem Gedächtnis streichen, ein Tier werden, das sich mit dem Fraß zufrieden gibt, den man ihm gönnt.

Er weinte jetzt oft; seine Nerven versagten; er wütete kaum mehr, dämmerte hin. Da fiel ihm plötzlich, ungerufen, eine Melodie ein, eine Arie, die er einmal auf dem Klavier variiert hatte: „Lascami, o ciel pietoso, lascami respirar!" Das hatte die Pirker gesungen, die berühmte Primadonna, die wie er eingekerkert worden war, hier und auf dem Twiel, und die acht Jahre wider-

standen hatte: „Laß, barmherziger Himmel, mich atmen!" Sie war frei geworden, er hatte sie in Heilbronn
besucht – heiser, gebrochen – aber ein Beispiel blieb sie
noch. Singen! Konnte er nicht singen? Er versuchte es,
eine traurig hingeschleppte Weise aus der dumpfen
Kehle – aber doch Gesang! Dann endlich schlief er ein;
irgend etwas war gelöst, wiedergewonnen – er konnte
sich wieder ertragen.

Eines Morgens, es war am 3. Februar 1778, kam
Rieger gertenschwingend, mit verkniffenem Lächeln.
„Steh Er auf, Mensch, eine Überraschung hab ich für
Ihn – eine große! Serenissimus sind so grundgütig, so
edelgesonnen!"

Schubart schnellte in die Höhe, raffte den faserigen
Schlafrock zusammen und fuhr in die Schuhe. „Also . . . doch?"

Rieger gab keine Antwort, der stumme Wärter
schlurfte herein und trug Wäsche und Kleider hinaus.
Schubart folgte dem Kommandanten gespannt, taumelnd durch Gänge und über eine Treppe. Eine Tür
wurde aufgeschlossen: Heller, größer, luftiger zeigte
sich ein Raum vor ihm, mit trockenem Boden und einem Fenster, aus dem er den Vorplatz der Festung sehen konnte. Das mußte ein Durchgang sein, vielleicht
ein zeitweiliger Aufenthalt zur Vorbereitung, ehe er
ganz frei wurde! Schubart versuchte, dem Kommandanten die Hand zu küssen. Der lachte breit: „Hier
läßt sich's die nächsten Jahre schon aushalten!" – Schubart brachte kein Wort heraus.

Der Entwürdigte

Am 11. Februar, zu Carl Eugens 50. Geburtstag,
verlasen die Pfarrer von den Kanzeln seinen Erlaß:
„. . . Wir sehen den heutigen Tag als eine zweite Perio-

de Unseres Lebens an, Wir sehen den heutigen Tag als einen erneuerten Geburtstag der Liebe, des Gehorsams, der Treue, des Vertrauens Unserer lieben und getreuen Untertanen an; ja, Wir sehen ihn an, diesen Tag, als von Gott geschenkt, um alle Unsere wahrhaft getreuen Diener und alle Uns so nahe am Herzen liegenden Untertanen von neuem Unserer landesväterlichen Gnade, Huld und Fürsorge versichern zu können.

Versicherungen allein sind aber Unserem landesväterlichen Herzen keine Sättigung, keine beruhigende Sprache gegen Unsere Diener und Untertanen; Beweise, auf die Rechtschaffenheit des Landesherrn gebaut, werden Unserer Sprache die Kraft geben. Das so unzertrennliche Wohl Unserer lieben und getreuen Untertanen mit der Wohlfahrt des Staates, die pünktliche Ausübung der Gerechtigkeit ohne Ansehen des Standes und Würde, die Sicherheit eines jeden in der Sicherheit des Ganzen, Unsere beständig offenen landesväterlichen Arme gegen den Notstand eines jeden Unserer lieben und getreuen Untertanen, die genaueste Aufsicht auf den Verbesserungsstand ganzer Kommunen und einzelner Mitglieder derselben, dies alles solle mit Unserem zweiten Geburtstag auch in Uns aus wahrer landesväterlicher Liebe und Neigung gegen Unsere lieben und getreuen Untertanen neu geboren werden."

Schubart hörte nichts davon; doch Helene erfuhr es noch am Abend des 11. und fieberte: Jetzt würde der Herzog auch ihren Mann seine neue Gesinnung spüren lassen . . . Aber nichts geschah. Der Gefangene holte tief Luft, breitete die Arme aus und begrüßte den weiteren Ausblick, ein Stück rötlichen Winterhimmel, einen Flecken Burghof, Mauer, und im Schnee hie und da ein paar Kinder, krabbelnd und laufend und raufend; es wurde ihm heiß vor Freude, mächtig stieg ihm auf einmal die verschüttete Liebe zu allen Geschöpfen auf, er hätte alle Hände halten, die Gesichter streicheln mögen, Anruf und Antwort waren so nah – aber sie schwiegen wie Geschöpfe des Hades. Er beobachtete, was drunten vorging: Wie die Soldaten die Köpfe hoben, nickten, deuteten, wie die Mägde oder eine Dame, ein Offizier heraufschauten – er öffnete das Fenster, aber alle zuckten zurück. Niemand durfte ihn anreden.

Und er sah mehr: Seither hatte er nur gehört und konnte sich manchmal damit trösten, er habe sich getäuscht, wenn er ein Stöhnen, einen Schrei, Rasseln und Poltern und Klatschen aufnahm: Vielleicht spielte ihm die überhitzte Phantasie den Streich, ihm Ketten, Stürze, Hiebe und Schläge vorzuspiegeln? Jetzt sah er die Trüppchen Gefangener vorbeitrotten, gebückte stumpfe Gestalten, sah die Fesseln und die Bajonette der Wachmannschaften, schwer gezerrte Karren voller Steine, keuchend geschleppte Lasten. Grausam sind Menschen – dachte er schaudernd, und grausamer, je besser sie leben. Aber daß Rieger so zynisch böse sein konnte, der selber gelitten hatte – das verstand er nicht. Der Hochgestellte, „nächst der Krone", wie er sich selber genannt hatte, war ein unentbehrlicher Mann gewesen als Soldatenwerber und Entdecker immer neuer Geldquellen – und dann der Sturz! Carl liebte äußerste Dramatik: Auf der Parade wurde Rieger eigenhändig vom Fürsten degradiert und ohne Verhör und Verhandlung in ein Loch auf dem Hohentwiel geworfen. – Jetzt freilich war's bekannt – und der Chronist hatte es noch glaubhaft erfahren –, daß alles auf einen gefälschten Brief des Grafen Montmartin zurückging, der den Rivalen ausschalten wollte.

Schubart schüttelte sich: Gehalten wie ein Vieh – wie sollte der Mann seine Haltung bewahren? Er war ein Heuchler geworden, ein Frömmler, ein höhnischer Verächter, der sich selber Demut und Glauben vorspielte – sich und anderen, damit er als frommer Mann wieder zu Gnaden käme. Er war in Gnaden, wahrhaftig, und übte sein Amt wie einer eine Rolle übt – sehr pathetisch, sehr beteiligt, schwelgend in Selbstbespiegelung, innerlich abgestorben wie eine Mumie und doch voller Ideen für seine verzweifelte wahnsinnsnahe Pädagogik.

Schubart hörte die dünnen Glockentöne aus der Festungskapelle, und sein weiches Gemüt wurde sofort zur Andacht gestimmt. Er betete und senkte seine Gedanken wie zähe Wurzeln schmerzhaft bohrend in sich hinein in dem Drang, immer mehr und weiter und extremer sich zu zerquälen, da er anders nicht vor sich hinstellen, aus sich herauswerfen konnte, was ihn zu vernichten drohte.

Da erkannte er unverhofft: Was mir hilft gegen das Ungeformte und doch erdrückend Gegenwärtige, ist nur die Gestaltung! Ich muß es schreiben, festhalten, umreißen, ich muß ihm Kontur geben, damit es mich – und vielleicht alle, die so leiden wie ich – nicht auslösche. Schreiben! Wilder und dringender als je wußte er, daß dies sein Atem war.

Rieger kam jetzt oft. Jedesmal ließ er den Dichter niedergeschlagener zurück: Er wisse selber, er, Rieger, was der Mensch für ein Irrsal von Gewürm und Unflat sei und wie kaum möglich seine Reinigung! Und Schubart sei zu tief im Sumpf gewesen und stetig tiefer darin versunken – deutlichstes Zeichen dafür sei's doch, daß er die Obrigkeit, des Herrn gesalbte Vertreter, freventlich angespien. Jedes Aufmucken und Sichsträuben sei ja gegen Gott selber gerichtet. Nach solchen Ergießungen schwieg der Kommandant meist eine Weile, um dann plötzlich aufzufahren, mit Emphase seinen Hut aufs Haupt zu stülpen und mit den Augen des „zerknirschten Sünders", ein sich steigernder Schauspieler, in die alte Klage auszubrechen: „Niemand hat das alles besser an sich erfahren denn ich selber, ich war ein Verächter und bin bekehrt. Dank der himmlischen und irdischen Gnade!"

Gegen den Sommer zu, als Schubart die Zweige der Linde wiegend im leichten Wind sah, mit dunkleren herzförmigen Blättern, kam Besuch: Conrad, der Bruder aus Aalen, trat herein. Schubart umarmte ihn, er weinte, er fragte scheu, wie er gereist sei, und dankte, daß er's gewagt habe, denn er fürchtete den Tadel des Korrekten, da doch auch Schande dabei war, einen eingesperrten Bruder zu haben ...

Dann kam Hahn, der Mechanikerpfarrer, wieder – tröstend und mit seiner ausgleichenden Güte versöhnend. Und ihm endlich konnte Schubart sagen, was ihn noch kaum bewußt seit langem umtrieb: Ob er nicht meine, man mißbrauche Gott und sein Gebot dazu, ihn, den Wehrlosen, ganz klein zu machen, da man ihn in der Politik, in der jetzigen gegenwärtigen Welt, nur eben so kleinmütig haben wolle? Er könne mit solchen Gedanken nicht mehr gläubig bereuen, er wolle Gott hören, nicht die „– o verzeihen Sie mir, edler Mann, Sie wahrer Diener Christi! – nicht die selbstgerechten, sich selber belügenden Großen, denen das heilige Wort nur ein Mittel ist, mich und viele andere nach ihren Wünschen zu kneten. Ich hab nie vergessen, was mir einer, der eben hier eingeliefert war, im Hof draußen zugeflüstert, im Vorbeistreifen, des Spezials Wort über mich: ‚Man muß ihn festhalten, bis er sich anstinkt, moraliter et physice'!"

„Der Zilling?" fragte Hahn entsetzt, „ein Diener der Kirche? O Heiland! – Vielleicht, Schubart, ist Ihnen das scheußliche Wort zugestellt worden, daß Sie größer und höher fliegen auch als die geistlichen Hirten? Ich nehme mich selber nicht aus." Er griff nach Schubarts Händen. „Lassen Sie sich nicht verwirren, Lieber! Ich kann nicht lügen: Zu fürchten ist's, daß manch ein

160

Großer der Welt unwissend oder absichtsvoll Gott und sein Wort mißbraucht, um Menschen zu unterwerfen. Es ist zu fürchten, Schubart, und es wäre wahrhaft fürchterlich!"

Der Gefangene saß mit hängendem Kopf vor ihm. „Beten Sie, Pfarrer", bat er dann.

Im Juli führte man Schubart wieder in ein anderes, etwas dunkleres Gelaß. Man brauche das alte hellere, murmelte der Wärter, vorsichtig herumschauend, da er das strenge Schweigegebot brach; aber als Schubart geduckt dann auf dem Stuhl saß, den man ihm gegönnt hatte, entdeckte er, daß neben ihm hinter der Mauer ein Wesen sich rührte – ein Mensch, ein Mitgefangener, den er hören konnte! Eine Weile saß er ganz still; er hatte sofort verstanden, was das hieß: Unter dem Ofen hindurch, der jetzt kalt war, mußte es eine Verbindung geben!

Der andere rief, er fragte, Schubart berichtete, auf dem Boden liegend; aber sie verstanden sich, tauschten ihre Schicksale aus – der andere dankte einer brüderlichen Intrige seine jahrelange Haft. Doch er hatte wenigstens ein Klavier, hatte Bücher und Papier und Feder, hatte gerade das, was Schubart so glühend verlangte: Manchmal zieht mein Wunsch das Unmögliche heran, dachte er, ich bin ein Magnet – Gott, Gott! Mein Schreiber kann der da werden!

Schubart hatte im sinkenden Jahr, als er sich schwach und elend fühlte, mit einem Nagel auf ein Papier geritzt, was er seiner Helene noch sagen wollte: der „andere" hatte ihm den Fetzen zugeschoben. „O du meine Liebe, du einzige auserwählte Freundin meines Lebens, du einsame Übrige! Meine Kinder, o meine Kinder! Erzähl ihnen meine Fehler, meine Reue, und erfleh ihnen von Gott die Klugheit, gleicher Schande zu entfliehen!"

Dem Nebenmann, einem Herrn von Scheidlin, diktierte er nun hie und da mit halber Stimme, was er erlebte und dachte.

Der gütige Hahn kam im November und verschrieb ihm eine Seelendiät, gab ihm eine neue Bibel und andere geistliche Bücher, vor allem legte er ihm Oetinger ans Herz, den geistlichen Freund des Mystikers Swedenborg. Hahn wenigstens meinte es ehrlich mit ihm.

Aber systematischer arbeitete Rieger. Tropfenweise gab man ihm „Gnaden", ließ ihn Selbstverständliches als Lebensrettung dankbar empfangen, ließ ihn – am zweiten Jahrtag seiner Einkerkerung – endlich am allgemeinen Gottesdienst teilhaben, Menschen um sich, ein doppelt Gedemütigter in der Gesellschaft der Entwürdigten. Erschüttert sah er zum erstenmal den vergreisten Zellennachbarn und verglich ihn mit dem Phantasiebild, das er sich, nur aufs Gehör angewiesen, von ihm gemacht hatte. Das Horchen nach draußen, das blinde Lauern, war ihm wie einem Maulwurf zur nahezu einzigen Verbindung geworden, Leben hieß Gerassel und Trappen, Kreischen und Knirschen. Er merkte, je länger er sich ausgeschlossen fühlte, wie er abstumpfte, vergraute und verschliß, gleich einem alten Kleid, das keiner mehr pflegt und schmückt. Es gab schwache Blitze, die als Goldfäden das Grau durchschossen: Einfälle, Hoffnungen, manchmal Besuche. Aber danach die grauenvolle Dämmerung, immer wieder. Eine „Gnade" war's denn auch, daß man ihm zu schreiben erlaubte – freilich nur, was Rieger diktierte, und wenn das Skriptum fertig war, nahm man ihm Feder, Tinte, Papier wieder weg: Scheidlin, dem das alles zustand, schob ihm dann heimlich Blätter und eingetauchte Federn unter dem Ofen zu. Er schrieb die geistlichen Lieder, die ihm Hahns Unterricht eingab; er bat ums Abendmahl, das er seit seiner Exkommunikation vor acht Jahren nicht mehr genießen durfte.

Der Dekan Zilling befand, da ihm „der Schubart

nicht allein als ein sehr leichtsinniger, sondern auch als ein listiger ... Mensch" bekannt sei, so möchte man „vordersamst erforschen, aus was für einem Grund und Trieb der Schubart zum Heiligen Abendmahl admittiert zu werden verlange?" Rieger, endlich doch angerührt von Schubarts Ernst, vermerkte, daß es kein unmäßiges Verlangen nach Wein sei, was den Gefangenen treibe. Doch die „Kommunikation mit dem Erlöser" wurde dem Sünder noch immer nicht gewährt.

Riegers Umschwünge quälten Schubart. Seltsam schien ihm auch, daß der Oberst ihm andere als geistliche Lektüre brachte: Schillers „Räuber", das Werk des unfreundlich beobachteten, rebellischen Regimentsmedikus, das ganz neu herausgekommen war. Schubart sollte es rezensieren. War das eine Falle? So ein Werk voll wilder Bilder duldete der Kommandant im Hause? Schubart las, deklamierte, weinte, tobte vor Begeisterung: Die Fabel stammte von ihm selbst, die „Geschichte des menschlichen Herzens!" – Danach wurde Schubart still: Den sprechen, sehen, hören können, der das gewagt hat! Nicht lange danach kündigte ihm Rieger Besuch an: Ein Dr. Fischer wolle ihn kennenlernen, ihn, das – Rieger lächelte seltsam – „warnende Exempel für alle Rebellen". Schubart zog den Kopf ein. Es klopfte. Rieger schob einen großen überschlanken Jüngling herein, hageres Gesicht, dünnes rotes Haar, eine mächtige schmale Nase. Er begrüßte den Gefangenen mit ausgestreckten Händen, seine kleinen grauen Augen waren blau durchschienen, als phosphoreszierten sie.

Rieger stellte sich beiseite. „Schubart", näselte er, „Er hat doch das neue Stück des Dr. Schiller gelesen, des Regimentsmedikus Seiner Durchlaucht, und eine Rezension darüber verfaßt – es ist Ihm dieserhalb kürzlich eigens Papier und Schreibzeug zugegangen – trag Er's uns jetzt vor, was Er geschrieben!"

Schubart sah verlegen auf, kramte gehorsam das Blatt aus der Lade und las, mitgerissen und als rede er Innerstes, das er sonst verschwieg. Der Gast schaute ihm ernst zu.

Rieger hob die Hand: „Genug! Das hier ist der Autor!"

Schubart wurde blaß, er sprang ungeschickt auf und stieß den Stuhl um. Dann warf er sich weinend an Schillers Schulter, der ihm beruhigend zusprach.

Schiller kam noch ein paarmal, dann blieb er aus. Der Kommandant hatte sein Schauspiel gehabt; er bemerkte gelegentlich mit einem verärgerten Lachen, der junge Kerl sei in Ungnade, wie sich ja schon länger hätte denken lassen, so daß ihm Serenissimus das weitere Geschreibe untersagt hätten.

‚Das warnende Exempel für alle Rebellen' – deshalb hat er ihn zu mir geführt, dachte der Gefangene erschüttert, und er hat's hoffentlich beizeiten verstanden, besser als ich. Tolpatsch, der ich war, bin in die Falle getappt und sitz' wie der Fuchs im Eisen, sitz', bis mir Füß und Hände schwarz werden – wenn's dem Gnädigen nicht eben beifällt, mich in einer rosigen Laune – da ihn seine Franzel duftig geweckt – loszulassen!

Noch ein Jahr. Der Herzog war auf der Veste gewesen. Schubart beobachtete das Exerzieren, das Gerenne, Geputze, Gehetz, er hörte Kommandos und sah Rieger in großer Gala drunten aufziehen, die Wachkompanie formieren, höchstselbst, und hörte, wie er einen Leutnant abkanzelte. Dann kamen die Vorreiter, die Karossen, es ging um die Ecke, er sah nichts mehr als die präsentierenden Soldaten.

„Er kommt herauf, er kommt herauf!" murmelte er beharrlich, als könne er Carls Schritt hören. Schnell fuhr er sich übers Gesicht, versteckte den Schwamm, kämmte das Haar aus der Stirn, zwirbelte zitternd am Zopf. Er drehte sich um sich selber, aufgeregt musternd, ob alles in Ordnung sei in der Zelle, legte die Bibel aufgeschlagen hin und setzte sich davor. Trommeln draußen – Marschtritt, Trommeln – Rädergerassel, ein Pferd wieherte, er lief ans Fenster: Der Herzog stieg ein, winkte mit der Hand im weißen Stulphandschuh, ein Lakai schlug die Wagentür zu.

„Weg – er ist nicht hereingekommen", sagte Schubart zur Tür hinüber und gleich darauf korrigierte er sich: Wie kann er auch? Zu jedem einzelnen, es sind Hunderte und mehr hier oben, er wird Anweisung gegeben haben und der Rieger liebt das Dramatische: Er will's mir in einer großen Szene ansagen, daß er meine Freiheit verfügt hat! – Er wartete, ein Tag ging hin und noch einer. Er fragte den Essenträger, ob nichts Besonderes über ihn beschlossen sei seit des Herzogs Hiersein. Der schüttelte den geschorenen Kopf.

Rieger kam, diesmal mit einem Pack Schriften, die Schubart sichten sollte: Aspergbibliothekar, wie ehrenvoll! Als er sie hinlegte, brummte er etwas wie: Wichtiges sei des mehreren im Schwange; das konnte nur heißen, Carl habe für ihn – er werde bald –. Er warf sich aufs Bett und weinte.

Rieger blieb ein paar Tage aus. Als er sich endlich wieder zeigte, wagte Schubart die Frage.

Rieger wandte sich weg; es sei eine Andeutung ergangen, man hätte wohl meinen können – aber, nun, er habe ja doch hierorts genugsam zu tun und nichts zu leiden, er werde es wohl noch eine Weile so prästieren . . . Die Tür fiel zu, wurde verriegelt.

Prästieren! Aushalten, bis ich verfault bin! So äfft er mich, wie die Katze die Maus – ein Schlag ins Genick, lahm kriech ich vor seinen Krallen, dann schnappt er ein bißchen, das hochfürstliche Raubtier, schnurrt auch und streichelt und haut zu, und dann läßt er die geschundene Maus wieder kriechen, einen Schritt, zwei, bis er wieder Lust hat, mit ihr zu spielen!

Er rannte in der Zelle herum, von der Tür zur Wand, ans Bett, ans Fenster – dann klopfte er Scheidlin – aber als der sich meldete, konnte Schubart nicht reden, er weinte nur.

Scheidlin sprach hockend unter dem Ofen durch: Stumpf werden wie ein schartiges Messer, nichts fühlen, nichts wollen – nur so gehe es weiter.

Schubart hörte nicht zu. Er sah plötzlich Carl Eugens rotes volles Herrengesicht, die Augen unter dicken Lidern vorspringend, die Papageiennase mit den geblähten Flügeln, die weißen Haartollen an den Schläfen – und sah das alles plötzlich verbleichen, zerfallen, zu einer grauen Maske verwittern, gelbe Haarsträhnen, leere Augenhöhlen, ein schmieriges Loch unter der Stirn, bleckende Zähne – so, ganz so, wird auch er sein, wenn er fault – dagegen ist kein Dekret und keine Salbung zur Hand, und keine Medici haben Macht gegen den Tod! Dann wird er mir gleichen, nichts Höheres denn ich, der ich hier verwese.

Er lief wieder auf und ab. Im Takt der Schritte wuchsen Verse, er redete laut vor sich hin: „Da liegen sie – die stolzen Fürstentrümmer – ehmals die Götzen ihrer Welt!" Er erinnerte sich mit einer hellseherischen Klarheit an seinen Besuch in der Münchener Fürstengruft: Schiefes schütteres Licht, Sarkophage, Gewölbe, Namen und Skulpturen, liegende Steingestalten. Damals hatte er mit Pietät darüber hingeschaut, nur ein bißchen pathetisch das „sic transit gloria mundi" zitiert. Jetzt war das Bild wieder da, aber anders, unwiderstehlich, und mit ihm die Verse. Er rief Scheidlin an: „Schreib, Mensch, es muß heraus aufs Papier! Schnell, eh der Kerl mit der Abendsuppe da ist!"

„Da liegen sie, die stolzen Fürstentrümmer
Ehmals die Götzen ihrer Welt!
Da liegen sie, vom fürchterlichen Schimmer

Des blassen Tags erhellt.
Die alten Särge leuchten in der dunklen
Verwesungsgruft, wie faules Holz;
Wie matt die großen Silberschilde funkeln
Der Fürsten letzter Stolz!"

Scheidlin kam nicht nach, wiederholte . . . Schubart
lief immer noch auf und ab.

„Da liegen Schädel mit erlosch'nen Blicken
Die ehmals hoch herabgedroht,
Der Menschheit Schrecken, denn an ihrem Nicken
Hing Leben oder Tod!
Nun ist die Hand herabgefault zum Knochen,
Die oft mit kaltem Federzug
Den Weisen, der am Thron zu laut gesprochen,
In harte Fesseln schlug!"

Scheidlin seufzte: „Freund! Sag das noch einmal!"
Und Schubart stöhnte sein: „. . . in harte Fesseln!"
heraus.

„Zum Totenbein ist nun die Brust geworden,
Einst eingehüllt in Goldgewand,
Daran ein Stern und ein entweihter Orden
Wie zween Kometen stand . . ."

„Halt doch", bat Scheidlin, „ich komm nicht nach –
du meinst das Goldene Vlies? Ja? Und wenn's jemand
bei mir findet, dein Gedicht? Dann sind wir beide
schneller als er ‚herabgefault' – die lassen uns keinen
Hauch mehr von Leben! Weißt das auch?"
Schubart lachte gellend. „Endlich bin ich's wieder –
und ich nehm's auf mich ganz allein – sag, ich hätte
dich gezwungen, mit meinem Erhängen bedroht – sag,
was du magst, wenn ich tot bin – aber schreib's!"

Scheidlin kritzelte weiter:

„. . . die Hunde nur und Pferd' und fremde Dirnen
Mit Gnade lohnten. Und Genie
Und Weisheit darben ließen; denn das Zürnen
Der Geister schreckte sie."

Es dauerte manchen Tag, bis der heimliche Schreiber fertig war; das Gedicht war lang: Soldatenverkauf, unversorgte Kriegskrüppel, Wildschaden an den Äckern der armen Landleute – Scheidlin wurde immer ängstlicher, da sich ein genaues Bild Carl Eugens abzeichnete und Schubart beständig noch neue Züge fand und einfügte – endlich, Scheidlin wagte nichts mehr zu sagen, diktierte der Dichter die Schlußperioden, einen versöhnlichen Abgesang auf die „besseren Fürsten", denen „wie Sternenklang des Richters Waage" klinge, weil sie „zu herrschen wert gewesen".

Schreibverbot! Noch immer! Hätte er den Scheidlin nicht gehabt! Ja, man wird an dem gestraft, womit man ‚gesündigt' hat! Schubart sagte es wütend unter dem Ofenloch hinüber.

Scheidlin war ein trüber Duckmäuser geworden, vielleicht war er's schon immer gewesen, heimtückisch liebedienerisch dem Wärter und mehr noch dem Halbgott Rieger gegenüber – aber für Schubart wachte noch ein dünnes Flämmchen echten Mitgefühls in ihm auf und wuchs sogar in den Gesprächen mit ihm. Er schrieb, was der Dichter wollte – auch persönliche Bekenntnisse, und schmatzte nur manchmal genüßlich dabei, wenn ihm eine Stelle gefiel.

Dann verfielen sie immer mehr darauf, Papier und Feder hin und her zuschieben, sei's, daß der Schreiber keine Lust mehr hatte, oder daß Schubart nicht alles hinübersagen mochte, was ihn quälte; vor allem aber wohl, weil er selber die Gefahr auf sich nehmen wollte,

168

die eine Entdeckung der Zettel gebracht hätte. Unter den Steinfliesen, unter lockeren Platten, versteckte Schubart seine Notizen.

Endlich erhielt er Feder und Papier; freilich mußten alle Briefe und Manuskripte dem Kommandanten gezeigt werden. Er wußte nicht, daß der Genosse drüben sich die „Fürstengruft" abgeschrieben hatte. Und da er manchmal, öfter als Schubart, Besuche bekam, war sie hinausgelangt. Im „Frankfurter Musenalmanach" wurde das Werk gedruckt, ein Jahr später im „Frankfurter Museum" – Schubart hörte durch Scheidlins Besucher davon und erschrak; aber man versicherte ihm, daß man's ohne seinen Namen wiedergegeben habe; und er schrieb danach über das einzige Exemplar, das er sich noch immer unter dem Fußboden verwahrte: „facit in iracundia versum".*

Was er dem Schreiber nicht diktieren mochte, waren Gedanken an Helene, Heimweh, Bedrängnisse:

„Und nun martert mich die Liebe
Einsam, ohne Trost von dir
Wilde ungezähmte Triebe
Brausen schäumend auf in mir."

Er lächelte selber am Tage über seinen schwülstigen Erguß, und doch war's schwer genug, so abgeschieden, abgetrennt von allem Menschlichen und Gesunden und Natürlichen in erzwungener Askese zu leben. Manchmal, gelöster, sang er zum Mond hinauf, den er mühsam lauernd beobachten mußte, wenn seine Bahn gerade das Fenster erreichte. Rhythmus und Atmosphäre seines Liedes schienen ihm selber von dem silbrigen Licht eingegeben, das unwirklich gläsern und kalt „hereinzitterte wie aus einem Kelchglas voll Tränen".

* Übersetzung: Vers in Zorn verfaßt

„O Mond, noch immer trübe
Blickst du aus weißem Flor,
Bescheinst du meine Liebe?
Sieht sie nach dir empor?
Kniet sie in ihrer Kammer
und betet sie für mich?
So stille ihren Jammer
O Mond, ich bitte dich!
Kühl sie mit Himmelslüften,
Wenn ihre Wange glüht,
Und sie in deinen Düften
Mich Armen schweben sieht.
Ach, meinem Arm entrissen
Weint sie vielleicht um mich,
Und uns're Blicke küssen
Auf deiner Scheibe sich."

Er wischte sich die Augen und dachte sich, ruhiger
geworden, in der vollen Scheibe des Mondes wohnend,
von dem er als „ein Wölklein vorüberziehen" werde,
um für sie zu beten:

„O Trost, nun klag ich nimmer
So wütend meinen Schmerz,
Denn Hoffnung, hell vom Schimmer
Des Monds, erquickt mein Herz."

Er schrieb nun oft, Scheidlin mußte die Bogen be-
schaffen und ihr Verschwinden erklären, wenn danach
gefragt wurde.

Draußen in der Welt – wie Schubart es nannte –
draußen, unerreichbar für den Eingekerkerten –
kämpften die amerikanischen „Kolonisten" gegen das
britische Mutterland um ihre Unabhängigkeit, und
Frankreich half ihnen gegen England; es verfing sich
damit noch mehr in eine unhaltbare finanzielle Notla-

170

ge, die Empörung gegen die Luxuswirtschaft der Krone, den korrupten Adel, die verderbte Geistlichkeit schwoll an – es zog sich etwas zusammen, wie Schubart schon in seinen letzten Chroniknummern hellseherisch vorausgesagt hatte – aber nun, wo es zu knistern begann, war ihm die Rede verboten. Er hatte keine Zeitungen, kaum mündliche Botschaften, die hie und da über „Besucher unter Kontrolle" andeutend zu ihm drangen.

> „Gefang'ner Mann, ein armer Mann,
> Durchs schwarze Eisengitter
> Starr ich den fernen Himmel an
> Und seufzt' und weine bitter . . ."

Jetzt fand er den Ton seiner ersten Lieder von neuem, sie klangen ihm wie Volksweisen im Ohr und wurden, hockend und flüsternd, irgendwie aufgezeichnet und bewahrt.

> „ . . . Mag sehen nicht die Blümlein blühn,
> Nicht fühlen Lenzeswehen,
> Ach, lieber säh ich Rosmarin
> Im Duft der Gräber stehen."

Das schrieb er schnell, als würde es ihm vorgesagt, Vers für Vers, und fast ohne Korrektur.

> „Mich drängt der hohen Freiheit Ruf,
> Ich fühl's, daß Gott nur Sklaven
> Und Teufel für die Ketten schuf,
> Um sie damit zu strafen,
> Was hab ich, Brüder, Euch getan?
> Kommt doch und seht mich Armen!
> Gefang'ner Mann, ein armer Mann!
> Ach, habt mit mir Erbarmen!"

„Dauer ist ein fürchterliches Wort!" sagte er einmal zu Scheidlin. „Man kann im Kerker wenig neues schaffen, es erdrückt einen, so verachtet, so beschnitten und beschwert zu liegen."

Scheidlin lachte dünn dazu: „Das kennen wir alles. Mußt halt ein Vieh werden, dann tut's nimmer so weh." – Vielleicht war das wirklich die einzige Art, sich am Leben zu halten – aber was für ein Leben? Er suchte im Fensterloch nach einem Stück Horizont, nach den Lindenzweigen. Es war Herbst, wieder einmal, dünn und scharf zeichneten sich die Äste vor dem blitzendhellen Oktoberhimmel ab, wehten, wankten; er sah, wie sie sich krümmten, stöhnten im Wind, den er hören konnte. „Warst so schön, breitwipfliger Baum / Als dir schwollen die Knospen" ... das Lied, das ihm die Linde damals eingab, sein schönstes, wie er meinte, endete mit dem Vers:

„Aber ach! Mein Herbst ist gekommen
So früh ist schon mein Herbst gekommen."

und dann:

„Fern ist meine Liebe, meine Kinder sind ferne
Der schwarze starre enthaarte Ast
Vermag nicht mehr zu schatten die Lieben!"

Er wiederholte es sich oft, änderte, modulierte. Scheidlin sprach mit, um es auch bald auswendig zu können.

Nach demütigendem Hin und Her gestattete man dem „geistlichen Patienten" eine Erfüllung: Das Abendmahl. Er hatte so oft und so dringend darum gebeten, diese Aussöhnung mit der Kirche und mit Christus zu genießen, daß auch Zillings borniertestes Einreden endlich nicht mehr halfen – er nahm das Zeichen der Vereinigung, des helfenden Opfers, mit aller Andacht und Erschütterung, mit Tränen, als einen neuen Anfang seiner inneren Bahn.

Scheidlin nebenan hielt sich still, er wagte nicht einmal zu spotten, als der Pfarrer Payer gegangen war.

Es wurde Mai, der sechste Frühling seiner Gefangenschaft – und draußen auf dem Platz wurde exerziert. Es rasselte, quietschte und knarrte, Karren wurden gezogen, Stiefel klapperten über das Pflaster, Kommandos schnarrten herüber. Schubart schwindelte, sein Atem ging schwer, seit dem Winter plagte ihn ein Husten, die Luft wurde ihm schal. Er trat ans Fenster und versuchte drunten die Gestalten zu unterscheiden, während ihm die Augen schwammen. Plötzlich erstarrte der Kader, unmenschlicher noch als zuvor die Geräusche war jetzt das Verstummen aller Laute. Ein einzelner harter Stiefelschritt klang unverkennbar herauf: Der Kommandant inspizierte persönlich.

Schubart wich zurück. Die scharfe Stimme plagte ihn. Drunten schien eine wilde Schreierei im Gang: Rieger tobte wieder einmal; ein anderer, vielleicht ein Offizier, meldete und setzte zu einer Erklärung an, dann klatschten Schläge. Jetzt stand Schubart doch wieder an der Scheibe. Ein Soldat krümmte den geprügelten Rücken – höchstselbst schlug der Kommandant zu, und zwei Kameraden mußten den Gestraften halten. Schubart riß das Fenster auf.

„Herr! Herr! Höret auf!" schrie jemand. Dann zog sich die Gruppe aus seinem Blickfeld. Er hörte ein schluchzendes Röcheln, einen Schrei – „verflucht der Hund, so mich zum Krüppel schlägt!" glaubte er zu verstehen. Dann trugen sie eine gebogene Gestalt vorbei, den Geschundenen, und dann liefen sie wie die Ameisen, wimmelnd aufgescheucht zurück. Wieder –

„bin ich klar bei Verstand oder seh ich Visionen? Es wiederholt sich ja alles?" – dort schleppten sie wieder einen, langsam, vorsichtig, und Schubart erkannte die Uniform, sah den Kopf baumeln, die Hand schleifen: Rieger! Er spürte keinen Schwindel mehr, keine Schwäche. „Gottes Gericht!" schrie er zu Scheidlin hinüber, der sich brummend aus dem Schlaf riß.

Abends erfuhren sie vom Wärter – jetzt, da niemand mehr befahl, traute der sich plötzlich zu reden – Rieger habe den Soldaten unmäßig geprügelt, da ihm seine Montur nicht sauber genug gewesen sei. Sein jäher Zorn – man wisse ja – hatte ihm das Blut ins Hirn gejagt und „dann ist er umgefallen, hat die Augen verdreht und den Mund aufgerissen und mit ein paar Stöhnern seine Seele verschnarcht".

Scheidlin lachte böse; Schubart kniete hin und betete: „Herr, laß mich jetzt nicht rachsüchtig sein und denken: Er ist in die Hölle gefahren!"

Aber der Wärter sagte es schon: „Das ist kein seliges End!"

Jetzt kamen auch Helenes Briefe zu ihm. Julchen schrieb. Und dann, durch die Verwirrung beim Wechsel der Kommandanten begünstigt, konnte er einen unzensierten Gruß an Helene hinausschmuggeln. Der Sohn des Regimentschirurgen Henrici nahm ihn mit.

„Endlich, meine ewiggeliebte Freundin, kann ich dir einmal einen Brief zuschicken und mein Herz vor dir lüften, das noch immer so zärtlich für dich schlägt wie in den ersten Monden unserer Liebe . . . Bei dem vorigen Kommandanten habe ich viele schwere Leiden ausgestanden. Er behandelte die Menschen nicht selten wie Bestien." . . .

Scheeler, der neue Kommandant – „ein Engel, eine wahre Johannesseele", machte es ihm leichter: Schreiben, Bücher bestellen – ach, und auf den Wällen herumgehen und ins Tal hinuntersehen – die weiten schö-

nen grünen Hänge – er schwärmte, wenn er zurück-
kam, schrieb wieder Verse.

Dann führte man ihn hinaus auf einen Vorplatz und
deutete: Da stand ein Klavier! Schubart stürzte sich
darauf wie ein Rasender. Er drückte ungestüm die Tasten, ohne Harmonie, als wäre er ein Kind, nur um ihren Widerstand, fast als Liebkosung, zu spüren, dann
tupfte er Tonfolgen, griff Akkorde, kümmerte sich
nicht mehr um Gaffer und Freunde – streifte alles ab,
was um ihn war, und strömte sich aus in einem großge-
formten Fortissimo, ließ die geballte Fülle schließlich
zerrinnen, sich auflösen in kleine Bäche, Melodien,
Variationen, vermochte das zarteste Piano aus dem
nur halbgestimmten Instrument zu holen, Triller, Stak-
kati, und schickte endlich ein Scherzo wie einen Kar-
nevalszug hinterdrein, um das große Pathos zu beschließen. Dann stand er erschöpft auf und wischte die
Stirn. Musik . . . Rhythmus! Und Schreiben! Es ging
fast über seine Kraft. Unter ihm lag das Land maigrün
und silbrig – ihm verschwamm das Bild; sie mußten ihn
unter den Armen fassen und hineinführen: Freiheit und
Luft! Ein Vorgeschmack doch!

Aber was er spielend und schreibend von sich gezeigt hatte, war ihm eher zum Schaden geraten. Man
hatte gesehen, was ein dichtender, komponierender
Arrestant wert war, wie er – für den Kommandanten,
die Offiziere, die Familien, sogar für bevorzugte Häft-
linge – die Langeweile vertreiben konnte, und zudem:
Wenn er hier oben sprach und schrieb, so hatte man
ihn in der Hand und nichts fiel aus dem herzoglich ge-
zimmerten Rahmen etwa in leicht verführbare Herzen.
Man mußte ihn halten – und befand, daß die Loslassung noch sehr verfrüht und das Werk der Bekehrung
gänzlich unreif wäre. Schubart blieb auf dem Asperg.

Er schrieb an seine Frau „im sechsten Jahr". Unwillig und bedrückt erwähnte er die „Veranstaltungen",

zu denen man ihn befahl, Empfänge und Gala-Essen, Theateraufführungen und Musikvergnügen, und wenn der bissige Scheidlin sich darüber mokierte, wenn Hahn, der Seelenarzt und unermüdliche Besucher, sich merklich entsetzte, mußte Schubart ihnen recht geben. Man hatte ihn gelehrt, die weltlichen Lustbarkeiten als teuflische Fallstricke wie die Pest zu meiden, und jetzt, da man ihn wie eine Marionette handhaben konnte, waren all die „Greuel" möglich, sogar löblich zur höheren Ehre Serenissimi. Es kam in Wirklichkeit nicht auf ihn und seine „Besserung" an, nur auf Zuschnitt und Glattschliff fürs große Puzzlespiel. „Sie schnitzeln an mir herum, daß ich kriechen soll!" schrieb Schubart in sein Heft.

Scheeler, der neue Herr, war kein Zyniker. Er suchte dem Gefangenen manche Entwürdigung zu ersparen, stellte ihm die neue Ära als Bestätigung seiner Gaben dar und lud ihn oft zu sich an den Abendtisch.

Schubart selber schwankte; seine neuen pietistischen Grundsätze, so ernst er sie meinte, ließen sich unter dem sanften Zwang wohl lockern. Kaum war er vor sich selber nicht mehr nur ein „faules Stück Bosheit und Schmach", so wachte auch gleich die Lust am Spiel, am Formen, am Bilden auf und wollte den Widerhall der Hörer. Er trank gern, spaßte, verlor sich in albernen Witzen.

Der Pfarrer Hahn sah das alles besorgt. „Brot und Peitsche, die alte Methode!" sagte er einmal und schwieg dann, selber erschreckt über seine Insubordination. „Es war so eine rechte und echte Reue in Ihnen, Schubart", meinte er laut, „so tief ging's, und Gottes Antworten haben Sie gehört – das müssen Sie festhalten!"

„Aber, warum führen sie mich wieder in Versuchung?" fragte der Arrestant, „ich bin so wehrlos dagegen."

Hahn seufzte. „Es muß doch nichts Ungutes dabei sein, wenn Sie musizieren und Verse schreiben."

„Gönnt mir doch eine rechte Bahn, ein Thema, ein großes Motiv! – Aber Prologe zur Verhimmelung der irdischen Obrigkeit?"

„Gebt dem Kaiser, was des Kaisers ist", sagte Hahn, sich rettend.

„Diesem Souverän? Ich bin zu allem zu schwach."

„Beten Sie!"

Im Spätherbst erzählte die Kommandantin bei Tisch von den superben Festivitäten auf der Solitude, die man wochenlang präpariert habe zum Empfang der illustren russischen Verwandtschaft Serenissimi, von den Illuminationen und Dekorationen und Aufbauten, und von den Pferden und Wagen und Kostümen und Musiken . . . Sie und Scheeler waren dort gewesen. Beiläufig, kaum betont, fügte der Obrist hinzu: „Ja, und in allem Trubel ist der Regimentsmedikus Schiller durchgebrannt, mit einem Freund, durchs Eßlinger Tor hinaus, nach Mannheim, wo sie seine ,Räuber' als ein Schau- und Schandstück mit Beifall aufgeführt haben. Serenissimus hatten ihm das Druckenlassen verboten."

Schubart legte die Gabel hin. Er schaute auf seine Schuhe. ,Der ist frei', ging es ihm durch den Kopf. „Ein warnendes Beispiel!" flüsterte er und dachte an Riegers höhnisches Wort, als er ihm den Dr. Fischer zuführte.

Scheeler verstand ihn falsch, „Wahrhaftig! So darf man's nicht machen, nicht so!" rief er, „das ist irregulär!"

„Sie sind ja so still auf einmal, Herr Schubart?" fragte die Kommandantin besorgt. „Essen Sie doch – ein Stück weiches Fleisch!" Einer der Adjutanten neben Schubart beugte sich vor. „Das ist wahrhaft ein starkes Ding, Fahnenflucht als Regimentsmedikus, um sich dem Verbot zu entziehen! Er wird kaum mehr hier auftreten können!"

Schubart bat, sich bald zurückziehen zu dürfen, er wolle noch schreiben. Seine Lebensgeschichte sei noch ungeordnet und solle doch vorgelegt werden zur Zensur.

In seinem Zimmer erzählte er Scheidlin von Schillers Flucht.

„Das hättest auch können, damals auf der Fahrt nach Blaubeuren!" sagte der böse, „der Scholl wär ein dünnes Männlein gewesen und leicht zu bewältigen."

„Damals hab ich noch auf mein Recht vertraut", sagte Schubart.

„Und jetzt? 's könnt dich doch einer mitnehmen!"

„Ich bin zu allem zu schwach", sagte Schubart noch einmal.

Helene hob Schubarts Briefe wie Heiligtümer auf. Sie durften nur wenigen verläßlichen Freunden gezeigt werden, nicht einmal den Kindern – sie fürchtete, sie gegen ihren „Wohltäter" einzunehmen, dem sie doch Ausbildung und Ernährung zu danken hatten. Abends las sie manchmal, was Schubart in Jahren an sie geschrieben hatte, und suchte die „geheimen Nachrichten" vor den anderen hervor, die er vertrauten Personen mitgegeben hatte, ohne sie der herzoglichen Zensur vorzulegen. „. . . von meinen jetzigen Umständen sag ich dir nur wenig. Was hilft's dich! Du kannst mir doch nicht helfen und bist zu klein, etwas zu meiner Rettung zu wagen. Kurz, ich bin noch nie so elend gewesen als jetzt. Ein Sklav, ein bedauernswürdiger Sklav von Morgens biß in die Nacht. Man hat mich in Geschäfte verwickelt, die mein Gewissen nicht gut heißt, Leib und Seele leidet darunter. Meine Belohnung für unzählige Arbeiten ist Angst, Furcht, Qual, mit der ich des Morgens erwache und des Abends mein Tagwerk beschließe."

Dabei lag die Kopie ihres eigenen Briefs an Miller, den Pfarrer und Professor, der ihr ein „Zuckerbrot" geschickt hatte. Sie weinte beim Lesen: Wieder hatte sie vergeblich versucht, irgend etwas für ihren Mann zu erreichen, in den Audienzen lächelte man schon über ihre „schwarze Elendsgestalt". Carl fertigte sie ab, Franziska wich in einem gewundenen Brief aus. Die „Hoheit", Carls Schwägerin, die Frau Friedrich Eugens von Württemberg, wagte sie lang nicht anzugehen, weil sie wußte, „wie gespannt die hohen Verwandten standen", unternahm's dann doch über deren Leibarzt, der abriet; wagte es wieder, da das hochfürstliche Zerwürfnis sich zu lichten schien – und kam zu spät; die Hoheiten waren abgereist.

Sie fand einen Zettel ihres Sohnes: Ludwig hatte seinen Kommandanten gebeten, dem Herzog mit Fußfall seines Vaters Befreiung nahelegen zu dürfen – den Brief hatte man dem Herzog zugespielt – und da Carl nicht reagierte, war sie selber zur Geburtstagsaudienz am 11. Februar 1782 gegangen: Sie bat, den Gefangenen wenigstens besuchen zu können – Carl lachte sie an: „Das hat sie nicht nötig, sein Arrest ist aus und sie wird ihn nächstens sehen!"

Aber nichts geschah. Wieder ihr Konzept für einen Brief an Miller – sie wollte es schnell beiseitelegen, las es aber dann doch noch einmal, wie schon oft: „... auch Sie werden vermutlich schon wissen, daß, wie ich gehört habe, ein Brief auß Hamburg von Herrn Campe soll an die Frau Gräffin von Hohenheim eingeloffen seyn, der in den schönsten Außdrüken um die Freyheit meines Mannes abgefast seye, auch sagt man mir daß der nehmliche Brief in einem öffentlichen Blatt erscheine das mir aber nicht lieb währe ... ich will nun noch eine kurze Zeit zuwarten, bleibt es so, so gehe ich wieder in die Audienz, solte es auch da fehlschlagen, so hoffen wir bald den Groß Fürsten nebst andern hohen Gästen hier zu sehen, vielleicht ist alßdann etwas auszurichten . . ."

Nichts war ausgerichtet worden – Schiller war während des Festes 1782 geflohen – sie dachte bitter daran und gönnte doch der Mutter die Freiheit des Sohnes.

Sie fand wieder ein Konzept, vom April 82. „Den Augenblick lese ich in der Zeitung daß der berühmte Gottes Mann Klopstock nach Wien kommen werde – . . . sollte daß nicht eine Gelegenheit seyn unßeren armen Freund zu retten, ich bitte Sie um Gottes Willen, denken Sie der Sache nach oder besser schreiben Sie gleich diessem grossen Manne und bitten Sie ihn auch in meinem Nahmen aufs Wehmütigste daß er sich bey Seiner Keyserlichen Majestät unserwegen nachdrücklich verwenden möchte . . . Vor acht Tagen gieng ich abermahls in die Audienz, ich bat den Fürsten um die Erfüllung seiner Gnaden Versicherung, auch bat ich zugleich nur auf eine Probe Zeit meinem Manne hier eine Versorgung gnädigst zu geben, die antwort war, Sie wollten meine Schrifft lesen und mir antworten, daß aber biß ietzo nicht geschehen hingegen waren Sie lezthin auff dem Aschberg und gaben zwey gefangene los . . ."

Sie blätterte weiter – allein, ohne die Kinder, in Gedanken bei dem Gefangenen, dessen Gelaß sie sich nicht vorstellen konnte und in schauerlichen Farben ausmalte. Hier wieder ein Zettel, von Schubart diesmal: „Meine Liebe, Hier sind wieder hefte von der betrübten Geschichte meiner Pilgrimschaft, worin du eine so wichtige Rolle spielst. Der Rest soll folgen. Für deinen letzten Brief und Geschenk dank ich dir, Gott sei dein Vergelter! – Was ich von dir denke, wie ich dich liebe, dir für deine Liebe so dankbar sei, – soll mein Lebenslauf vor den Augen der Welt – und Christus am Tage des Gerichts bezeugen . . . Mein gegenwärtiger Herr Kommandant läßt mich meine Fessel wenig fühlen – das ihm Gott lohne! – Eben hab ich Ader gelassen und die Ader ist mir angegangen, daß ich etwas schwach bin. Ich kann dir also nicht mehr schreiben. – Lebe wohl! – Küsse meine Kinder! – Ewig dein armer Schubart."

Der Festungskommandant Oberst Scheeler hatte dazugeschrieben: „Sei'n Sie ohne Sorge, der Herr Professor ist nicht schwach, ich hab offt Ader gelaßen, daß es mir wieder angesprongen, man hält es für gut."

Helene kamen Tränen; der gute Kommandant wollte sie beruhigen!

„. . . Ich weissage dir nächstens eine wichtige Veränderung meiner gegenwärtigen Lage. Gott sei mit dir und den Deinen. Meines lieben Sohnes Brief erwarte ich mit Unruhe."

Sie selber hatte in großer Angst geschrieben, sie höre, der Herzog werde Schubart niemals freilassen, nachdem er die „Fürstengruft" gelesen – sie wolle alles tun, um zu hören, ob das stimme . . . und dann, später:

„. . . Das Mädigen* sagte mir soviel von dir, daß ich von Hertzen wünschte, sie womöglich hierzubehalten und sie versorgen zu können, dan ich muß dir gestehen, wenn ich mir meinen Feur und liebe vollen Schubart unter seinen gegenwärtigen Umständen vorstelle, so zittere ich und kan mich der Eiffersucht nicht enthalten, es mischt sich in meine fast übertriebene Liebe, doch verzei mir dan ich will daß beste hoffen."

Daß ihre Mutter sterbend liege, daß sie sich Sorgen um „Jullichen" mache, die doch nicht ganz dem Theater anheimfallen solle – daß sie diese lieber zu sich nehmen wollte, wenn sie nur könnte das Geld dazu hätte – und daß Ludwig Zahnweh hätte – das alles wurde in den Briefen berichtet, deren Konzepte sie getreulich

* Briefbotin vom Aspers

181

aufhob – sie hätte dem gelehrten Gatten nie impulsiv zu schreiben gewagt.

Beruhigter nahm sie Schubarts Botschaft aus der Osterzeit in die Hand: Er habe das Abendmahl genommen und sich voll „seeliger Ruhe" gefühlt. Im gleichen Brief wieder ein Nachsatz – ehrlicher als der offizielle Brief, der wohl dem Kommandanten vorgelegen hatte: „Georgi ist vorbei und du hast für des Meule Tochter nicht gesorgt. Deine Eifersucht ist hier übel angebracht – so sehr ich Mensch bin, so rein bin ich von diesem Mädchen. Mein Fleisch stirbt unter der Kreuzespresse und so ist's mir recht. Ich habe die Geissel der Eifersucht deinethalben wol heisser empfunden; doch – davon ein andersmal."

Tiefste Dunkelheit

Im Mai hieß es: „Der Herzog muß äußerst gegen uns aufgebracht seyn, weil mein siebenjähriger Kerkertod ihn noch nicht auszusöhnen im Stande ist. Nun rächt er sich auch an meinen Kindern, und sicherlich würd er sie und dich und mich verderben, wenn's ihm Gott zuliese . . . Inzwischen bin ich fest gesonnen, einen neuen Versuch für meine endliche Erlösung zu wagen."

Helene seufzte wieder: Er verlor alle Maßstäbe, das Bild der wirklichen Welt verschwamm ihm dort – jetzt wollte er dem Vorleser Friedrichs des Großen, Duval, den er kannte, einen Brief an „den großen Monarchen" schicken, „in ihrem Namen" und machte ihr Vorwürfe, daß sie sich noch nicht an den Kaiser zu Wien gewandt habe . . . Und dann: „Wie gern wollt ich alles leiden, wenn es dir erlaubt wäre, mich zuweilen auf einige Tage besuchen zu dürfen und meinen

Gram auf deinem Herzen zu verweinen! Aber schrecklich ist's, daß uns der Herzog so ganz und gar verkennt und uns für eine verdächtige Zigeunerbande anzusehen scheint. – Gott hilf mir, denn das Wasser geht mir biß an die Seele! ... Wenn unserem Ludwig, den ich so ungestüm liebe, ein Unglück begegnen sollte, so würde mich diese Nachricht erwürgen! Der Herzog darf nur ein Wort von seinem unvorsichtigen Betragen vernehmen, so wirft er ihn unter die Soldaten oder gar ins Zuchthauß und zerstört seine Glückseeligkeit für immer. Was ist diesem Fürsten an Kopf und Herz gelegen ..."

Dann ein Brief, den ihr Eugen von Scheeler, der Sohn des Kommandanten, Schubarts Schüler, übergeben hatte; der Junge erzählte ihr, daß Schubart ihm seine ,Ästhetik der Tonkunst' diktiert habe.

Die Kerze flackerte, die Augen fielen ihr zu, sie schlief einen Augenblick fast, da knisterte das Papier in ihrem Schoß und sie fuhr auf: „Aschberg, den 12. October 1783. Schon viel hundert Jammertage sind über mein Haupt hingegangen, aber kaum ein schrecklicherer, der mich so nah an die Verzweiflung brachte, als dieser 11. Oktober ..." Sie erschrak: „Ich habe sie durcheinandergebracht – und eingeschlafen bin ich auch!" Ja, wahrhaftig, der fürchterliche Tag damals! Sie hatte es nicht mehr ausgehalten, war einfach mit dem Ludwig auf den Asperg gefahren, man hatte es Schubart berichtet, sie ihm am Fenster gezeigt – und draußen legte man zwei Schlösser vor seine Tür – sie hörte es nachher. Unten standen sie, gingen über den Hof, sahen sein Fenster, zitterten zu ihm hinauf in Gedanken – und er durfte sich nicht einmal herausbeugen. Droben lag er dann, sie wußte es inzwischen, weinend auf dem Bett und wagte nicht, sich zu wehren. Dann hatte auch der Stadtschreiber Schubart, des Dichters Bruder, einen Vorstoß gewagt, obgleich vorsichtig – er war ja Beamter – und eingedenk der großen Kosten. Er war mit der alten hinfälligen Dekanin nach Heidenheim gefahren, um dort das Vorbeigehen des Herzogs zu erwarten. Conrad schrieb: „Um acht Uhr kam er die Stiege mit den Cavaliers herab und ehe er noch auf der untersten Treppe war, fragte er mich im ernstesten Ton einer Wache: ‚Wer ist Er?‘ Ich antwortete mit dem tiefsten Bückling: ‚Der Stadtschreiber Schubart von Aalen und hier – meine siebzigjährige Mutter.‘ Darauf sprach er weiter: ‚Hat Er was?‘

‚Ja‘, war meine Antwort, ‚ein unterthänigstes Memoriale meiner Mutter‘, so er dann etwas hastig von mir abnahm, doch schien mir dieß keine Ungnade, sondern mehr Eilfertigkeit seiner Abreiße zu seyn. Er gab dann unser Memorial, ehe er noch in die Gutsche einstieg, einem gewissen Hoff Cavalier Hrn. von Böhnen, der ehemals auch in der Akademie war."

„Aber" – Helene stöhnte – „alles umsonst."

Im November hatte die alte Mutter noch einmal geschrieben – einen demütigen, unterwürfigen Brief voller Angst, den ihr jemand aufgesetzt hatte.

Helene wohnte jetzt in Stuttgart im Hause des Professors Elsäßer. Julchen sang und schauspielerte, halb gezwungen, in der Ecole, Ludwig exerzierte in der Akademie; er war krank gewesen, ein ungeklärtes Fieber, und Schubart droben auf seinem Berge war fast verzweifelt, als er davon hörte: Nicht einmal der Sohn, wenn ihm schon selber jede Wirkung auf die Welt verboten war, würde erhalten bleiben. „Krank bist du, und ich darf dich nicht besuchen! Wann deine Krankheit gefährlich wäre, wann du stürbest; so würd ich ausraufen die Loke, die mir das Elend graute, würde sie gen Himmel heben und sagen: Gott, auch dieser Jammer noch! Verdorren soll Schubarts Stamm . . ., im dritten Menschenalter ist mein Blut verronnen im Sande! – Aber Ludwig mein Sohn, meine erste Kraft, mir

184

so ganz aus meinem Wesen geschöpft, du – Sohn, die Tränen lassen mich nicht weiterschreiben. Schreibe mir bald . . . Weib, ich bitte dich um Himmels willen, daß du mir schreibst, waß Ludwig macht! Ich liebe den Buben unendlich. Schlaf- Schreib- und Eßlust ist mir vergangen, seitdem er krank ist! Und ich soll ihn nicht sehen! . . . Engel, schreibe mir alle Tag, auch durch Herrn General, biß Ludwig gesund ist."

Ende März starb auch der Kommandant von Scheeler sehr plötzlich, Schubart selber wurde krank, Schwindel und Schwäche brachten ihn so weit, daß er bat, ihm den letzten Besuch seiner Frau zu gönnen – man möge durch einen Eilenden den Herzog darum angehen; doch er erholte sich etwas, und man ließ es sein, wozu den Großmächtigen ärgern? Aber dreißig Akademisten durften ihn besuchen – warnendes Beispiel – Abschreckung, Sensation? Nur Ludwig wurde zurückgehalten. Acht Jahre lang hatte der Dichter weder Frau noch Kinder gesehen!

Der neue Kommandant, Herr von Hügel, war zwar nicht so weich wie Scheeler, aber doch ein Ehrenmann. Schubart schrieb nach seinem ersten Besuch: „Ich muß mich also wieder an einen neuen Karakter anschmiegen, und hab alle mögliche Behutsamkeit nöthig, um ohne Anstos durchzukommen. Wie elend gehts mir in der Welt! Ich, dessen liebster Gedanke die heilige Freiheit war, muß nun iedermanns Sklav seyn . . . Für die Hoffnung meiner Befreiung gibt mir niemand einen Heller. Der Herzog wird zu sehr gegen mich eingenommen." Er hatte Angst.

„. . . Der Herzog ist hart gegen mich . . ." Unterwürfigkeit, Dienstfertigkeit, Liebedienerei – dazu war er zu brauchen, zu mißbrauchen, trotz aller Freiheitslust – und Schubart wußte es selbst: Beim Einzug des neuen Kommandanten verfertigte er einen Empfangsprolog und bekam dafür „fast zwei Pfund Knaster". Jeden Tag kam ‚der Meule', sein Wärter, mit der Morgenmahlzeit und brachte einen Zettel voller Aufträge und Besuchsansagen: Der Kommandant bitte um ein Gedicht an . . ., das Fräulein . . . werde um 11 Uhr zur Klavierstunde bereit sein.

„Wenn ich nicht Schubart wäre, so könnt ich würklich – nichts klagen" („gegenwärtig", verbesserte er gleich, da ihm das schwäbische „wirklich" unterlaufen war), „aber einem Menschen von meinem Schlage die heilige Freiheit nehmen, heißt das Leben nehmen! Schimlicht Brod draussen in der Freiheit am Zaun gefressen, mit dem Weibe meines Herzens im Arm, ist mir lieber als meine Leckerbissen hier, womit ich mein Freiheitsgefühl betäuben soll", schrieb er an Helene Ende Mai 1784.

Freilich – Schubarts Geschick war nun nicht mehr das eines einzelnen beliebigen Gefangenen. Ständig wuchs sich das Wurzelwerk aus, mit dem bekannte und bedeutende Zeitgenossen die herzoglichen Entschließungen einengten und bedrängten; ein „Netz von Teilnehmung", wie Schubart schrieb, umgab ihn und konnte nicht länger unbeachtet bleiben. Besucher und Leser wandten sich immer häufiger an offizielle Stellen, an den Herzog, an andere Souveräne.

Carl Eugen verstand endlich, daß man nicht alles dirigieren konnte, nicht jede Äußerung leiten, nicht alle Empfindungen einfärben. Er fühlte sich – obwohl er es kaum zugab – schließlich selber nicht mehr frei: Sein Gefangener konnte nicht einfach beiseite geschoben und abgetan bleiben – er wurde ihm täglich gegenwärtiger. Und es war vor allem Helenens leisem, schüchternem, aber beständigem Mahnen und Bitten zu danken, daß die Gestalt des Gefangenen überall so unbehaglich lebendig war. Am eindrücklichsten stand er den Leuten auf dem Asperg vor Augen. Er war nicht nur der populärste Arrestant dort oben, sondern so etwas wie ein Beispiel für ihrer aller Los. Der Oberst Seeger, gutherzig, aber dem Herzog verpflichtet, nahm sich das sehr zu Herzen. Zwei Tage nach Schubarts bitterem Klagebrief – er hatte ihn freilich nicht gelesen – schrieb er an Carl Eugen: „Stuttgard, den 31. Mai 1784. Durchlauchtigster Herzog, gnädigster Herzog und Herr!" Und nach einer untertänigst-weitschweifigen Einleitung:

„Nach seiner künftigen Bestimmung sollte aigentlich der Schubart Musikmeister, und, welches seinen Talenten noch angemessener wäre, Theaterdichter werden ... In Absicht auf die Besoldung glaube ich, daß soviel mir bekannt ist, die Frau des Schubarts bißhero bey der herzoglichen Cammerschreiberey ein Gnadengehalt von 200 fl. gezogen hat, es am räthlichsten seyn dürffte, diese 200 fl. der Frau, solang der Mann in Diensten seyn wird, ausdrukkentlich deßwegen zu lassen, damit sie unausgesetzt mitwirke, den unruhigen Mann in Schranken zu erhalten. 2.) Ihme zu denselben bey der Theatralcasse etwan noch 400 fl. gnädigst auszusezen, wogegen er aber alle Geschäfte welche ihme bey dem Theater sowohl in der Musik als Dichtkunst, Deklamation und Mimmik aufgetragen werden würden, williglich nach der Vorschrift zu besorgen hätte. Vor der Zeit seynes Arrests hat der Buchdruker Stage in Augsburg einen großen Vortheil durch die sogenannte deutsche Chronik gezogen und neben diesem Vortheil den Schubart noch gleichsam ernährt. Sogar solle Stage auch während seynes Arrest die Fortsetzung dieser Schreiberey nachgesucht haben. Wenn nun Schubart seyner Schreibsucht eines Theils nicht widerstehen kann, und anderntheils zuverlässig mancherley Aufforderungen von mehr als einem Ort an ihn ergehen werden, um von seiner Feder Nutzen zu ziehen: so habe ich es Euer Herzoglichen Durchlaucht unterthänigst anheimstellen wollen, ob es nicht am sichersten wäre, wenn Schubart ex officio mit einer solchen Zeitung beschäftigt, diese in der Akademiedruckerey gedruckt, vor dem Druck aber dem Canzler in die Censur übergeben, und der daraus entspringende ohnfehlbare Vortheil dem Schubart zur Hälfte als weiteres accidens für seine Bemühung gelassen, folglich derselbe durch Gutthaten und Geschäften von allen andern Absichten abgeleitet, und unausgesetzt in dem Weg der Ordnung erhalthen würde.

Mit der tiefsten Ehrforcht ersterbend Ew. Herzogl. Durchlaucht

    unterthänigst treugehorsamster

       C. D. Seeger

Oberster und Generaladjutant, des St. Charles Militärordens Ritter."

Schubart wußte natürlich nichts von dieser Eingabe – er hatte selber ein Memorial an den Herzog geschickt, gedrängt von Freunden, „beflügelt von dem Mitgefühl der gebildeten Welt". – Im Juni war der Herzog wieder auf der Veste, inspizierte, dekorierte und monierte – je nach Gegebenheit. Der General von Hügel wagte einen Vorstoß, bat für den Arrestanten, da doch so viele freigelassen worden wären, so viele den Besuch der Ihrigen empfangen hätten.

Franziska, neben der Generalin stehend, schaute besorgt auf die Männer und suchte aus ihren Bewegungen und Mienen ihr Gespräch zu erraten; sie erriet nichts Gutes. Traurig drehte sie sich zur „Hügeln" um und flüsterte: „Es ist mir wahrhaftig unbegreiflich, daß der Schubart noch nicht freigekommen ist – ich meinte neulich schon einmal, er wär's längst – ist doch arg für die Frau . . . sieben Jahr, mehr schon – und die Kinder wachsen ohne den Vater auf . . ."

Carl Eugen wandte sich herüber. „Was haben die Damen zu bedauern? Gleich werden wir zu Abend speisen!" Die Generalin beeilte sich, im Haus nach dem Rechten zu sehen, und verabschiedete sich bis zur Mahlzeit mit einem ehrfurchtsvollen Knicks.

Aber Franziska, voller Mitleid und in Gedanken, mehr als ihr selber lieb war, „dort oben" auf dem Asperg, sprach später doch davon: Wie man allerorten über den Schubart rede, wie er mehr noch als durch seine leidige Chronika nun durch seine lange Haftzeit Freunde gewonnen und auf sein Talent aufmerksam gemacht habe, wie die Frau leide und bitte, der er's doch wahrhaft nicht leicht gemacht habe ... und ob man ihn denn nicht irgendwie nach seiner Befreiung so ansetzen könne, daß er ohne Schaden sein Ingenium „loslassen" dürfe?

Die lange Rede, morgens nach der Schokolade in kleinen Dosen angebracht, hörte der Herzog stumm und wischte sich den Mund an der Serviette. Danach befahl er dem aufwartenden Lakaien, den Kabinettssekretär zu rufen; der holte ein Schreiben, das der Franzel hingelegt wurde – ein erstaunter Blick des Beamten traf sie dabei: Es war Seegers Brief über Schubarts spätere „Verwendung". – „Ich hab dich ansonsten verschont mit derlei, da du aber an dem Schwadroneur da oben doch reichlich Anteil nimmst, lies das und sag, was dir dabei einfällt ..." Franziska las.

„Einfallen tut mir viel, Carl, besonders über des Seegers Art, von einem Poeten zu sprechen: ‚Schreibsucht' – als wär's eine Krankheit, und dennoch auszunutzen, und als wär der Mann ein seltenes Tier, das man gegen Geld zeigen dürft ... ich hab nie dichten können und musizieren, und gelehrt bin ich auch niemals gewesen, so gern ich's wär – kann nicht gut Französisch und schreib mitunter noch, wie's in der Dorfschul gezeigt worden – aber, Carl, ein bißchen sollt man doch denken, er wär was Größeres als der Seeger, so hoch ich den schätz als einen Militär und Pfarrsohn."

„So", brummte Carl, „da ist dir allerdings einiges eingefallen, Frau. Aber mir auch: Man kann ihn wohl so ansetzen – das ist vom Seeger gut gedacht, daß er keinen Schaden mehr tut. Ich brauch dich ja nicht an seine Franzosenliebe zu erinnern und nicht an sein freches Mundwerk – aber ich tät ihn dennoch loslassen und anstellen und in Gottes Namen dürfte er auch seiner Schreiberei frönen. Ich laß mir nicht gern nachschreien, ich verdamme sie alle; den Schiller, der jetzo groß geworden ist – bedeutendes Individuum, das hab ich damalen schon gesagt." Er blieb erregt stehen. „Aber Frau – ich kann nicht darüber mit dir diskutieren und nicht mit dem Schubart – ich bin gebunden! Es gibt da juristische Klauseln – eine Form, die denen schwer beleidigte Souverains genügen muß –"

„Wien?" fragte sie leise. „Zehn Jahre, das gilt den Juristen als ein Todesurteil – und Ihr haltet ihn mild, daß nur die Formel erfüllt ist? Sag, Carl! Ist's das?"

Er stand unverhofft auf und stieß den Stuhl weg. „Ich hab nichts gesagt und du hast nichts gehört, bei Straf . . . Franzel, ich kann mich verlassen auf dich?"

Sie nickte. „Ich will der Frau und der Karschin wenigstens eine schwache Hoffnung geben", sagte sie.

Im Frühjahr – an einem klaren Aprilabend, zogen Rauchschwaden aus dem Tal herauf. Schubart marschierte heftig stapfend und stampfend über die Wälle, die Beine taten ihm weh, die Schultern, das Herz pochte unruhig und schwach. Er zwang sich zum Gehen und schaute in die klare Weite hinunter, über die Höhen, die zartgrünen Wälder, die kaum bewegt, der Sonne hingebreitet, gegen den hellblauen Horizont standen. Um die spitzen Kirchtürme drängten und drückten sich die Häuser, winzig, winkelig, im Kranz der weißschimmernden Obstblüten, die Wiesen waren noch braungrau, ganz fern schwebten violette Hügelketten; neben der nächsten Kirche ein grüner Fleck, angestrahlt, grell aus dem Schatten: ein Friedhof. Schubart blieb stehen, setzte sich steif aufs Mäuerchen und holte Heft und Stift aus dem Rock. Er schrieb. Nachher, beim Abendessen, las er dem Kommandeur seine Elegie vor. Hügel hörte aufmerksam zu, die Generalin und die Töchter gerührt. Seine Stimme klang gebrochen heiser, manchmal war's, als lese ein alter Mann, mühsam um Atem ringend:

> „Schön ist's, von des Thränenberges Höhen
> Gott auf seiner Erde wandeln sehen,
> Wo sein Odem die Geschöpfe küßt.
> Auen sehen, wo Natur, die treue,
> Eingekleidet in des Himmels Bläue
> Schreitet, und wo Milch und Honig fließt.
> Schön ist's, in des Thränenberges Lüften
> Bäume sehn in silberweißen Düften
> Die der Käfer wonnesummend trinkt
> Und die Straße sehn im weiten Lande
> Menschenwimmelnd, wie vom Silbersande
> Sie, der Milchstraß gleich am Himmel blinkt.
> Und der Neckar, blau vorüberziehend,
> In dem Gold der Abendsonne glühend,
> Ist dem Späherblicke Himmelslust,
> Und den Wein, des siechen Wandrers Leben
> Wachsen sehn an mütterlichen Reben
> Ist Entzücken für des Dichters Brust.
> Aber, armer Mann, du bist gefangen!
> Kannst du trunken an der Schönheit hangen?
> Nichts auf dieser schönen Welt ist dein,
> Alles, alles ist in tiefer Trauer
> Auf der weiten Erde, denn die Mauer
> Meiner Veste schließt mich Armen ein!
> Doch herab von meinem Thränenberge
> Seh ich dort den Moderplatz der Särge.

191

Hinter einer Kirche streckt er sich
Grüner als die andern Plätze alle:
Ach! Herab von meinem hohen Walle
Seh ich keinen schönern Platz für mich."

„Das ist eine vollkommene Elegie – wie des Schillers seine", sagte das ältere Fräulein von Hügel schüchtern.

Schubart dankte und hob sein Glas. Die Generalin legte ihm vor, ohne zu fragen, und nickte ihm mütterlich zu.

„Ich werde noch einmal eine Eingabe versuchen", versprach Hügel nach einer Weile, „wenigstens . . ."

Schubart sah mit nassen Augen auf: „Mein Weib, die Kinder sehen!"

„Ja, ich weiß, Herr Schubart, bleiben Sie doch ruhig, bitte! Es hilft doch nichts!"

Schubart schüttelte zitternd den Kopf. Er zog sich schnell zurück. „Ich versteh's einfach nicht", meinte die Generalin, als er weg war. „Wo doch die Frau so gute Einflüsse hatte, und der Seeger ihr deshalb eigens ein Gehalt ausbat – daß Er sie nicht heraufläßt zu ihm!"

„. . . als der Herzog neulich hier war, und der Herr General meiner mit vielem Nachdruck erwähnte, so wandte sich der Herzog weg und ging zum Regimente . . . Die Frau Gräfin sagte zur Generalin, es wäre ihr ganz unbegreiflich, daß Schubart noch nicht los wäre. Personen vom ersten Rang, denen der Herzog Consideration schuldig wäre, hätten für mich gebeten, und doch blieb des Fürsten Herz ganz für mich verschlossen. Es müßte mein Schicksal so seyn, daß ich im Gefängniß mein Leben zubringen solle. Sie bedaure mich, setzte die Gräfin hinzu, und wünschte nur, daß ich meine Familie sprechen dürfe, welches sie für die billigste Bitte ansehe. Aber auch diß würde ungemein schwer halten. Der General sagte zu mir, der Herzog hätt ihm bisher noch nichts abgeschlagen, nur gegen mich schein er unerbittlich zu seyn. Gott verzeih dem Herzog seine Strenge gegen mich ... Liebes Weib, ich weis, daß mich mein Schicksal das Leben kostet. Seit dem letzten Anfall habe ich keine gesunde Stunde. Erst heut früh um drei Uhr überfiel mich wieder eine so schreckliche Engbrüstigkeit, daß ich all Minuten den Tod erwartete. Ein Bad und deine Pflege könnte mein Leben retten; aber ich soll langsam gemordet werden. – Es sey also; ich sink in Staub und bete an. Wenns nur bald aus ist, daß ich nicht so lange gemartert werde. – Der Prinz von Koburg läßt mich sehr schön kleiden; ich hab keine Freude dran. Vielleicht brauch ich's nicht mehr ... Mein Klavier kann's Julchen haben, wenn sie will ... Nächstens werden wieder zwei Arrestanten los – Oerry aus der Schweiz, der seiner Frau zur Last ist; ich aber bleibe, geliebt von der besten Frau, mit einem Herzen voll glühender Liebe zu ihr. Der andere ist Herr von Bozheim, ohn alle Brauchbarkeit für die Welt; ich aber bleibe und die Flamme meines Geistes erlischt im Sturme der Drangsal. Hier ist ein Mann namens Heuchlin von Schorndorf, der als Forstsekretär den Herzog um 12 000 fl. betrog. Diesem hat kürzlich der Herzog erlaubt, Besuche von seiner Frau und Kindern anzunehmen, so oft er will. Ach, daß ihn nie der Fluch getrennter Liebender drüke! – daß er nur Einmal – nur Einmal in seinem Leben lieben lernte ..."

Schubart schrieb an Helene aus einer tiefen Depression heraus, die ihm sein zunehmendes Herzleiden eingab, die „Engbrüstigkeit", der Dr. von Hoven nach einem Besuch aus Ludwigsburg den lateinischen Namen gab: Angina pectoris. Er sagte das sehr ernst zu Hügel und wies ihn auf seine Verantwortung gegen den Dichter und die Seinen hin; der, blaß und bedrückt, mußte die Achseln zucken.

Wie hatte ein Jahr alles verändert! Schubart selber

las manchmal noch – verwundert, befremdet – eigene Gedichte aus den letzten Jahren, Verse an Hügels Töchter, an andere, denen er Klavierstunde gegeben oder Rollen eingeübt hatte, die Reime an Minetten, Luisen, Regina und Serafina – es waren auch frühere darunter – und er klopfte sich an die Stirn, als zweifle er an seinem Verstand – alles eitel, sinnlos, matt! Und Helene? Für ewig ihm versagt!

Am frühen Morgen des vierten Juli 1785 – Helene schlief noch – läutete ein betreßter Diener an ihrer Stuttgarter Wohnung. Die Magd, die gerade die Morgensuppe richten wollte, lief erschrocken hinunter.

„Eine Botschaft vom Herrn General von Bouwinghausen", sagte der Mann, „an die Frau Schubartin, hierorts."

Er stieg hinter dem Mädchen die Treppe hinauf; sie klopfte. Schlaftrunken raffte sich drinnen Helene auf und trat unter die Tür, mit dem Nachthäubchen, einen schwarzen Schal über dem langen Schlafhemd. Angstvoll starrte sie den Livrierten an; es kam selten Gutes von da oben. Dann nahm sie den Brief, den er ihr reichte, und las; sie solle gleich antworten. Um halb acht Uhr solle sie unverzüglich zum General kommen – er habe eine angenehme Botschaft für sie. Jetzt zitterte Helene so, daß sie das Papier fallen ließ. „Bestell Er, ich käme gleich – sobald ich nur ein wenig gerichtet . . .", stammelte sie.

Der Mann ging. Helene wusch sich hastig, zog sich an, schwarze Röcke, schwarze Handschuhe, ein Häubchen aus hellen Spitzen – wenn's nicht bloß dem General gälte? Sie lief, ohne Frühstück, lief durch stille Straßen, in denen eben die Handwerker und Bäcker und Metzger sich rührten, kam mühsam gesammelt ans Haus des Generals und läutete. Droben stand Bouwinghausen schon bereit, man führte sie zu einem Kanapee und drängte sie zum Sitzen.

„Frau Schubartin, eine freundliche Nachricht für Sie!" sagte der General gleich, „heut noch werden Sie Ihren lieben Mann sehen und sprechen. Und damit Sie Gesellschaft haben" – er unterbrach sich, denn Helene war aufgesprungen, blaß suchte sie einen Halt am Stuhl, wankte hin und her und sank plötzlich, die Arme vorgestreckt, langhin über den Tisch. Bouwinghausen blieb verlegen dabei.

Da klopfte es, jemand machte die Tür auf, Helene fuhr hoch, Ludwig stand im Rahmen, hinter ihm Julchen, das runde gedrungene Gesicht mit der hohen Stirn glich dem Vater so sehr, daß selbst der General erschrak. Das Mädchen warf sich ohne Besinnen an den Hals der Mutter – Ludwig hielt den Dreispitz zwischen den Händen und schaute, die nassen Augen halbgeschlossen, drein.

„Endlich, endlich! Und mit euch beiden!" stieß Helene hervor. Sie umarmte die Kinder. Es brach über sie herein, zu mächtig fast, um als Freude zu gelten, zu stark für Wissen und Fühlen. Dann machte sich die Frau los und fiel dem General zu Füßen. Er hob sie mühsam auf. Scheu saßen alle zusammen bei einem Frühstück, aßen kaum vor Aufregung und nahmen hastig zwei Briefe entgegen – einen von Carl Eugen, den anderen von Franziska, die dem Kommandeur der Veste zu übergeben seien – und waren gleich darauf im Wagen; die Pferde zogen an. Helene hielt sich steif, ernst, mit ungeheurer Anspannung zwischen den Beiden. Julchen strich aufgeregt die stramm frisierten Haare noch mehr aus der hohen Stirn, der junge Mann in seiner Zöglingsuniform mit dem glatten Zöpfchen beugte sich nach einer Weile gegen die Mutter und legte scheu den Arm um sie, die immer wieder schwindlig schwankte.

Kornwestheim, Ludwigsburg ... Helene wurde die Kehle eng, das Herz schlug einen wilden Wirbel: Wie wird er aussehen, verändert? Gedunsen und verkommen? Mager? Krank? O Mann, wie ist meine Liebe gewachsen, so hoch, wie sie nie getan hätte ohne dieses grausige Los! Mann, armer, armer, schwacher, großer – genial und maßlos und unermeßlich – ich bin deine Frau! Ich liebe dich! Ich sehn' mich nach dir – ob ich dir noch ganz gehören kann, darf? Wie sie's einrichten werden, die Kerkermeister, die Aufpasser? Und die Kinder, denen ich dich teuer gemacht, ob sie dich zart genug anreden, ob du sie verstehen wirst und so annehmen, wie sie geworden sind unter der Zuchtrute, die nicht meine Hände führten? O Mann? Mann! Schubart! Bist noch, wie du mir geschrieben – in Fesseln – frei? Wieviel Trutz, Angst und Mißtrauen und Eifersucht sind dazwischen gewesen, und wieviel Heimweh und Sehnsucht! Und ob dir's ernst ist, du weicher, wandelbarer, lieber Mensch, mit dem „Christus, der ist mein Leben"?

Julchen zog das Taschentuch hervor und legte die kleine Hand auf das Knie der Mutter. „Soll ich Herr Vater sagen oder bloß Vater? Und – weiß er von meinem Tänzer, daß ich ihn mag und er mich? Oder ist er bös deswegen, Frau Mutter?"

„Darüber schweig, ich seh's ungern und er auch, du weißt's!"

„Und du hast den Vater doch gern und ist auch ein Künstler!" murrte das Mädchen.

Aber Helene war schon wieder weit weg und starrte auf die Felder, die im Korn wogten. Es wurde heiß, Fliegen schwirrten über die Pferderücken, die Kutsche wiegte sich. Da, die Auffahrt! Hinauf! Die Wälle, die Mauern . . . wo er ist? Oh, sein Fenster hatte sie damals gesehen und ihn nicht sprechen dürfen!

Droben trat ihnen der Kommandant entgegen, der General von Hügel, erstaunt über ihre Ankunft.

Sie erklärte, übergab die Briefe; Hügel ging schnell,

um Schubart vorzubereiten. Die Generalin unterhielt die Gäste, blasse, verschüchterte, geduckte Gäste, die kaum zu reden wagten. Dann hieß es, Schubart wäre gerüstet. Hügel holte ihn her, starr standen sie da, wie Puppen, in entsetzlicher Angst, mit bebenden Knien. Jetzt, jetzt kamen sie durch die Tür, der Mann zuerst: Der alte, liebe, unzerstörte – er ist's noch! Ach, Schubart, Christian! –

Er blieb stehen, leuchtete auf wie bei einem Traumgesicht, aber dann hielt er es nicht aus: Die Augen schwammen in Tränen, die ihm glitzernd über die geschwollenen Backen liefen, jäh wurde er wieder weiß, schluchzte auf – da lag ihm Helene an der Brust, Ludwig und Julchen drängten sich an die Beiden, es war, als wären sie zusammengekettet und könnten nie mehr auseinandergerissen werden. Der General ging hinaus.

Helene stammelte: „Wie im Himmel, wie im Himmel!"

Dann riß sich Schubart zusammen. „Danket Gott, Kinder, Helene! Danket Gott!"

Sie blieben sechs Tage beieinander. Kein Nachdenken, keine böse und gute Vorahnung, keine Angst – nichts als Gegenwart empfand Helene, selber erstaunt, wie jung sie noch war, wie biegsam, wie geöffnet diesem Neuen, Gewaltigen, das sie in allen Träumen nie so erwartet hatte.

Erstaunt waren auch die Kinder, denen die Eltern gehalten und gemessen geschienen hatten; und Ludwig, der Junge, erfaßte die Kraft, die Größe, den herrlichen Überschwang des Vaters, seine Phantasie, seinen glänzenden Verstand, und erlebte beglückt, daß er ihn wirklich achten konnte. Julchen war scheuer; aber je länger sie in dieser überströmenden Wärme und Herzlichkeit des Vaters lebte, um so unbefangener, gelöster, anmutiger entfaltete sie sich: „blumenhaft" nannte sie Schubart, und sein „Ebenbild". Ihm selber wuchsen Flugkräfte zu, endlich ersehnt, geliebt, bewundert, anerkannt zu sein, ganz nah, ganz persönlich er selber, nicht nur immer bedacht auf die Meinung kritischer, böswilliger, heimtückischer Unterdrücker. Jetzt, hier, wurde er wieder ein Kind: Spielerisch formte er Verse, sang, trödelnd und tändelnd, und wieder voller Energie und Dynamik, da er zu führen, zu urteilen, zu ordnen aufgerufen war. „Nichts ist verloren – stärker sind wir geworden, du und ich, Frau!"

Hügel machte den Schubartischen die kurzen Tage leicht: Er half und regelte lautlos, er lud zum Essen, sorgte für Ruhe, seine Frau war unmerklich zur Hand und hielt alles Ungute von ihnen fern.

In der letzten Nacht saßen sie Hand in Hand. „Ach, Weib, wir müssen ja auseinander, und jetzt ist's schier unmenschlich bitter!"

Sie sagte: „Aber, wenn wir ihn erzürnen, seine Geduld strapazieren, nähm er's krumm. Er muß doch bei guter Gesinnung bleiben, daß er dich bald losmacht!"

Sie weinten miteinander, stiller jetzt, mit einer schwachen Hoffnung. Gegen Morgen wachte Helene am Stöhnen des Mannes auf. Er saß keuchend neben ihr und preßte die Hände gegen sein Herz. „Die Luft . . . Frau, hilf doch!" verstand sie.

Sie riß ein Fenster auf, holte Tücher, rieb Schnaps in seine Brust, ließ ihn daran riechen, stützte das Kissen. „So du gehst, sterb ich!" stammelte der Kranke.

Helene sprang auf, um Hilfe zu holen. Er hielt sie fest: „Bei dir, Frau!" Aber langsam erholte er sich.

Wie er den Abschied bestanden hatte, wußte er nachher nicht mehr.

Ein paar Tage später brachte die Tochter des Wärters einen Brief nach Stuttgart zu Helene: „O du, nur zwei Worte durch des Meule Tochter. Seit der Stunde deines Abschieds bin ich nur Halbmensch und vegetier nur. Deinen unaussprechlichen Wert lernt ich aufs

Neue mit Entzüken schäzen. Meine Liebe ist seitdem ein Sturm; möcht Bäume auswurzeln, Hügel wegblasen und hinstürmen zu dir – du Erste!!

Aber nun ist's wieder wüst und leer um mich – ein Chaos voll Nacht und ohne Liebe. Meine Hoffnung, dich wiederzusehen, ist ein Strohhalm, der knickt, wann man sich anlehnt. Doch Gott, der Liebe Urquell, wird auch uns helfen, die wir funkelnde Wasserstralen von diesem Quelle sind. Liebes Weib – ach, mit Entzüken nenn ich dich so – ich gestehe dir's hiemit offen: ‚Ich muß nach Stuttgard; oder ich kann mein Versprechen ans deutsche Publikum nicht halten.‘ Meinethalben mag der Herzog mich einsperren und wenn ich nur vor meinem Vaterlande mit Ehren bestanden bin – frikassieren und braten. Um Gotteswillen, warum ist man taub gegen mein Jammergeschrei nach dürftiger Freiheit? – Wenn nichts erfolgt, so schreib ich nächstens an den Herzog selber und ächz ihm meine Klage vor.

Seit deiner Abwesenheit bin ich immer kränklich. Du – meine Kinder – die ich nach neun Jahren wieder das Erstemal sah, habt mich zum Sterben durcheinandergerüttelt. Meine Nerven dröhnen noch vom Fußtritte eurer Liebe. Thränengüsse entstürzen mir noch täglich und ich schäme mich oft, wenn ich ans große Wort Jesu denke: Wer Weib, Sohn, Tochter – mehr liebet dann mich – ist mein nicht werth! Doch weg von diesem Arthikel, in dessen Flammen ich brate. Abgekühlt!!

Wenn du des Meule Tochter versorgen kannst, so thu es. Dein edles Herz ist mir Bürge für jede Herzthat. Dem Ludwig und dem Julchen o, meinen zwei herrlichen Kindern – schreib ich selbsten. Der liebe General von Hügel und sein trefliches Hauß bleibt sich immer gleich – menschlich, gut und christlich gesinnt. Ich wünsche mir in meinem Leben keinen Beßren

Herrn – wenn man ja Herren haben muß – als den Hügel.

Ich habe Briefe aus fernsten Provinzen bekommen, die ich schleunig beantworten werde. Eine reiche Anzahl von Subskribenten hat sich gemeldet. – Wäre ich doch frei! – Aber meine Kette scheint mit dem ersten Ringe an Jupiters Thron zu hängen.

Guten Morgen, guten Mittag, guten Abend, gute Nacht – sanften Schlummer, süßes Erwachen, steten Seelenfrieden, Freud im Tod, fröhliche Urständ, Belächlen der Liebe Gottes und ewige Zusammenküttung mit dir – wünscht dir – Schubart –

so ganz Dein Schubart.

(Ich küß dich, ich ströme mit dir zusammen im Geiste!)

„Die Magentropfen nehm ich fleißig – sie behagen mir so – so. Deine Pflege – deine süße Pflege – wär mir theurer, als alle Essenzen der Welt. O du Gute! Weib nach Schubarts Sinn! Noch was. Diesen Brief schrieb ich mit der Feder, die du in der Hand hattest. Ich werde sie erhalten wie einen Kiel, den Schwingen des Paradiesvogels entfallen!"

Nach der Heimkehr wurde Helene krank; die Anspannung war zu stark gewesen. Sie fieberte und fühlte sich matt; schwergliedrig, mit brausendem Kopf, lag sie im Bett. Ludwig hatte noch ein paar Tage frei, Julchen mußte zu einer lang vorbereiteten Aufführung in ihr Institut zurück und ging leichteren Herzens, als es Helene lieb war.

Der gewissenhafte Sohn drängte darauf, daß ein Arzt nach der Mutter sehe. Aber der alte Medikus war verreist. Ludwig schlug den Freund Hoven vor, den ehemaligen Carlsschüler, einen Freund des berühmten Schiller, und lobte ihn als tüchtig und menschlich gediegen. Friedrich von Hoven war der Sohn eines herzoglichen Obristen, der mutig für einen murrenden jungen Offizier eingestanden und dafür mit anderen hohen Chargen des Regiments auf dem Twiel festgesetzt worden war.

Ludwig kannte die Verbindungen der Carlsschüler und schickte Hoven eine Nachricht nach Ludwigsburg; er werde ihm zulieb umsonst medizinieren, beruhigte er die Frau, die Angst vor den Kosten hatte. Die Asperger Reise hatte trotz Bouwinghausens Hilfe Geld gekostet. Anderntags schon trat ein junger Mann herein, im blauen Rock, das ungepuderte Haar in weichen Strähnen in der breiten Stirn über kurzer Nase. „Ein holländisches Gesicht!" ging es der Fiebernden durch den Kopf, da sie wußte, daß die Hoven aus den Niederlanden kamen.

Er fühlte den Puls und hob die Lider und fragte dies und das; und obwohl er noch kein approbierter Arzt war, schien er sehr sicher und ruhig. Das sei – sagte er zu Ludwig – eine nervöse Überreizung, das Herz sei unruhig und auch vorher wohl schon nicht fest gewesen, die Frau Mutter sei auch mager und atrophisch, man müsse sie kräftigen, sie solle kleine Ausgänge tun und andere als die Stuttgarter Lüfte atmen.

Helene setzte sich auf. „Hast du dem Herrn Doktor von unserer Reise geredet, da er merkt, wie angespannt und abgemattet meine Nerven sind?" fragte sie.

Ludwig schüttelte den Kopf. Da erzählte sie, und Hoven, der selber den Gefangenen auf dem Asperg besucht hatte, hörte gespannt zu. „Es ist auch unbegreiflich, daß man höchstenorts solang gezögert hat, eine Frau zu ihrem Manne zu lassen, Kinder zum Vater, wo doch andere, mindere, dieselbe Gunst schon lang genossen haben."

Sie könnte sich selber keinen Grund dafür denken, sagte die Kranke, und wisse auch nicht, warum man es jetzt so unverhofft erlaubt habe. „Ob vielleicht die

Frau Reichsgräfin – Pardon, seit dem Frühjahr ist's ja die Durchlaucht Frau Herzogin – ob sie vielleicht doch jetzt, da sie die rechtmäßige Gemahlin heißen darf, mehr Einfluß gewonnen?" fragte Ludwig.

„Sie hat mich immer voller Mitgefühl betrachtet, auch ein paarmal halbe Hinweise und Tröstungen verlauten lassen, aber recht kräftig geholfen hat sie nie."

„Sie hat's nicht dürfen", entschuldigte Hoven.

„Und ist noch jetzt nichts Sicheres mit ihrer Legitimation", bemerkte Ludwig.

„Der Jurist!" spöttelte Hoven.

„Aber es tut einem leid um sie, geschieden schon bald fünfzehn Jahr, der Herzog Witwer seit fünfen, und der Papst zu Rom gibt ihm keinen Segen dazu", bedauerte Helene. „Es sollte ihm doch recht sein, wenn sie nicht im Unreinen zusammenleben wollen."

„Im Unreinen ist nichts, da sie kirchlich getraut sind", verbesserte der Sohn, „zur Linken freilich . . ."

„Haben sie's denn nicht am eigenen Leib erfahren, was es heißt, immer an Zwang und Vorschrift zu stoßen?" brach Helene aus, „spüren sie's denn nicht, daß der Vater endlich frei werden muß? Er kann doch nicht mehr wirken, wenn man ihn ganz gebrochen hat!"

Wie es denn gehe mit der Gesundheit des Herrn Professors? wollte der Arzt wissen.

Ludwig sah ihn an. „Gut, recht erstaunlich gut!" sagte er dann mit überlauter Stimme, und Hoven verstand. Er empfahl noch einige Anwendungen und Kraftspeisen und gab der Kranken die Hand. Draußen nahm er den Freund beim Arm. „Ludwig, wie steht's wirklich mit deinem Vater?"

„Nicht so, wie wir's der Mutter vorgestellt, der Vater und ich, und sie hat's wohl auch gespürt: Er ist nicht mehr der alte, zittert mit den Händen – ich hab's ihr mit der Erregung erklärt – strauchelt beim Aufstehen, ist gedunsen und fahl und hat rote Augen – und er holt oft Luft, daß es rasselt und keucht dabei."

„Ja, ich hab's vor ein paar Monaten schon gesehen", bestätigte der andere traurig. „Es ist also, wie ich gefürchtet, und nicht besser geworden, eher ärger; das Herz hat zuviel Schaden genommen – Aufregungen, Angst, Sehnsucht, Sorge – und zu wenig Luft, Bewegung, Schlaf. Paß auf ihn auf, Ludwig, und wenn er herauskommt..."

„Sie lassen ihn drinnen sterben, wirst es sehen, Mensch!" rief Ludwig zornig.

Samenkorn

In einer Sommernacht, die von Leuchtkäfern und Sternschnuppen schwirrte, träumte Schubart einen seiner „Wahrträume"; er nannte so die Bilder, die tiefer aus seinem Unbewußten aufstiegen als die Tageserinnerungen und die im Schlaf gespiegelten Erstickungsnöte, die er nur zu gut kannte. – Als er aufwachte, war es noch nicht ganz hell. „Ich bin ein Samenkorn", sagte er vor sich hin, „die harte tote Schale löst sich auf, fault weg, bricht durch – das tut weh und ist kaum auszustehen, nein, nicht zu überstehen, denn ich sterbe dabei. Aber ganz innen, da, wo das Zarte ruhte, lebt es noch, da regt sich's, rührt etwas wie ein Fingerlein, schiebt sich vor – auch das tut noch weh, aber nicht mehr lang. Das Wachsende ist ganz hell –", er besann sich, daß er laut mit sich selber rede, und fühlte, daß er schweißnaß war und schwindelig – „ganz hell, vielleicht, sicher, ist das der eigentliche rechte Schubart". Er stieg aus dem Bett und stellte sich ans Fenster; droben streifte grünes Türkislicht den rosigen Morgenhimmel. „Es ist der Mensch, wie er vom Schöpfer gemeint war, der da hervorbricht."

Im Sommer 85 schrieb der Dichter an den Obersten Seeger. Sorge um sein Werk und seinen erworbenen Namen, die „theuersten Pfänder", Weib und Kinder, sein von Gott geläutertes Gewissen stellte er als Bürgen, daß er auch in der Freiheit die „heiligsten Pflichten gegen den großen und guten Fürsten" nie verletzen werde; er müsse freiwerden!

Die „Anzeige" seiner „Lebensbeschreibung" und der „Ästhetik der Tonkunst" für das Publikum hieß der Fürst zwar gut, nur dürfe der Ort, wo sie verfaßt wurden, nicht erwähnt werden, und der gutgläubige Arrestant hielt das für ein Anzeichen, daß er bald „Stuttgard" statt „Asperg" schreiben dürfe! Aber dann sank alle Hoffnung wieder: Er litt daran, die Frau belasten zu müssen, sein Stolz ertrug es nicht mehr, sie zu bitten, er regte sich auf über die unwürdige Abfindung, die man ihm für die Herausgabe der Gedichte zuwarf: Zweittausend Gulden Profit machte die herzogliche Akademiedruckerei daran; für Helene, der sie allein zufließen sollten, erhoffte er wenigstens tausend – und am 1. September schrieb er ihr hastig, mit fast unleserlichen Schriftzügen: „Wünsch dir Glück zu den 200 Gulden. Thu mit, was du willst, Millionen sollten dein seyn, wann ich sie hätte . . .", und dann: „Warum ich solang nicht schrieb, war meine Mißlaune schuld. Mir ist alles verleidet, selbst das Leben; daher sündige ich oft wider das Gesetz der Selbsterhaltung durch wilde Unordnung. Hol der Teufel ein Leben ohne Freiheit, ohne Pflege, im feuchten Gitternest – unter steter Marter zugebracht!"

Er warf das Papier hin, wischte den Schweiß von der Stirn und hielt sich den Kopf. ‚Was hast denn so tröstlich vom Samenkorn geträumt, Alter?' Er zögerte und nahm den Kiel wieder, aber es wurde nichts als Klage: „Ich bin krank an Leib und Seele und will nichts mehr von der Welt, wo ich nur den Krüppel spielen sollte.

Ich hoffe, es soll bald aus mit mir seyn. Schwindel, Lähmungen, Zittern, Engbrüstigkeit, Magenweh künden mir das nahe Ende eines so elenden Lebens an.

Weib – Liebe ist Qual! Möchte mich schier davon reinigen und ein Teufel werden, um mich ewig im Hasse zu weiden. Aber mein Herz! O, dies Liebe flutende Herz!! – . . . Was nützen solche Höllenbriefe, wie wir einander schreiben! – Ewige Klage ohne Trost! Ewiges Harren ohne Erfüllung! – Im Fluge geschrieben . . ." Dazwischen vermerkte er bitter, der Spezial Zilling habe sich sechzigjährig mit einer „raschen Witwe, des jüdischen Steinheils Schwester" verheiratet. Und dann – lauter Gauner und Lumpen umgäben ihn, seine Habseligkeiten seien ihm gestohlen worden, die Helene so mühselig beschafft, seine „leichtsinnige Gutheit" mißbraucht worden . . . und die Freiexemplare an Große und Fürsten müsse man wegschenken ohne Entgelt. Und dann: „Ich erwarte dich nun gewiß auf acht selige Tage!" Er saß und schrieb lang. Endlich setzte er wieder den Satz hinzu, der ihm jetzt oft aus der Feder kam: „Vielleicht ist's doch das letztemal, daß ihr mich besucht; denn so muß man immer denken, wann die Vorbothen des Todes so unsanft an unsere Hütte klopfen."

Ludwig kam allein – man hatte Helene die Reise nicht erlaubt; Schubart stockte der Atem. „Mein Geist umschlingt dich mit zitternder Liebe!" schrieb er, langsam, mit kaum mehr gehorchenden Fingern unter Ludwigs Brief an die Frau.

Der Januarschnee drückte auf die Festungsbauten, die Dächer lagen mit Hauben und Kappen unbeweglich über den gelblichen Mauern. Schubart saß mit seinem Sohn im Zimmer, Ludwig berichtete von seinem Bemühen, eine seiner Ausbildung entsprechende Stelle zu finden. Schubart selber schrieb an alle Welt, mahnte, schmeichelte und bat; und endlich hatte sich eine

Hoffnung aufgetan: Der Minister Friedrich Wilhelms II., Herzberg, wollte den Sohn des Gefangenen als Legationssekretär einstellen. „Wenigstens bin ich nicht so verachtet, daß man's meinen Sohn entgelten läßt!" sagte Schubart.

Ludwig verschränkte die mageren Hände. „Ach, Herr Vater! Wer mag Sie verachten? Achten, bedauern, verehren müssen Sie alle denkenden Leute!"

Schubart schüttelte den Kopf – zuviel Feuer und Kraft waren ihm hingeronnen in diesen trübseligen Jahren, er schob die freundlichen Gedanken angewidert von sich, als wären es Fliegen.

Ludwig schwieg. „Vater, lieber Vater, armer Vater!" brach es aus ihm heraus, „ich kann doch nicht helfen!"

Schubart nahm sich zusammen. Den fülligen Leib, das erschlaffte Gesicht durchlief ein straffendes Zittern. „Der preußische König hat an den Herzog geschrieben!" sagte er dann leise, fast feierlich; „es hat mich zuerst kaum angerührt, aber jetzt muß ich's dir doch sagen . . ."

„Der König? Gott sei's gedankt! Wär's doch Friedrich der Einzige noch gewesen, den du so verehrt, Vater, des Herzogs Mentor, sein Mahner!"

„Du redest so pathetisch, Ludwig, als sollt ich's aufschreiben", spöttelte der Alte, „ich halt – zu dir gesagt – nicht viel vom jetzigen Hohenzollern, ist ein schwaches Nachgewächs, der Herr Neffe! Aber ich muß halt des Herzogs seinen Tod abwarten – oder den meinen."

„Wär ich in Preußen!" seufzte Ludwig, „er könnt mich nicht halten hier!"

„Ja, solltest ihm bald aus den Tyrannenzähnen kommen, Sohn!"

Helene hetzte wieder durch die Stuttgarter Straßen: Zur Poststation mit wichtigen Briefen, zum Expeditor, um die großen Kisten mit den Druckbogen befördern

zu lassen, zu Julchen, der sie beim Nähen der Aussteuer half – die Tochter hatte einen Bewerber: Der Kammercellist Kaufmann war ein braver, zuverlässiger
Mensch und die Schubartin war froh, da er ihr solider
schien als der Tänzer, um den sich der Gefangene soviel Sorgen gemacht hatte.

Man hoffte jetzt auf das allerhöchste Wiegenfest –
dramatische Wohltaten mußten es von jeher verschö-
nen – Schubart tat es nur mit leisem Zweifel, da der
Herzog an jenem Tage verreisen wollte. Und am
22. Februar schrieb er wieder, diesmal an den Verleger
Himburg: „Der elfte Februar, edler Freund, ist nun
lange vorüber, und ich bin, was ich zuvor war – Gefangener, der sich schämt, mit dem Stanke seines Schick-
sals seine Freunde anzuekeln. Künftigen Montag geht
das aufs Vorgebirg der guten Hoffnung bestimmte
würtembergische Regiment ab. Der Abzug wird einem
Leichenkondukt gleichen, denn Eltern, Ehemänner,
Liebhaber, Geschwister, Freunde verlieren ihre Söhne,
Weiber, Liebchen, Brüder, Freunde – wahrscheinlich
auf immer. Ich hab ein paar Klagelieder auf diese Gelegenheit verfertigt, um Trost und Muth in manches za-
gende Herz auszugiesen. Der Zwek der Dichtkunst ist,
nicht mit Geniezügen zu prahlen, sondern ihre himml-
ische Kraft zum Besten der Menschheit zu gebrau-
chen.“

Nicht lange danach kam Helene, die ihn endlich
doch wieder hatte besuchen dürfen, nähte, flickte,
putzte seine Schuhe. „Mann, ein bißle bang wär’s mir
schon, wenn du wirklich wolltest einmal nach Berlin
ziehen, so er dich nicht zum Dableiben zwingt. Aber
wir wären doch weg von ihm und aus seinem
Blick . . .“

Er sah sie an: „Wenn dein Ludwig dort ist, mag’s dir
doch nicht gar so fremd werden, und das Jullichen ziehen wir nach – gelt, Weib!“

„Ja, wie du's willst, wenn du nur wieder frei bist!"
Sie zögerte.

„Aber so er dein Klagelied vor Augen kriegt, ist's
ganz aus ..."

„Sei's drum!" Dann zitierte er:

„Auf, auf ihr Brüder und seid stark,
Der Abschiedstag ist da!
Schwer liegt es auf der Seele, schwer!
Wir sollen über Land und Meer
Ins heiße Afrika.

Ein dichter Kreis von Lieben steht
Ihr Brüder, um uns her,
Uns knüpft so manches teure Band
An unser deutsches Vaterland,
Drum fällt der Abschied schwer.

Dem bieten graue Eltern noch
Zum letzten Mal die Hand,
Den kosen Bruder, Schwester, Freund;
Und alles schweigt und alles weint,
Todblaß von uns gewandt.

Und wie ein Geist schlingt um den Hals
Das Liebchen sich herum:
Willst mich verlassen, liebes Herz,
Auf ewig? und der bittre Schmerz
Macht's arme Liebchen stumm ..."

Ach, Helene hatte Angst. Das Gedicht war schön, es
war einzig und rührend. Aber – der Herzog mußte es
erfahren haben – man redete davon, wie nah schon
Schubarts Erlösung gewesen sei, und wieder verworfen
und abgetan, auf immer vielleicht, ganz, unrettbar.

Manchmal erschrak Helene über sich selber: Ihre

Kraft nahm ab, dies Hin und Her, diese grausame Wippe verbrauchte sie: Wäre es aus, wüßte ich, daß es aus ist, ich ertrüge es vielleicht eher, nach dem ersten gräßlichen Schlag! Aber ich frag nicht nach mir – er hockt dort oben und leidet, und unsere quälenden Abschiede sind unmenschliche Foltern, es wird jedesmal schlimmer. Oh, und er verändert sich so: Es wächst etwas an ihm und in ihm, das ich nicht mehr verstehe und nicht kenne, und wogegen ich nicht ankomme – etwas Unaufhaltsames, Schreckliches entfremdet ihn mir, mehr und mehr. Kaum werde ich ihn mir zurückholen können, nachher, wenn . . .

Ludwig war zum Abschied beim Vater gewesen, ehe er in preußische Dienste ging – Schubart selber hatte an Friedrich Wilhelm II. und an den Minister Herzberg geschrieben, und jetzt war die Reise angetreten, der Sohn versorgt, wenn er sich gut hielt, und mit dem Leiden des Vaters das Amt des Jungen erkauft. Ludwig spürte die Verantwortung, die ihm dadurch auflag, er reiste voller guter Vorsätze und dankbar.

Anna Louise Karschin hatte aus Berlin an Franziska geschrieben: Die Dichterin, deren „Gesang wie Honig von den Lippen der Natur träuft", wie Schubart reimte, hatte um des Dichters Freilassung gebeten. Franziska wußte wenig von dieser seltsamen Frau – daß sie als Kind bitterarmer Häuslersleute nahe der polnischen Grenze geboren und ungefähr vierzig Jahre alt war – zwei Grobiane von Männern überlebt und Friedrich den Großen in begeisterten und geistvollen Hymnen angedichtet hatte – was sie dem „lieben Carl" nicht sympathischer machte, wie er ja überhaupt gelehrte Weiber nicht schätzte.

Zugleich hatte Friedrich Wilhelm II. denselben Wunsch – freilich in Form eines Befehls – mitteilen lassen. Franziska schrieb verbindlich, aber ganz im Ton der Herzogin, was ihr Carl Eugen zu sagen erlaubte:

209

„Hohenheim, den 16. März 1787. Einen Wunsch des Monarchen befriedigen zu können, der bei Aufsezung seiner Krone Sein Königreich durch mannigfaltige Beweise der Menschen-Liebe über den Verlust seines erblassten Monarchen* zu trösten wußte, das ist eine Wohlthat für den Fürsten, (welcher an Macht unter einem König steht,) die selten ist – und durch die nemliche Handlung zugleich die Bitte einer Karschin zu erfüllen, ist mehr als Belohnung für ein Herz, das fühlt. – Der Herzog, mein Herr, empfinden es in seinem ganzen Umfange, indem Sie Schubarten nicht nur von dem Aufenthalte der Vestung befreien werden, sondern es nur noch verschieben, weil Sie mit der Befreiung auch den Vortheil, einen Wirkungskreis für seine Talente ihm anzuweisen und für die Bedürfnisse des Lebens zugleich zu sorgen, Sich vorgenommen haben. – Schubart wird also in kurzem das Glück seiner Freiheit dadurch zu erhöhen wissen, daß er dem Könige, der für ihn befahl, ehrfurchtvoll seinen Dank zu Füßen legt, und einer ihm an Talent verschwisterten Karschin freundschaftlich seine Loslassung kundzutun, sein erstes Geschäft seyn läßt. – Beide Ergießungen sind an ihrer rechten Stelle. Mir blieb nur Theilnehmung, nicht Mitwirkung an seinem verbesserten Schicksal übrig.

Franziska, Herzogin von Wirtemberg."

Den Brief gab man Schubart zu lesen – der König hatte sich für ihn verwendet! Vielleicht war das doch eine Folge seines eigenen Schreibens an Friedrich Wilhelm, oder – noch eher – des Briefes an Herzberg, den königlichen Minister, in dem er beiden den Sohn Ludwig empfahl: Dem König hatte er „das kostbarste Geschenk zu Füßen gelegt, das ihm sein grausames

* Friedrichs des Großen † 1786

210

Schicksal übrig gelassen", den einzigen Sohn, und dem Minister schrieb er am Schluß einer bewegten Erklärung: „Ob meines Sohnes Schritt Einfluß auf mein Schicksal hat, will ich erwarten. Sollt' ich, wie einige trüb ahnden, ein Opfer für ihn werden, so sei's! – Wir schwebten bißhero, wie gescheitert, auf dem Meere – nur auf einem schwachen zuckenden Trümmer. – Ich glitsche von dem Trümmer willig ins Meer, wenn nur mein Sohn ans Ufer schwimmt."

Und nun hatten sie alle Angst, der Herzog möchte es den Vater büßen lassen, daß er einen Untertan in „auswärtige" Dienste geschickt habe, die Mutter, daß sie sich nicht widersetzt hatte, und die Schwester, daß sie eben die Schwester dieses Abtrünnigen sei. – Angst – immer wieder! Schubart sagte es zu Helene, die ihn besuchen durfte. „Herzensweib – sind wir nicht wie ein Kind im Maul des Drachen – immer gewärtigen wir sein Zuschnappen – und sehen über uns die scharfen Zähne! An den Himburg hab ich geschrieben, den großen Verleger, an den König selbst, an Herzberg – ich hab getan, was Väter tun können, da ich selber nicht hinfahren und den Ludwig empfehlen kann ... wenn er nur gesünder wäre! So zart! Hat die Menschendrillerei in der Akademie schlecht vertragen ..."

Helene beruhigte, zum tausendsten Male: Gott sei da und hüte auch das zarte Pflänzlein im Drachenmaul und den empfindsamen Buben in Berlin droben, wenn er nur erst einmal droben etabliert wäre. Und das Julchen ja, die werde also wohl Frau Kammercellistin, und des Vaters Bedenklichkeiten seien hinfällig – der Johannes sei ein braver Mann. Kein genialer Musiker, aber ein zuverlässiger Repetitor ... so sage der Jomelli, der große Konzertmeister Serenissimi. – Schubart schweifte ab, bedrückt sagte er: „Hab doch gemeint, es hätte genutzt, mein Gedicht auf den Geburtstag der Herzogin, am 10. Jenner. Hat aber nichts getan."

Helene zitierte tröstend:

„... Franziska, wirst du dich einmal
Auf deines Lebens Abendstrahl
In Garten Gottes schwingen
So triffst du deinen Engel an,
Mit Himmelslächeln wird er dann
Die goldne Frucht dir bringen!"

Er winkte ärgerlich ab.

„Das ist gut, Mann, und es wird helfen, das und der
Ludwig und der König und Hardenberg und Klop-
stock und die alle – er kann dich nimmer halten, du!"
Er schüttelte den Kopf.

Helene mußte zurückkehren. Wieder ein Abschied,
der wievielte schon, und der wievielte würde noch folgen! Er schrieb ihr: „Veste Asperg, den 28. April
1787:... die andere Woche erwart ich dich sicher. Du
kannst nicht glauben, wie groß meine Sehnsucht nach
dir ist! Der wütende Aprill hat die zarte milchene
Pflanze meiner Gesundheit beinah gänzlich zerknickt.
Ich achtete den Tod nicht so sehr, wenn nur mein inne-
rer Zustand geordneter wäre. – Doch es muß gehen
oder brechen. Der Teufel kann mich nicht brauchen
und Gott läßt mich nicht. Ich umschlinge deinen Halß
und nenne mich liebeschluchzend Deinen

Schubart."

„Phantasie! Gute Gabe der Dichter! Daß ich unter
dir am meisten leide!" Er sah und hörte zuviel in seinen
Gesichten, träumte zuviel in den Nächten, wo der
Frühlingssturm über den Berg raste. Er sah Ludwig in
allerlei Not, Helene in Gefahren – konnte man sie
nicht verfolgen, da sie doch seine Frau war? Er
fürchtete für sich selber: Es gab rätselhafte Todesfälle
in Staatsgefängnissen, vergifteten Wein, eingeschleppte

Seuchen. Er sah Julchen, „sein Ebenbild", weinend um ihn und um Ludwig, und endlich, als ihm leichter wurde, raffte er sich auf und schrieb ihr einen zarten Brief, wie er ihn für mädchenhaft und liebevoll genug hielt: „Herzensjulchen, du bist nun mein Einziges noch übriges Kind in der Nähe! . . . Hast du ausgeweint, trautes Julchen, hast du ausgeweint um deinen Bruder?

> „Nein, herziger Vater, noch oft wird sie fließen,
> Die Träne aufs nächtliche Lager,
> Noch oft werd ich seufzen,
> Aus mattgeöffneten Lippen:
> Brüderlein, wo bist du? Herzensludwig, wo weilst du?
> Zwo Rosen waren wir, ein Männlein du, ein Weiblein ich,
> An einem Stengel standen wir,
> Kosten einander so freundlich,
> Scherzten so hell und so launig,
> Und ach! – Vom Stengel riß
> Die Hand des Schicksals dich;
> Nun schwank ich allein am Stengel,
> Ich armes Julchen, allein!! –"

Ja, das wirst du denken und fühlen in deinem zarten Herzen. Drum komm zu mir, Holde, daß ich dich wiege auf meinem Schoße, daß ich dir entküsse die blinkenden Zährlein, daß wir sprechen am dämmernden Frühlingsabend vom fernen Sohne, vom fernen Bruder, daß dann schnell komme ein Engelein, und in einer Muschel von Perlenmutter unsere Thränen auffasse, sie bringe Ludwig, dem geliebten, und damit salbe sein Haupt . . . Schreib mir fein, seelengutes Kind! Sag, deine Mutter soll Äpfel mitbringen, wenn sie kommt. – weißt du, wer ich bin? – Dein innigst liebender Vater Schubart."

Schubart stand auf und trabte durchs Zimmer. Das Julchen, ja, mit ihrem lieben Gesicht – Helene, ernst, mager geworden, die vertraute Frau, der Ludwig – um den er immer noch warb, der ihm immer noch ein wenig fremd war, wie damals, als er ihn aus dem Wasser ziehen wollte an der Donau. Aber dahinter, daneben die vielen: Tausend Köpfe und Herzen, Erwartungen und Hoffnungen, Augen, die ihn anstarrten. Schubart, rede du! Ruf du die Freiheit! Er stand still und faltete die Finger eng zusammen: „Im Strick, im Netz wie lahm – und alles bleibt ungetan, alles halb . . .“

Vor seiner Tür hörte er einen fremden Schritt, nicht den des Wärters, der das Essen brachte. Ein Besuch? Aber es tat wie grobe Soldatenstiefel. Da pochte einer. Hügel schickte eine Ordonnanz: Er möge zu ihm kommen! Er drehte sich hastig um. In der stumpfen Stimme klang etwas mit, was ihn rüttelte . . .

Drüben in der Kommandantenwohnung ließ ihn ein Bursche ein. Hügel hörte es und trat lächelnd aus der Zimmertür. „Herr Schubart! Es ist Zeit! Erschrecken Sie nicht, setzen Sie sich doch!“ Er rückte einen Schemel heran, der für Bittsteller im Gang stand.

Schubart schaute verstört auf, tastete nach der Lehne, griff ins Leere und stützte die Hand auf den Sitz. Er setzte sich schwerfällig. „Zeit, Herr General? Was für eine Zeit?“ Er dachte: Ich bin wie blind, als wäre mir ein schwarzer Sack über den Kopf geworfen . . .

Hügel beugte sich erschrocken zu ihm herunter. „Schubart – Sie sind frei: Das ist der Abschied von Ihrem Berg!“

Schubart taumelte in die Höhe, seine Augen wurden starr. Flehend sah er den General an. „Freiheit? Wahrhaftig?“

Hügel nickte lächelnd. Der Gefangene griff haltlos nach seinem Arm, sein Gesicht fiel ein. „Oh, macht mir jetzt nichts mehr vor, um Gottes Barmherzigkeit willen!"

Hügel schob ihn stützend ins Zimmer, drückte ihn auf einen Sessel und hielt ihm einen großen harten Bogen hin. „Da, lesen Sie doch: das Dekret!"

Schubart sah nichts Genaues – Schwindel dunkelte vor seinen Augen. „... den elften May 1787...", das erfaßte er noch, ehe er den Kopf auf die Arme warf.

Hügel packte ihn an der Schulter. Als er sich erschreckt aufrichtete, lag das Dekret knitterig am Boden; Hügel griff danach und sah ein paar nasse Flecken darauf.

Schubart stand davor und wischte die Haare aus der Stirn.

„Mann, Schubart! Wo sind Sie denn? Es ist wahr diesmal! Sie dürfen's glauben!"

Jetzt zitterten dem Gefangenen die Wangen, die Hände, er kniete hin und umfaßte den General. Hügel zog den Weinenden in die Höhe. „Ihre Frau hat Nachricht! Bereiten Sie sich vor! In zwei Tagen! Ich werde nach Ihrer Garderobe sehen lassen. Seine Durchlaucht geruhen selbst zu kommen."

Der elfte Mai war kühl. Morgens lagen Nebel um den Berg. Als Schubart nach einer schlaflosen Nacht die Fensterläden aufstieß: Dunst, silbrig wie vom Mond, und Bläue dahinter, Gerüst und Gefinger der Bäume über dem weißen Streif, fiedrig fern, rötliche Dächer, Firste, ein Türmchen... die Welt! Ich soll sie wieder haben! Und sie mich! Welt und Himmel und Menschen! Es ist zuviel für einen Tag und einen Mann! – Jetzt: Aus dem gelbstrahlenden Himmel klärte sich das Blaue, schillernde Flächen, Wolkenfahnen, es flirrte und wogte. Meer – Strom – Weite. O Atem! O Freisein!

Drunten ein Trompetensignal. Er zog den Kopf ein: Wie oft hab ich drüber sinniert, was Freiheit sei. Was ich damit anfinge, wie ich sie nützte! Aber jetzt, wo sie kommt, Gottesgeschenk, Gnade, Erfüllung – da ist alles Reflektieren sinnleer. Nur hinaus, hinaus, wie's Tier aus der Falle, dem die Haut abgefetzt, die Augen geblendet, die Ohren ertaubt sind. So ein Tier kriecht zur Mutter: Helene! Heimstatt, Sicherheit, etwas Warmes, Zuverlässiges ist's bei dir. Nimm mich in die Arme wie in eine Wiege! Von daher kann ich's dann, was ich solang versäumt hab – hinauswirken, ändern, formen, bessern!

Er stand immer noch am Fenster, in Hemd und Strümpfen. Draußen glitzerte der Tag, am Waldrand glomm das rote Licht über dem schwarzblauen Kamm, Bäume in der Nähe wie hellgrüner Flaum, dunkler beschattet, Dörfer, weiße Häuser, Hecken, Wege . . . heimatliches Land, liebes! Ein Schauder flog ihn an. Wirken? Kannst es denn noch, du zerzauster Armer, verkannt und verbannt und entmannt – bleib doch, wo du bist, im Käfig! Draußen weht die Luft zu scharf für deinesgleichen.

Er setzte sich aufs Bett. Die Arme hingen ihm zwischen den Knien. Es klopfte. Der Kommandant schickte den neuen Rock, die gewichsten Schuhe, das wohlgekräuselte Haartoupet. Puder stäubte, die Spitzen knisterten, es roch festlich und süß. Der Wärter legte alles vor ihn hin. „Will sich der Herr Professor nicht waschen? Soll ich anziehen helfen? Um elf Uhr sind Serenissimus angesagt, und sogar mit der Frau Herzogin Durchlaucht."

„Danke, Meule, wahrhaftig!" Schubart stemmte sich auf und ging zur Waschschüssel hinüber. Er zog sich an und sang laut den Morgenchoral – man hörte es draußen. Er brach ab, heiser keuchend. Er hustete. Ruhiger schloß er die Augen und hielt die Hände zusammen. Hügels Schritte dröhnten auf dem Gang. Schubart steifte die Schultern.

Nachher bewegte er sich wie eine Marionette: Man zog und schob ihn, er verstand, daß da bunte Gruppen waren, Aufmarsch und Befehle, Hügels freundliche Augen, seine Paradeuniform nahm er wahr, dann die Wagen, das „Habt acht!" und klirrendes Strammstehen, die Stille. Er senkte die Lider, er schämte sich plötzlich inmitten des wirbelnden Zirkusspiels: Da stand er, verneigte sich, der hohe Herr im roten Frack lüpfte sogar das winzige Hütchen, reichte die Rechte im Stulphandschuh, das Gesicht sah er nicht, spürte aus dem Augenwinkel die helle Gestalt daneben, rosa Tüll und Spitzen, irgend etwas sagte sie, er schaute sie nicht an, hörte die warme Stimme, erfreut scheinbar, da sie ihm „Freiheit" ankündigte. Auch sie gab die Hand, er neigte sich darüber, tat, als wollte er sie küssen, dann hielt er den Rücken gerade, Hügel nickte ihm zu: Gut gemacht soweit, bald ausgestanden.

Unversehens wachte er auf: Ihm war, als hinge er im luftleeren Raum, schlüge flatternd die Flügel und fände keinen Halt mehr. Aber jetzt wurde er wieder angesprochen: die Ämter und Aufgaben wurden ihm genannt, die Würden, die Erhöhungen, das Verdienst: Theaterdirektor und Musikdirigent, ein gutes Einkommen, ein gutes Ansehen.

Da endlich brach in ihm die Flamme auf, er wurde rot, zitterte, holte tief Luft, schlug die Augen auf gegen den weißblauen blassen Maihimmel . . . er taumelte. Hügel faßte ihn am Arm – ganz gegen die Etikette, Carl Eugen lächelte etwas süffisant aus den geschwollenen Lidern, Franziska hielt den Kopf schräg und sah sonderbar ernst aus.

Da trat ein kleiner graubleicher Mann auf ihn zu, im schwarzen Rock, und hob die Hand: Der Pfarrer Hahn, Philipp Matthäus Hahn, der ihn so oft besucht hatte, der große Erfinder, Mechanikus, der Gottesfreund – schoß es ihm durch den Kopf. Hahn hielt ihm beide Hände hin und flüsterte ihm etwas zu. Schubart verstand ihn nicht gleich, da wiederholte der Pfarrer mit seiner brüchigen Krankenstimme: „Lieber Mann, lieber Bruder: Wenn der Herr die Gefangenen Zions erlösen wird, dann werden wir sein wie die Träumenden, da wird unser Mund voll Lachens und unsere Zunge voll Rühmens sein . . .“

Schubart drückte ihm die Finger, als wolle er sich daran klammern. „. . . des sind wir fröhlich!“ vollendete er den Spruch.

Fröhlich! Kann ich's noch sein? Fröhlich!

Danach, beim Essen, an dem Hahn teilnahm, wuchs er langsam in das Neue hinein. Er war ja glücklich, ein Befreiter, ein Bestätigter, frei!

Später noch, in seinem Zimmer, schrieb er ein paar Briefe wie im Taumel, den ersten an Posselt in Karlsruhe: „Ich bin frei! Oh, herrlicher Mann voll Hoch- und Tiefgefühl – mit welch trunkenem Entzücken ertheil ich Ihnen diese Nachricht! – Heute kam der Herzog, meist meinerhalben, und lies mir durch seiner Gemahlin Mund die grose Botschaft der Freiheit ertheilen. Nächst Gott dank ich dieß kostbare Geschenk Friedrich Wilhelm, dem Herzigen! O lieber Posselt, schreien möcht ich vor Freude, mich wälzen unter freiem Himmel im Frühlingsgrase oder klettern mit der Gemse auf den höchsten Zakenfels, die gefalteten Hände in die Wolke streken, und dem grosen Geber der Freiheit laut weinend danken. Ich bin nun mit einem ansehnlichen Gehalt Director des Theaters und der Musik in Stuttgardt, für den Rest meines Lebens ganz nach Hang und Wunsch, versorgt . . .“

Helene und Julchen kamen, um zu packen und zu räumen, er schrieb dem Sohn, der's kaum glauben wollte, er trieb in einem Kreisel von schäumender Wonne wie in einem Wassersog . . . Noch Jahre blieben ihm, noch! Jetzt mußten sie genützt werden, ausgemünzt, vollgepfropft mit aller Leistung, allem Genuß, aller Wärme und Liebe und Begeisterung, alles mußte noch schnell gesagt, getan, geschrieben werden . . .

Dann reiste er. Ja, wahrhaftig! Es ist doch noch alles da: Die Freude, der Enthusiasmus, das Sehen, Hören, Riechen, Fühlen, Schmecken der bunten Welt! Herrlich, daß ich im Mai hinaustrete, da die Luft so jung riecht, so gewürzt vom Duft der feuchten Blätter, wo dies Flirren über den Farben ist, dies silbrige Zittern, das erste Auftun und Aufstehen aus der dunklen Erde; und der Wald – wie er aussieht: silberne Buchenstämme, helle Sonnenflecken, auf und ab tanzend, ein durchscheinendes Dach, goldig grüne Seide.

Und Tiere: Er hat bisher durchs Fenster Pferde traben sehen, Hunde sind ihm auf dem Hof begegnet, Tauben, Hühner sind über den Pflasterweg gelaufen, Fliegen, eine Maus manchmal im Kerker, aber jetzt: Er wandert um Stuttgart herum, so wenig Zeit er sich auch gönnt: Eichhörnchen flitzen an den Stämmen, im Dorf blökt ein Zicklein, er bleibt stehen und streichelt es, der Häher ruft. Er setzt sich an den Waldrand neben eine Quelle, es schwatzt und schmatzt, blitzt, wenn's aus dem moosigen Loch drängt, sich vorschnellt und ausbreitet und weiterläuft durchs Gras, und er bückt sich herunter, läßt das kühle, saubere, unberührte Wasser in seine Hände laufen wie in eine Schale.

Auch Helene ist ihm neu, sie blüht zaghaft auf, und was im Gefängnis verzweifelte Leidenschaft gewesen ist, wird jetzt Zartheit und ergriffenes Neugewinnen. Er genießt alles, ißt gern und viel, sammelt die Freunde um sich, trinkt, singt, läßt sich bewundern, bedauern, umschwärmen. An die Arbeit denkt er noch nicht, man läßt ihm Zeit.

Taumelnd in die Freiheit

So liefen Schubarts erste, beseligte Wochen hin: Jeder Tag, jeder Morgen hieß: Ich bin los! Ich bin frei! Manchmal, wenn er zu lange gelaufen, zu wenig geschlafen hatte, stach das Herz, aber er wollte es überhören, übersehen. Manchmal wurde ihm der Atem knapp – das mußte vorübergehen. Er reiste: Nach Aalen, nach Gmünd, nach Geislingen, wo nur irgend Verwandte und Bekannte saßen.

In Aalen empfing man ihn im Triumph, die alte Reichsstadt am Kocher feierte ihn wie einen Fürsten, er dröhnte laut seine Reden und Lieder. Da saß neben ihm die Mutter, bebend, faltig, gelb gedörrt, auf den knochigen Händen die braunen Altersflecken, den Scheitel fast kahl, und hielt seine Hand.

Sie war ein wenig wirr geworden mit den Jahren, und jetzt, da der Sohn bei ihr war, mitten im Lärm der Zechenden, meinte sie, in dem mächtigen Mann im Prunkrock das kleine Büblein zu sehen, das sie geboren hatte. „Es ist grad, als hätt ich dich zum erstenmal auf dem Arm, Christian, wo ich dich solang erwartet hab!" flüsterte sie und umgriff sein Gelenk.

„Ich bin ja auch neugeboren, Mutter, aus dem schwarzen Schoß hervorgebrochen ans neue Licht!" sagte er überschwenglich, „nur war's kein guter Schoß und keine liebe Bildung, die ich da erfuhr, eher eine abträgliche und mindernde, und hat mich geplagt und geschrumpft."

„Das gibt sich alles", sagte sie mit der Altersweisheit der geduldigen Frau, die ihr Leben mit Warten und Hinnehmen und Nachgeben zugebracht hatte.

Nach seiner Heimkehr war die erste Audienz angesetzt. Carl Eugen saß huldvoll vor ihm, der sich tief

verneigte. Der Herzog war jetzt ein gnädiger Lehr-
herr, der dem Rebellen vergeben will, den er genug erzogen und zurechtgebogen hat.

Schubart kam wenig zu Wort; er versuchte, seine
mögliche Verwendung in Preußen anzudeuten, aber
Carl schnitt ihm den Satz ab: „Er gehört ins Land,
Schubart, Er ist ein Schwabe, und Seine Talente mag
Er zum Wohl des Landes und seines Fürsten anwen-
den. Was, Preußen! Ist genug, daß Er den Buben hin-
ausgeschmuggelt hat, ist genug ... Wozu erzieh ich
den in meiner Akademie, wenn er mir durchgeht? Hätt
können bei mir ein tüchtiger Beamter werden, ohne den
geistlichen Firniß, wie ihn die Tübinger an ihrer Universität austeilen – sie haben doch alle den Schmack
vom Stift, auch die nicht Theologia studieren."

Schubart murmelte etwas von der herzoglichen Gnade, die des Sohnes Austritt in die Welt gestatten möge.

„Red Er nicht! Er wird's beweisen, daß Er sie verdient. Verdient wie sein Vater die Ämter, das Theater
und die Musik – weiß Er, was das heißt? Vertrauen
heißt das, so ich in einen Arrestanten gesetzt und nicht
enttäuscht sehen will! Hat Er verstanden?"

Schubart schielte scheu zu dem Jupiterthron hinauf.

„Schon gut!" schloß der Herzog, „Er wird eine Aufgabe finden, so ihn erfüllt und seiner Familie ein aus-
kömmliches Leben erlaubt. Adjes! Und sauf Er nicht
zuviel, Schubart!"

Als Schubart dienernd hinausgegangen war, brummte Carl hinter ihm her: „Das hätte dem so gepaßt, un-
zensiert in Berlin schreiben und schreien über mich!
Und Friedrich Wilhelm den Herzigen andichten, der
seinem großen Onkel nicht das Wasser reichen kann!
Der Sohn, der Ludwig, ist zahmer – ein Weiberge-
wächs aus der Helene ihrer Zucht ... Franzel! Wo
bist?" rief er, „er ist weg, komm herein!" Franziska
trippelte durch die Tür und setzte sich neben ihn.

„Wenigstens ist er frei!" sagte sie und sah Schubart durchs Fenster nach, wie er gebückt und schwerfällig zum Wagen trottete.

Schauspiel und Oper! Schubart stürzte sich jetzt „wütend", wie er's nannte, in die Geschäfte, besuchte Schauspieler und Sänger, blätterte in Noten und Regieplänen, wählte, verwarf, probierte selber, dirigierte Chöre, kontrollierte Arien – alles Übungen, Provisorien, alles hastig, hektisch, getrieben. Man gab ihm leise Hinweise von sachkundiger Seite, mahnte zur Stetigkeit, auch um seiner selbst, seiner Gesundheit willen, und wirklich – er lenkte ein und gab nach, aber nur, weil sein Herz versagte, sein Atem ihm stechend und keuchend durch die Brust fuhr; dann lag er und jammerte verzweifelt über die zerstörte Kraft, die unwiederbringlich dahin sei.

Helene beobachtete das alles mit Sorge; sie spürte, was dahinter stand: Das ‚Es ist später, als du denkst!', das er ihr einmal aus einer englischen Schrift übersetzt hatte. Und da er Künstler zu führen und zu formen hatte, Leute, die selber unstet zwischen großen Aufbrüchen und Bedrücktheit schwankten, war's bald schwer und schwierig am Theater und noch mehr an der Oper.

Der Herzog hatte eine ergebene Puppe erwartet, deren Fertigkeiten ihm nach Willen dienen sollten, aber da war von einem dauerhaften Wirken keine Rede mehr; das Flämmchen, das hie und da hochauf flackerte, verlosch immer wieder bis auf matte Funken, es fehlte an Plan und System, und die Chöre wie das Ensemble halfen sich selber und ärgerten damit den ungeduldigen und uneinsichtigen Direktor. Es gab Krach, Schubarts Geduld war so gering wie sein Geschick zur Menschenführung.

Aber er hatte ja noch die größere Aufgabe, seine „Teutsche Chronika". Schon sechs Wochen nach seiner Loslassung gab er sie wieder heraus, und der Widerhall beim Publikum war mächtig und machte ihm Mut. Jetzt hieß sein Blatt „Vaterländische Chronik", freilich nicht lang. Bald warf er auch das einschränkende Beiwort ab und ließ nur noch „Chronik" stehen.

Doch unangefochten konnte er – schon um seiner Themen willen – auch dabei nicht bleiben: Er wurde verwarnt, angegriffen, gemaßregelt. Und obwohl ihm Carl Eugen Zensurfreiheit eingeräumt hatte (die freilich auch für den Herzog Verantwortungsfreiheit bedeutete), konnte er ohne immer neue Widerrufe nicht auskommen. „Er hängt's mir dauernd noch an, daß ich sein Arrestant gewesen!" sagte er keuchend vor Erregung zu Helene, „er läßt mich's immer noch spüren! Da ist ihm meine Korrektur nicht deutlich, nicht demütig genug, ich soll sie noch ‚penibler formulieren', heißt es." – „O Mann, Lieber, reiz ihn nur nicht, wir haben genug gelitten, und noch einmal hielten wir's nicht aus!" bat sie.

„Hör zu, Frau, was ich jetzt einrücken lasse: ‚Auf höchsten Befehl soll ich den im fünfzigsten Stücke meiner Chronik eingeschalteten Artikel, den Zwist des Wormser Magistrats mit der Bürgerschaft betreffend, selbst rügen, und hiermit öffentlich erklären, daß ich wirklich hierin zu weit gegangen, und dem Ansehen des Magistrats zu Worms zu nahe getreten sei. Ich will daher jenen ganzen Artikel hiermit zurückgenommen haben . . .!' So, das ist deutlich genug . . . ach, Weib! Es kost' mich noch's Leben, wenn ich immer den Verdruß hinunterkauen muß!" Helene seufzte.

„Ich hab's neulich wieder durchgelesen – mit wie vielem Schwunge hab ich angefangen – mein erster Chronik-Artikel . . ."

Helene nickte ihm zu. Er hatte ihn nach der Rückkehr selber gerahmt und im Zimmer aufgehängt als ein Menetekel, und da hing er noch: „Entfernung, jahrelange Entfernung von dem, was man liebt, ist freilich

marternd für eine Seele voll Freiheitsdrang und Vaterlandsliebe, und doch hat diese trübe Erfahrung ihre
Vorteile. Man bemerkt die Vorschritte und die Rück-
gänge in der Aufklärung seines Volkes weit sicherer
auf diese Art, als wann man selbst im Volksstrome mit
fortflutet, und vorwärts oder rückwärts geschleudert
wird. Daher verbargen sich ehmals die großen weisen
Skythen . . . aus eigener Wahl! eine Zeitlang vor ihrem
Volke; unvermutet aber traten sie wieder aus ihrem
Geklüfte . . . und fragten: Nun, Geschwister, was habt
ihr indessen getan? Mein Schicksal schleuderte mich
mehr als ein volles Jahrzehnt aus dem Schoße meines
Vaterlandes hinaus. Da ich mich aber wieder im Licht
der Freiheit sonne, so ist nichts gerechter, nichts herzi-
ger als die Frage: Was hat indes dein Vaterland Großes, Edles, Gutes getan?" Das war der Anfang und er
war stark und geschickt, er wußte das und sagte es –
tröstend – zu Helene.

„Ich hab da alles angeführt, was mir nutzen konnte,
für die Chronik: Sie haben gespürt, daß ich wohlunter-
richtet, wohlgerüstet bin und nichts verloren gab . . .
hab die Journale verhöhnt, die da wie Pilze unnütz aus
dem Erdboden schießen und meine Chronik mindern,
und hab dem Herzog die Zensurfreiheit noch einmal
ums Maul geschmiert."

„Es war gut", sagte sie beruhigend, „und es wird
schon werden!"

„Siehe da!" Schubart drückte ihre Hand, „kenne
sich einer mit meiner Hausehre aus – da ist sie auf einmal so zuversichtlich wie eine Junge! Was ist denn da
schuld?"

„Miller hat wieder geschrieben!" sagte sie und holte
zugleich den Brief von der Kommode. „Ich hab's noch
gar nicht gelesen, aber wenn er sich rührt, ist's immer
gut gemeint und hilfreich getan . . ."

Schubart nahm den Brief und las; Miller, der treue

Freund, Pfarrer und Literat, hatte sich um die Chronik gekümmert und bedachte sie mit freundschaftlicher Kritik; aber er lobte den „freien großen Ton, die herzgute Schwingung, die Einsicht in entfernteste und wichtige Weltläufe und die kräftige männliche Sprache" . . .

Das tat Helene wohl. Schubart lächelte. „Könnt ich dir dasselbe Gute da zeigen, Frau! Eine eigenhändige Instruction des Herzogs! So soll ich schreiben: ‚Er Schubart, bedauerte dem Herrn ministre durch das dritte Stück seiner Chronik einigen Anlaß zum Mißvergnügen gegeben zu haben, tiefste Ehrfurcht vor die Großen der Erden seye zu fest in sein Herz eingedruckt, und der Abstand von Ihme zu Ihnen allzu bekannt, alß daß Ihme nur der Gedanke hätte beigehen können, den Königlich Dänischen Hoff zu beleydigen; was Er geschrieben, habe Er aus dem Cross. entlehnt, die Zukunfft werde aber den Herrn ministre überzeugen, daß er seinen Worten Krafft gebe, und die erste Gelegenheit würde ihm die angenehmste seyn, das Publicum davon zu überzeugen, und den angezeigten article in das deutliche Licht zu setzen.' – So beschneidet er einem freien Mann seine Chronik! Könnt ich in Berlin wirken – und dabei unseren Ludwig besuchen – noch immer wart ich auf eine Gelegenheit, einen Boten – ich muß ihm schreiben, wie uns die Freiheit bekömmt – uns, Weib, auch dir, Liebe! Denn – bekommt sie dir? Bist auch froh, ihn wieder da zu haben – deinen umtriebigen Sorgenmann, den Unmüßer, wie du sagst?" Er zog Helene zu sich heran und lachte ihr ins Gesicht.

„Ach, Mann, was fragst? Ich bin doch auch erlöst und wieder unter deinem Fittich und muß nicht alles mehr allein antreiben und einrichten und ordnen – es ist ganz anders mit dir und ein schönes Leben – auch wenn's dem Alter zugeht. Meinst du nicht?"

225

Als Schubart allein war, schrieb er an den Sohn, fragte nach dem neuen Amt und der Kränklichkeit und meinte: „Du wirst begierig seyn wissen, wie mir die Freiheit und meine gegenwärtige Situation behage? – Im Grunde, sehr wohl. Der Vergleich mit meinem vorigen Zustand ist noch zu frisch, als daß mir nicht der gegenwärtige, auch mit seinen häufigen Beschwerden, äußerst angenehm sein sollte. Meine Gesundheit verbessert sich unter der treuen Pflege deiner lieben Mutter. Selbst mein Amt, wozu doch soviel Thätigkeit gehört, trägt doch, durch die Ordnung, die ich beobachten muß, vieles zu meiner Erhaltung bey. Auch geh und fahr ich öfters spazieren, das mir nach Leib und Seel wohlbehagt." Er stockte. Sollte er dem begierig wartenden und hoffenden Sohn von seinen Schwierigkeiten mit dem Theater berichten? Zum unsteten und unmethodischen Direktor kam als Hemmnis das Desinteresse des Fürsten, dem seine Franzel aus guten Gründen die Lust am Theater dämpfte.

Schubart renommierte ein wenig: „Indeß tu ich doch, was ich kann. Fünfmal die Woche halt ich Proben, Vorlesungen über Deklamation, Mimik, Pathognomik, Menschendarstellung und jedermann freut sich über die augenscheinlich guten Erfolge." Dann klagte er über die „zukersüße französisch welsche, kleinwunderwinzige" Frau von Medweis, die ihm mit ihrem „exoterischen Geschmacke" und ihrem Klatsch schade. Und dann sei auch die Baletti durchgegangen, die ausgezeichnete Sängerin und Freundin seiner Julie – die der dänische Gesandte aus delikaten Gründen irgendwo versteckt halte, wohin er ihr bald „nachgutschiert" sei.

„Die Chronik geht wegen der Gewinnsucht der Postämter nicht so stark wie ich wünschte. Erst sind 700 bis 800 verkauft. Von jedem Exemplar ziehe ich einen Gulden. Ich hoffe doch, es nächstens auf tausend zu bringen, wo ich sodann ohne Nahrungssorgen leben und auch dich unterstützen kann."

Zum Schluß setzte er in flüchtigster Schrift hin: „Unsere Neuigkeiten sind kürzlich diese: Künftigen Samstag geht das 2te Bataillon des Kapcorps ab. Der Herzog hat sich die Offiziersstellen mit 700 bis 1000 und mehr Gulden bezahlen lassen. Die müssen also ihr Elend kaufen! Es ist schrecklich, was der Herzog mit Dienstverkauf für Wucher treibt. Ich habe bei dieser Gelegenheit ein paar neue Kaplieder gemacht, die mir gut bezahlt werden sollen, wie ich hoffe." Er erzählte von den vielen Besuchen – der berühmte Maler Hetsch, der die Herzogin porträtiert hatte, war bei ihm gewesen und dann, beiläufig – fügte er an: „Der ältere Kaufmann wird allem Anschein nach dein Schwager werden. Ich habe nichts dagegen. Große Absichten können wir ohnehin nicht mit dem lieben Julchen haben . . ."

Er stützte den Kopf in die Hände. „Ich will den ersten Band meines Lebenslauffes drucken lassen, weil ich Geld bedarff . . ."; eine große Aussteuer würde Julchen nicht mitnehmen. Ihre Laufbahn als Sängerin war ohnehin nicht glanzvoll gewesen. Ein wenig Schuld maß der Vater dem Weimarischen Minister Goethe zu, auf dessen Urteil man überall viel gab: „Eine kleine hagere Figur, steife Bewegung und eine angenehme gebildete, aber schwache Stimme."

Er überlas, was er an Ludwig geschrieben hatte. Was mochten die droben in Preußen denken, wenn sie vom neuen Soldatenverkauf hörten? Wie würde sich der Sohn sträuben, die bekannten vertrauten Gesichter der Freunde in Gedanken als blasse Schatten zu sehen, sich hinschleppend unter der glühenden Sonne, hungrig, ohne Rechte, in fremdem Sold, kaum genügend genährt, zu hitzig gekleidet, von unhandlichen Waffen beschwert? Schubart brütete vor sich hin.

Der Chronist verschaffte sich Nachrichten, die er freilich nicht abdrucken durfte: Die geworbenen Soldaten kamen meist aus Armut – sie nahmen 36 Gulden Handgeld und man versprach ihnen einen Monatssold von 9 Gulden. Der Kontrakt galt für fünf Jahre – „so wir dann noch leben!" sagte einer, mit dem Schubart darüber sprach. Aber als Tagelöhner verdiene er höchstens zwölf Kreuzer, und da verstehe man schon das weitere . . .

Schubart ließ sich berichten: Das neue „Kapregiment" marschierte durchs Französische, durch Cambrai und Lille nach Dünkirchen, und überall wunderte man sich über Disziplin und Haltung der Leute; so wenigstens hatte ein Offizier geschrieben. Hinter vorgehaltener Hand flüsterte man, es seien schlechte Stiefel geliefert worden, man habe in Vlissingen die Auszahlung verzögert, die Aufbegehrenden hart bestraft, kurz, es seien an 180 Mann geflohen, die man auch nicht wieder habe einfangen können. Man habe deshalb auch Scharfschützen an Bord genommen. Und mit sechs Schiffen werde man nacheinander segeln und rechne mit vier bis neun Monaten Fahrzeit. Eins der Schiffe, so hörte Schubart später, brachte nur Kranke nach Kapstadt, und ein Viertel der Leute hätte man „im Meer begraben" müssen. Aber der Herzog hatte aus dem Handel wieder 400.000 Gulden Gewinn gezogen.

Schubart arbeitete hastig. Hätte er mehr reisen können! Doch das kostete Zeit und Geld – und beides hatte er nicht. So bezog er seine Meldungen von Korrespondenten und war auf Treu und Glauben auf sie angewiesen. Er berichtete über Amsterdam, Frankreich, Nordafrika, über die Polen, Türken und Russen, über die deutschen Reichsstädte und die deutsche Sprache – und rezensierte die neuen Werke des „großen Goethe, der sich würklich in Italien aufhält". Die „Iphigenie" ergriff ihn – „hier ist ein Meisterwerk!" schrieb er,

„wer hat den Geist des Euripides so gebannt wie hier
Goethe, der nach langer Pause, als er den Bocksprün-
gen unserer Schöngeisterei zusah, wieder als ein guter
freundlicher Genius in eigener Kraft unter uns auftritt.
– Leser, hast du noch reines Naturgefühl, so lies und
empfind und genieße es selber!"

Unermüdlich suchte er Neues – oft flog ihn ein
„sonderlicher Einfall" an – aber danach gab es wieder
Tage, sogar Wochen, die er vertat, verlag, vertändelte,
da ihm das Herz zu schaffen machte oder die Laune
fehlte, und wo Helenes geduldiges Zureden nichts
half. Dann lief er abends in den Stuttgarter „Adler",
wo Schiller früher oft gesessen hatte, und traf dort eine
fidele, derbe, lärmende Gesellschaft an, war allen gut
Freund, sprach zu und hielt frei, lud ein und ließ sich
einladen und dichtete aus dem Stegreif.

Der Sommer 1789 war schwül; Gewitter zogen
durchs Stuttgarter Tal und blieben an den Bergen hängen, brüteten ihre schwarzblauen Nester zuckend und
grollend über den Fildern aus und kamen zurück.
Morgens glitzerte der frische Regen in den Weinber-
gen und dunstete in der steigenden Sonne die Hänge
hinauf. Abends, wenn sich das Rumpeln verzogen hatte, trotteten die gewichtigen behäbigen Männer dem
„Adler" zu; Dichter, Musiker, Bürger, auch junge, die
dunklen Dreispitze über den Zöpfen, und Schubart
kam selten allein.

Als er jetzt die Tür aufmachte, war die Wirtsstube
voll von dickem Rauch. Er sah die Gestalten nur unge-
wiß, wie sie halb über dem Tisch lagen. Der Lärm hörte einen Augenblick auf, da man den Chronisten erkannte und hinter ihm, schwerfällig tappend, seinen
Freund, den Schieferdecker Baur. „Onterwegs han ich
den Kerle verdwischt!" verkündete Baur mit seiner be-
legten Trinkerstimme, „der hôt z'erscht net mit möge,
isch aber nô doch gange!"

„Ruhig, Baur", sagte Schubart und streifte den Umhang ab, „bei mir ist's anders – ich hab ein Weib und eine Chronik!"

Baur warf das Hütchen dem Kellner zu, platzte breit auf den Stuhl, den man ihm hinschob, und rückte den Tisch ein wenig weg. Er knöpfte den Rock auf, aus dem sich die scharlach-weiß gestreifte Weste mit einer verblüffenden Wölbung vorschob.

Allmählich gewöhnten sich Schubarts Augen an die „Trübnis", wie er's nannte, er fegte mit der Hand die Tabakkrümel von der Platte und bestellte seinen Wein; der junge Herr gegenüber beugte sich vor: „Was liest man heute in der Chronik?"

Schubart, das schlaffe Kinn in die Hände gestützt, sah ihn unlustig an. „Heut gibt's keine neue – ist doch keine Tagesgazette." Er paffte vor sich hin, trank und streckte die Beine.

Baur lachte – es dröhnte gewaltig und sein „umfängliches Leibgewölbe schütterte", er schlug auf den Tisch und erklärte, dies hier sei sein zwanzigster Schoppen heute, und er habe noch mehr vor. Hinten am Tisch, in der Wolkendämmerung der Pfeifen, fing jemand an zu singen: „Den allerbrävsten Mann am Neckar – Wer kennt nicht Baur, den Schieferdecker – Wenn Baur ein Walfisch wäre – Und alle Meere Wein – So trockneten die Meere – Von seinen Schlucken ein!"

„Halt 's Maul, dumms Loch!" unterbrach Baur grob und begann seinerseits zu schreien: „Der Schubart ist da – der Schubart!"

Schubart saß noch immer und drehte sein Glas herum. „Dem fehlt der Posselt, hockt in Karlsruhe und beäugt das Schloß!" rief Stäudlin, der sich neben Schubart drängte.

„Posselt?" Schubart drehte den Kopf. „Der mich hier eingeführt, der einzige Mann! Hab ihm auch als erstem meine Freiheit gemeldet . . ."

„Du bist's jetzt schon gewöhnt, Kerl", sprach ihn Baur an und sein zinnoberrotes Gesicht glühte, „gewöhnt die Freiheit, heißt keine mehr haben!"

„Was?" brummten ein paar andere, „er genießt sie doch so!"

„Was für eine?" sagte jetzt Schubart halblaut und wurde doch gehört, „kein Riegel mehr vor der Tür, aber einer vorm Mund!"

„Die Chronik ist zugesichert und kann dir keiner dran rütteln!" rief Stäudlin erstaunt.

„Ja, ja, zugesichert." Schubart rührte sich noch immer kaum, er fühlte sich schwer und benommen, der Wein schmeckte ihm nicht.

„Ach, was!" Baur klopfte ans Glas. „Was heißt Freiheit? Meine ist: Kein Weib, keinen Herrn, Geld hab ich, trinken mag ich, sterben kann ich, wann ich mag – und ein Pfarr macht mir auch nichts vor – das heißt . . .", er wurde still.

Schubart sah lächelnd auf. „Trier und das Bischöfliche sitzt ihm doch noch in den Knochen – sofern man bei ihm noch Knochen spürt!"

„Dritthalb Zentner ohne Knochen!" renommierte der Falstaff und klopfte seinen Wanst. „Das Trierische? Hast die Legende auch gehört? –"

„Ein Domherrengesicht!" spottete einer vom anderen Tisch herüber, „ein Römerkopf!"

„Wenn's wahr wär – hätt mir der Fehltritt nichts Übles vererbt!" – „Red nicht so dumm von der Madame Mutter!" flüsterte ein dünner Alter, der hinter dem Schieferdecker stand, „die hat dir jedenfalls die Kraftnatur mitgegeben, denn der Erzbischof . . ."

„Halt 's Maul!" dröhnte der Grobian wieder, „und den hohen Flug, woher hab ich den?"

„Hört doch!" sagte Stäudlin vergnügt, „hohen Flug nennt er's, so er auf dem Gerüste herumtanzt und seine Gesellen bespitzelt! Wahrhaftig, das tut er noch, und auf dem obersten First vom neuen Schloß, wo der Schiefer erst eben gelegt wird."

„Tut er, tut er . . .", murmelte Baur, „und bezieht soviel Gulden dafür, daß er's gern recht machen möcht . . ."

„So ist's doch wieder der geistliche Herr, der durchspitzt! Ein Gewissen hat er!" rief Schlotterbeck am anderen Tischende.

„Da ist nichts zu räsonnieren! Prosit! Das tut meiner Abkunft keinen Schaden, wenn ich trink! Der Wein ist noch von Noahs Zeiten her ein edles Gewächs!"

„Du auch, bloß nicht ganz so aus dem alten Bund!" mischte sich Haug ein, der erst eingetreten war. Schubart begrüßte ihn erleichtert. Er kam heute nicht in Schwung.

„Da hat der Baur – Meister vom Stuhl in Warschau – dem Schiller doch geraten, er soll katholisch werden!" redete einer vorwitzig. Baur winkte ab – das sei alles Unsinn, was man da meine. Und der Schiller – seitdem habe er sich trotz seiner großen Berühmtheit hierorts nimmer blicken lassen – habe halt doch auch vor dem Allergnädigsten ‚Fiduz' – und keine Lust zum sich Einspinnenlassen.

Schubart spürte jetzt plötzlich einen Schwindel, sein Mund klaffte, er schnaufte tief auf. „Laß das, Mensch", hauchte er, „das führt zu nichts . . . einspinnen – die Reden vertrag ich heut nicht." Baur erkannte, wie es um den Freund stand. Unerwartet weich redete er auf ihn ein. „Der Schiller hat's auch nicht schöner seither – ist beständig am Kränkeln und Kränkeln und war doch so ein fideler Bruder manchmal, damals, eh er fort ist; weißt noch, Schubart, was er von mir geschrieben?"

Schubart schüttelte den Kopf; es war ihm nicht wichtig, zumal er an Schillers Laurazeiten keinen Anteil und nie rechte Freude gehabt hatte.

„Was denn?" fragte Haug neugierig.

Baur ließ sich einschenken und legte sich zurück; er knöpfte die Weste auf und wischte den schwitzenden Schädel. Dann sang er, nach eigener Melodie, und in den Tiefen mit einem schönen Baß:

> „Du wandelnder Vierling,
> Gefüllet mit Wein
> Aus Frankreich und Cyper,
> Vom Neckar und Rhein.
> Froh sollst du auch heuer noch leben,
> Gesegnet von Freunden und Reben!
> Es plage die Sorge des Lebens dich nicht,
> Im Zirkel frohlockender Gäste!
> Es funkle noch lange dein Bacchusgesicht
> Wie deine scharlachene Weste!"

Der Chor fiel ein, der Rhythmus zündete „. . . wie deine scharlachene Weste!"

„Der ‚Bürger' hat mich auch poetisieret!" übertönte Baur den Gesang, „der auch! Der Gottfried August Bürger!"

„Scharlachene . . . scharlachene . . .", lallte der dünne Alte am Tischende.

Schubart fuhr sich über die Augen. „Er wird's jetzt nimmer so laut treiben – der Schiller. Ein Professor, und doziert Geschichte zu Jena."

„Geschichte" – meinte Baur – „da hat Er was Rechts – wär er lieber Medikus geblieben, hätt mir meinen schweren Speck reduziert und sich damit angetan . . ." Baur ruckte auf dem Sitz, weil Schubart aufsah, „dem Schubart sei's ja vergönnt, daß er in dem trüben historischen Brei rührt – der sagt's oft genug recht aus dem Herzen!"

„In der Geschichte?" murrte Schubart, „drin rühr ich nicht!"

„Was hat Er denn heut?" fragte Stäudlin, der Dichter, und streckte die Hände zu Schubart hinüber. „Laß doch was hören, alter Freund, wir warten drauf!"

Schubart stand plötzlich auf. „Hat Er das Klavier gestimmt? – Ich hab's das letzte Mal schon gesagt!"

Der Wirt verneigte sich, es sei gestern in Ordnung gebracht worden, ein junger Herr Zumsteg habe das recht gut besorgt.

„So, ja, also . . ." Schubart trat vor das Instrument und hob den Deckel. „Einen Remstäler kann Er mir drauf stellen!" verlangte er noch. Dann begann er zu spielen. Die Runde verstummte sofort; man hatte eine Lesung aus der Chronik, ein Stegreifgedicht, einen Trinkspruch erwartet – aber Musik, und was für eine Musik! Sie ließen's über sich hinbrausen und verstanden nicht viel davon; Haug und Stäudlin horchten auf.

„Das ist – das ist neu!" flüsterte einer. Färbungen, Klänge, Rhythmen, die ihnen ungewohnt waren, die aufrissen, was bisher verdeckt gelegen hatte – und doch überlegen und unangefochten endeten, alles aussöhnend, überwölbend, klärend, und ausschwangen in einem Wohllaut, der kaum mehr etwas von dieser Welt mitschleppte – Harmonie, Sphärenklang. Stäudlin dachte es und wagte es kaum zu formulieren, hier, wo der braunrote Silen am Tisch saß, und der Wein in Lachen auf dem Holz stand – und wo das Trübste in der Luft hing, das Unterste, aus dem Schubart, sein Blick, sein aufgeworfenes Profil herausragte mit dem Glanz auf der Stirn; er schob den Klavierstuhl zurück und stand auf, schüttelte seine Hände, als müßte er die Gelenke lockern, und schaute sich verwirrt um in dem Dunst.

Es war immer noch still. Der Wirt stand verlegen und ängstlich dabei. „Was hast da gespielt?" fragte Baur, scheuer als sonst.

Schubart bückte sich nach dem Notenheft, das zu

Boden gefallen war. „Mozart – ein junger Mann aus Wien – seine Oper hab ich einmal gehört; die Noten da hat mir der Zumsteg besorgt – Klavierkonzert C-Dur, und ich hab vorher noch nichts gekannt von so einer Klarheit! Leut, jetzt ist's mir wohler bei euch!" Er schwieg noch eine Weile und setzte sich dann zu ihnen.

Aus der Rocktasche zog er ein Manuskript, Chroniknotizen, die er nach neuesten Agentenberichten flüchtig formuliert hatte. „In Frankreich geschehen jetzt Dinge von solcher Wichtigkeit, daß man fast darüber den Donner des türkisch und nordischen Krieges überhört. Man glaubt, die Vereinigung der drei Stände würde allgemeine Ruhe im weiten Reiche verbreiten. Der König aber ließ zwischen Paris und Versailles 30 000 Mann, worunter meistens deutsche Regimenter sind, unter dem Oberbefehle des streitkundigen Broglio schleunigst zusammenziehen, um in dieser furchtbaren Rüstung seiner Stimme Gewicht zu geben. Dagegen empörte sich die große Reichsversammlung und verlangte vom Könige, das Heer und besonders die Deutschen, sogleich auseinander zu lassen . . . Necker, der große Necker, der all seine Kräfte hinopferte, um das Reich vom Schlunde des schwindelnden Verderbens wegzureißen, der dem Könige den weisen Rat gab, sich anzuschmiegen ans Volk . . . ist nun abgefertigt mit dem allgemeinen Weltlohn großer Verdienste. Der König schrieb ihm nämlich: ,Mein Herr, Sie begeben sich sogleich weg und verlassen das Königreich auf ewig.'"

„Ein Tor!" sagte jemand empört, „er gräbt sich das Grab . . ."

„Der Necker ist ein Deutscher oder ein Schweizer – das paßt ihm vielleicht nicht recht, und hat eine hochpoetische Tochter, wiewohl keine Schönheit . . ."

„Weiber", sagte Baur verächtlich, „sollen die Finger

von der Politik lassen und von der Poesie . . . das mein
ich!"

„Hätt'st gern ein rechtes Weib!" spottete Stäudlin.

Schubart winkte und setzte wieder an: „Kein
Schwert, kein Degen, kein Jägermesser ist in ganz Paris mehr zu kaufen; sie blinken alle in unzähligen Fäu-
sten . . . Neckers Entsetzung hat dies Feuer vollends zu
einer Flamme aufgeblasen, die nur ein Gott zu löschen
fähig ist. Auch in den Provinzen lodert diese gräßliche
Glut. In Orléans, Rouen und Amiens sowie in der Nor-
mandie hat das Volk die Richter gezwungen, die
Fruchtpreise herunterzusetzen, weil die Last der Teue-
rung unerträglich drückend war. Wir haben nun von
Stunden zu Stunden immer wichtigere Nachrichten
aus Frankreich zu erwarten. Soeben wimmert die
Nachricht von Mund zu Mund, daß in einem schreck-
lichen Blutbade zu Paris 16 000 Menschen umgekom-
men seien. Mein Herz schauert zurück vor dieser
Nachricht und wünscht sie als blutige Märe widerrufen
zu dürfen."

„Und das hast uns nicht lesen wollen, Schubart?"
riefen die Tischgenossen durcheinander. „Das . . . ist
doch ein Fanal . . . das wichtigste Ereignis seit Jahren,
Jahrhunderten!"

„Ist's je gewesen, daß ein großes Volk so aufgestan-
den?"

„Ja . . .", murmelte Schubart, „aber ob sie mit der
Freiheit umgehen können, wenn sie sie erst haben?"

Man sah ihn verlegen an. „Freiheit – das ist ein gefährlich Ding!" Er nahm das Glas und trank, schüttelte
den Kopf und schob seine Papiere in den Rock. „Man
muß gescheit sein und stark, wenn man sie vertragen
will – und Völker sind's nicht immer – die laufen dem
Gefühl nach, das einer zu wecken versteht – der Lust,
dem Gewinn, dem Anschein."

Der Schieferdecker, angetrunken, nüchtern höchstens, wenn er krank war und dann nur am frühen Morgen, blitzte Schubart aus kleinen roten Augen an. „Wer verträgt sie, Mann? Du?"

Schubart, seiner Anlage nach aus der Ekstase in die Depression zurückfallend, sah wehleidig auf. „Helfet sie mir vertragen!" bat er, und Stäudlin – mehr als die anderen – spürte das Verzweifelte in seinem Satz.

„Was!" sagte der Wirt, um sich doch auch einzuschalten in die geistig bewegte Gesellschaft, „solang er den Wein gut verträgt, verträgt er immer noch alles. Da, ich schenk's dem Herrn Professor als meinen Gast ins Glas, der beste Mosel, den ich im Keller gefunden!"

„Danke, Wirt, das tut einem wohl, ist schwül heute Nacht."

„Da kommt wieder ein Wetter", bemerkte der dünne Alte, „man spürt's in den Gliedern."

„Baur, mach dich heim!" rief jemand, „der Weingeist zieht den Blitz an!"

„Besser Weingeist als kein Geist!" reagierte der Dikke schnell, aber er stand doch taumelnd auf, ließ sich vom Wirt stützen und torkelte auf die Gasse.

Schubart schaute ihm nach. „Heut war er stiller als sonst", sagte er befriedigt, „sonst ist's ihm öfter um die ‚Gedanken' gegangen, die er aus meiner Chronika zog! ‚Ein verfluchter Gedanke', wie oft hat er das gebrüllt ..., aber er ist immer, als schwindle er auf dem höchsten Grad und falle doch nie – Solitude und Ludwigsburg haben ihn droben geschen auf den Schloßdächern, und um die 500 herzoglichen Gulden hat er's wollen riskieren."

„Ein origineller Mann, kennt sich auch aus in unserer Historie", bemerkte der Wirt, „und er geht in des Herzogs seine Schloßkapelle, ist ein eifriger Kirchgänger überhaupt –"

„Mir hat er einmal die Solitude gezeigt, den Park und die weißen Hirsche, die so dressiert sind, daß sie auf den Flintenschuß herlaufen . . .", rief Stäudlin dazwischen, „der Garten im schönsten Flor, sagt er, sei seine Wonne, so oft er ihn sehe."

Der kleine Alte am Tischende schob ruckend den Schemel weg.

„Er wird an seinem Suff verenden – dauert nimmer lang!"

„Das ist der Apotheker", flüsterte Schlotterbeck, „der sieht's einem an, ob er schon den Schatten hat . . ."

„Den Schatten?" Schubarts Phantasie zündete sofort. „Den Todesschatten?"

Es wurde ganz still in der Gaststube. Draußen rollte der erste Donner. Schubart seufzte. „Ich spür ihn schon lang, den – Schatten." Er bezahlte und trat aus der Tür. Jetzt wellte die dunstige Luft durch die engen Straßenschluchten, hinter den Höhen zuckte das Wetterleuchten. Schubart ging müde heim. Helene schlief schon. Sie hatte ihm Brot und Fleisch bereitgestellt und den Schlafrock über den Stuhl gebreitet. Er setzte sich und nahm Feder und Papier aus dem Schrankfach. Ludwig sollte noch Nachricht haben, eine Art „kleine Rechenschaft", das mußte den Tag beschließen. Die Feder hetzte über den Bogen: „. . . es scheint, Poetengeist sei göttlicher Natur und altere nicht. Ich bin noch gerne unter Jünglingen und kann die bocksledernen Amtsmienen auf den Tod nicht leiden. Auch mag ich noch gern mit den Mädchen schäkern, und der gehörnte Jokus sticht mich noch oft in die Seite. Da kommt aber der Ernst, hält mir mein halbes Säkulum vor, erinnert mich an den Asperg und schüttelt ein Stundenglas, drauf ein Todtenkopf grinst:

,Dann hüll ich mich in Trauermantel ein
Und denke an Gevatter Hein' . . ."

Die Briefe an den Sohn wurden seltener; zuviel Korrespondenz strömte herein und mußte beantwortet werden, und das Widerspiel, der Widerhall der großen Welt waren ihm Lebensluft: Jetzt wurde das Flußbett breit, verströmend zogen die Wellen, flacher waren die Ufer, langsamer der Rhythmus. Es ging alles leicht, man gab ihm den Einsatz, lobte aus ihm heraus, er brauchte nicht mehr tief zu graben, zaghaft zu schürfen; spielerisch lief es, und das Versagen und Versiegen ließ sich nicht gleich spüren. Er war berühmt, durch seinen Kerker mehr noch als durch sein Werk, und beides fügte sich in die Neigung der Zeit; er war ein Virtuosus geworden. So spiegelte er die Bilder der Geschichte, verglich, wog, tadelte, stimmte zu und fügte ein. Wie er kleine Anstöße und Aufenthalte kaum mehr spürte, zog es ihn weiter, gemächlich und ohne allzuviel Hast: „Spiegeln kann ich die Menschheit nicht im stürmischen Wildbach, aber im geruhigen Wasser, in der Dehnung und Fläche", sagte er zum Verleger Himburg, der ihn aus Berlin besuchte.

„Wenn's nur nicht flach wird und keine Lache!" meinte der Partner und schmunzelte.

Helene, in aller Nüchternheit, hängte ein kritisches Wort an: „Wildbach ... das hab ich früher gefürchtet, aber die Spiegelei ist mir auch nicht geheuer, ein Spiegel ist doch nichts aus sich selber und wirft nur zurück, was man ihm darbietet – und ganz so ist's doch nicht grad mit dem Journale – soll doch ein eigenes Gesicht haben."

„Ein eigenes Gesicht!" Schubart lächelte. „Das hat dic ,Chronik' schon lang, ich glaub, originaler als die anderen teutschen Blätter! Hast du meinen Artikel über Luthers Bibel gelesen, Helene? Der muß dir doch wert sein! Und über Shakespeare –: In London wenden zwei Buchhändler mehr als eine Million auf eine Ausgabe seiner Werke – edelste Kupfer werden dazu gestochen, und das Heft soll 60 Gulden kosten. Ob sie so einen Aufwand bei uns wagen möchten? Ob sie's wagen könnten? Glückliches Land, wo der Wert des Genies so hoch anerkannt wird!"

„Ja", sagte Helene trübe, „aber man muß was dafür tun – nach dem Tode ist es zu spät . . ." Sie schrieb an den Sohn: „Dein Vater ist jetzt so untätig, daß es ihm oft schwerfällt, nur seinen Namen zu unterzeichnen. Aus diesem entstehen tausend Fehler, da sein lebhafter Geist doch beschäftigt sein will. Zwar liefert er seine Chronik, um leben zu können, und dies kostet ihn wöchentlich zwei halbe Tage. Dies ist aber auch alles, was er tut, denn sein Amt hat er gantz abgeschüttelt. Unter Zwang und Drang macht er noch die Prologen auf die Durchlauchtigste Namens- und Geburtstäge, sonst kommt er das gantze Jahr nicht ins Opernhaus. Er beantwortet oft den wichtigsten Brief nicht, was ihm sehr nachtheilig ist, auch verspricht er bald dießem bald jenem viel und hält nichts."

Ihre Geduld war am Ende – sie sah das Abgleiten, den Verfall, und verstand auch, daß es so hatte kommen müssen; aber sie meinte, ihrer tätigen, ein wenig schmalen Anlage nach, man müsse das zwingen, sich aufraffen und einreihen wie ein Rinnsal, das zwischen engen Ufern nicht viel Weitung und Raum zum Versickern findet.

Schubart strömte sich hin, von je schon, und jetzt, wo es der Mündung zuging, vollends ganz. Er sah so viel, er wußte mehr, als er vor sich sah: Die große ungeheure Zeit nahm er auf, und manchmal warf er einen Funken von seinen Gesichten in seine Zeitung: „Staunen und Wehmut befällt mich, indem ich das letzte Blatt meiner Chronik schreibe und dem Flug des scheidenden Jahres nachblicke. So wie sich unser Jahrhundert an die tatenreichsten Jahrhunderte der Vorzeit anschließt, so streckt das Jahr 1789* seinen Scheitel unter seinen achtundachtzig Brüdern in die Wolken, daß der staunende Schauer vor dem Jahrgeist zurücktritt und stammelnd ausruft: ‚Der war ein Riese der Zeit'! . . . So ziehe denn hin, du Titan unter den Jahren. Zieh hin in das weite Gebiet der Ewigkeit, wo deine Genossen schon zu Tausenden harren, und schon mit all ihren Taten und Untaten vom ersten Richter der Zeit gewogen sind. Dort tu auch du Rechenschaft von deinem Haushalten! Jeder vergossene Blutstropfen, jede geweinte Zähre, jeder Seufzer der leidenden Unschuld und Armut, jede Tücke des Heuchlers, jeder unmenschliche Gedanke des Tyrannen, jede Krötengeburt des Religionshassers, jeder Griff des Geizes in fremdes Gut, jedes himmeltrotzende Laster; – aber auch jede Großtat, die laut wurde, oder nur im Stillen wie ein Flämmlein gen Himmel stieg.“

Schubart schrieb jetzt ungern selber; er diktierte. Nur die Unterschrift war eigenhändig. Im November war der Schwiegervater Bühler in Geislingen gestorben, der ihm in seiner wilden Zeit soviel Schwierigkeiten gemacht und ihn „höhernorts“ so bös verklagt hatte, das giftige Keifen des Alten hatte er vergessen – aber Helene schämte sich noch jetzt darüber und dankte es ihrem Mann, daß er so gutmütig, so leicht verzeihend, so warmherzig war. Freilich hatte sie noch genug aus jener Zeit in Erinnerung behalten: „. . . Was mein Tochtermann, der Praezeptor Schubart, Leyder vor eine unanständige niederträchige Ärgerlich, verschwenderisch zum Verderben gericht, vor Gott und der Welt ohn Verantwortliche Lebens Art und Würtschafft führet, wird sich aus nachfolgend Wahrhaffter erzöhlung leicht abnehmen lassen“; und dann folgte ein Sündenregister, das sich Helene, jetzt ver-

* Französische Revolution

241

söhnt und geklärt, nicht mehr ganz genau vorsagen mochte.

Schubart diktierte also: „Liebster Herr Schwager! Meine Gattin ist vor Kümmerniß außer Stand, Ihren Brief voll bitter Todesbotschaft zu beantworten. Ich selbst ergreife mit tiefem Schmerz die Feder, und rufe Euch allen zu: Eures Hauptes Krone ist gefallen. Bühler – der kerndeutsche Mann, der redliche Bürger, der treue Diener des Staates, der beste Ehemann, Vater, Freund – ist nicht mehr! . . . Wir alle werden die Wunde lebenslang fühlen, die uns sein Tod schlug: uns bleibt nichts übrig, als sein Andenken oft mit Dankbarkeit und stillem Hinsehen nach der seeligen Ewigkeit zu feiern. Möchten wir alle ihm gleichsam an strenger Ordnung, rastloser Thätigkeit, zärtlicher Sorgfalt für die Unsrigen – und starkem felsenfesten Gottvertrauen! – Ihm ist's nun wohl; seine Seele rastet in den Gefilden der Ruhe von all den tausendfältigen Sorgen und eisernen Arbeiten des Lebens. Wie wird er sich freuen in der Gesellschaft seiner lieben Gestorbenen und die Arme nach denen ausstrecken, die ihm bald folgen werden! Von uns wäre gewiß jemand zur Leiche gekommen, wenn der Brief nicht erst heute um 11 Uhr mittags angekommen wäre. Doch ist unser Geist mit unter den Leichenbegleitern, sieht mit Thränen des theilnehmendsten Schmerzes den Leichnam des Seeligen ins schweigende Grab versinken, als ‚Saat, von Gott gesät, am Tage der Garben zu reiffen'. Meine Frau verlangt die nächsten und umständlichsten Nachrichten von den letzten Stunden Ihres vollendeten Vaters, auch wie sich ihre Mutter dabei gefaßt habe, und was für Anstalten zu ihrer künfftigen Versorgung gemacht worden? Gott tröste Sie, Ihre Frau und alle, die dieser Schlag des Todes erschütterte, mit himmlischem Troste. Ich bin Ihr teilnehmender Schubart." („Eigenhändig"!) vermerkte der Schwiegersohn Johannes Kaufmann unten am Bogen, da wo die Unterschrift stand. Für die Familienbriefe diente er als Sekretär.

„Wir sehen jetzt durch einen Spiegel"

Julchen hatte eine Tochter, an der sich Schubart oft freute; er schrieb kleine Lieder, die er dem Kind in den Mund legte, und versuchte, das Geplapper der „kleinen Madame" zu verstehen, als sie eben laufen konnte und sich manchmal an den Großvater heranmachte als an einen ruhenden Pol, der fast immer sitzend, lesend, rauchend anzutreffen war – während Mutter und Großmutter sich geschäftig im Haus umtrieben.

Nanettchen hätte nach Schubarts Sinn auch ein Sohn werden sollen, der den Mannesstamm fortsetzte, wenn's auch kein direkter war; denn Ludwig war noch immer unverheiratet.

„... Nun führ ich dich, Sohn, in meines Hauses friedliche Zelle. Da findest du – gottlob! – deine Mutter erstanden aus dem schaurigen Grabe von drei Fiebern; deinen Vater mit einem Vollmondgesicht und zuweilen Kretenserbauche (Paulus ad Tit. 1, 12), dein Julchen gesund und sinnig im Kindbette liegend und einen Buben an ihrer Brust saugend. Daß Kaufmann, als Schöpfer eines pas de deux gesund und vergnügt sei, beweist dir dieser Brief, der – so Gott will, leserlich geschrieben ist ... Deine Gevattergebühr hab ich übernommen; du darfst also, da dein Goldsand ohnehin kärglich rieselt, dich wegen dem Julchen nicht verkösten. Gebet ist mehr als Gabe. – Gerade sitzt das Nannchen ihrer Großmutter auf dem Schoose und singt den Tanz: „Tralala – tralala – tralalala" – Schubart unterbrach das Diktat – „setz die Noten dazu, hast's ja gelernt – Dreivierteltakt!"

Kaufmann kritzelte eifrig. Schubart fuhr fort: „Sie scheint damit zu sagen: ‚Ihren Onkel grüßet Christianchen mit kindlicher Zärtlichkeit!'"

Der Brief wurde gleich zur Post gebracht. Schubart nahm Helene das Kind ab und wiegte es. Dann hielt er das Nannchen vor sich und stülpte ihm die Nachtmütze über, die er eben noch getragen hatte, zupfte die Troddel possierlich auf die Seite und drapierte das rote Schnupftuch als Umhang, seine frisch gespitzte Gänsefeder steckte er in den lockeren Wollstoff der Haube: Sie sei ein Räuber, erzählte er dem Kind und hockte sich hinter den Sessel, so schwer es ihm fiel: „Buh, buh!" und „ich bin ein Gendarm und herzoglicher Landjäger und fang den Räuber ein . . ."

Nannchen hatte sich halb schüchtern, halb belustigt einkleiden lassen und stand, das Fäustchen am Mund, vor dem sonderbar veränderten Großvater. Aber dann mußte sie lachen, daß er so dick und unbeholfen herumkroch und sie fangen wollte, lief in die Zimmerecke und kreischte. Es klopfte. Im Augenblick ging schon die Tür auf, der Doktor von Hoven kam herein, erstaunt schauend, hinter ihm Helene mit ihrer großen Rüschenhaube.

Schubart erschrak, zog sich am Stuhl hoch und rief ärgerlich nach dem Kind. Hoven sprang zu und half ihm aufstehen. Helene brachte die Kleine hinaus.

„So spielt man – in zwei Welten", sagte Schubart verlegen, „in der großen und in der ganz kleinen." Er rückte und putzte an sich herum, der Rock war unsauber, das Jabot fleckig, die Haare wirr.

Hoven sah besorgt in das schwammige Gesicht. „Ich komme nur, anzumelden!"

„Wen melden Sie, Doktor? Um Himmels Willen – keine Honneurs jetzt machen – ich bin derangiert!"

„Ich werd draußen um Geduld bitten – regen Sie sich nicht auf, Herr Professor!"

244

Aber da klopfte es wieder, dünn, ein wenig hart, zögernd drückte jemand die Tür auf, ehe Helene wieder dabei war: Ein langes hageres blasses Profil wurde sichtbar, ein gutes Lächeln auf dem schmalen großen Mund, zurückgenommenes rötliches Haar, kaum gepudert, ein blauer Frack.

„Schiller!" schrie Schubart und hatte die Augen voll Tränen. Er taumelte auf den Gast zu und fiel ihm – Halt suchend – um den Hals. Schiller sah über den breiten Rücken zu Hoven hinüber und strich die Schultern mit der mageren Rechten, spürte, wie sie bebten und hielt fest, sich mühsam sammelnd.

„Ich hab . . .", stammelte Schubart, „hab flüchtig davon gehört, daß der Herr Professor da sind aus Jena, daß man Sie höchstenorts ‚übersehen' werde, daß . . . o großer Mann! O Bruder! Ich hab keine Worte, daß Sie mich beehren und mich so . . . so . . ."

Hoven griff ein: „Der Herr Schubart hat sich soeben in seiner Eigenschaft als Großvater betätigt und die Chronik eine Weile beiseite gelegt!" sagte er freundlich.

Schiller führte den alten Mann – ‚alt?' dachte er, ‚muß kaum fünfzig sein!' – zu seinem Sitz und half ihm, sich niederzulassen. ‚Er ist zehn Jahre älter als ich . . .'

Schubart saß und schüttelte den Kopf, nickte, schüttelte wieder. Hoven drückte ihm die Hand: Er möge sich doch fassen, ob er seine Arznei nehmen wolle? Da kam Helene herein, entsetzt blieb sie an der Tür stehen: „Christian! Und Besuch! Und das Nannchen! Und . . ." Sie lief wieder hinaus, um Wein und Gläser zu holen.

Schiller sagte ruhig: „Wie ich mich freue, Sie zu treffen, Schubart! Wie anders sehen wir uns, als damals auf dem Asperg! Den Chronikschreiber, den Lehrer des Volkes, den Sprachschöpfer – es ist ein wichtiger Moment für mich."

Schubart sammelte sich mit großer Mühe: „Herr Professor, aber – so – so –, ich war ja nicht gefaßt . . ."

Helene erschien, das Tablett mit Gläsern und Flaschen vor sich, knickste und warf einen ärgerlichen Blick auf den Mann.

Schubart stemmte sich hoch: „Ich darf mich einen Augenblick zurechtmachen, die Herren verzeihen, ich fühle mich sonst zu sehr im Abstand, wiewohl's das Äußere nicht aufheben kann, was die Geister unterscheidet!"

Schiller lachte. Das seien doch Formen und gälten nichts zwischen Brüdern in Apoll. Er habe ohnedies nur ganz kurz hereinsehen wollen, man wisse ja . . .

„Gewiß, gewiß!" hastete Schubart heraus und stapfte eilig zur Tür; die Frau folgte ihm, sie müsse ihm beistehen.

Schiller nahm einen Stuhl. „Hoven –", sagte er und hustete, „der Mann ist sonderbar anders geworden – noch im Gefängnis war er gesammelter, geordneter – und jetzt, wo er groß ist, frei, und seine Schriften voll Leben und Verstand?"

„Sie haben ihn gebrochen", flüsterte der Arzt und schaute Schiller an. „Aber – daß du da bist – und wir uns hier sehen – das neulich war zu kurz! Hast mir geschrieben nach Nürnberg, du brauchest meine Ärzterei – ach, Schiller – daß ich habe Arzt werden müssen und kann so weniges tun! Auch für dich!"

„Ja, mich hat die Medizin für meine Apostasie* gestraft – ich war ihr Jünger und muß nun ihr Opfer sein – es geht immer auf und ab und nie gut, Hoven – ich bin krank und keiner sagt mir recht, was es ist – eine lang hingeschobene chronische Sache seit der Flucht mit Streicher . . . aber lassen wir das! Ich schlepp's so hin."

*Abfall vom Glauben

246

„Muß dich untersuchen, ich werd zu dir kommen –
mein Bestes soll für dich grad gut genug sein, Lieber!"
Hoven gab ihm die Hand. Unterdessen war Schubart
gebürstet und umgekleidet und in frischer Perücke,
Helene führte ihn herein, langsam trat er zwischen die
Freunde. Er hielt ein Blatt in der Hand. „Dies, Schiller,
für Sie!" Und Schiller, froh, sich dabei fassen zu können, setzte sich und las laut:

„Dank dir, Schiller, für die Wonne,
Die deinem Gesang entquoll!
Deiner Lieder Feuerstrom stürzte –
Tönend nieder vor mir.
Hoch empor stieg meine Seele,
Mit dem Funkengestäube seiner Flut."

Er unterbrach und trat zu Schubart. Der folgte gespannt, fast angstvoll, den Augen Schillers.

„... den Ätherstrahl des Genius zu brauchen –
Für Gott! Zu stählen deiner Brüder milchzerflos-
snen Mut.
Zu schleudern siebenfach gezackten Blitz ..."

Schillers Stimme versank und hob sich wieder, er las
leise und verlegen – „ich kann nicht vorlesen, Schubart,
denken Sie an den ‚Fiesko' damals ...", und las doch,
erschüttert, gerührt, von dem naiven starken Vertrauen
getroffen, das ihm da entgegenkam: „Er wird es tun,
dein Schiller wird es tun – Gott gab ihm Sonnenblick";
er flüsterte fast, sah Schubart nicht an, und gab dem
kranken Dichter sein Blatt hin, der die letzten fehlen-
den Zeilen hinzufügte: „Der Ewigkeit Ringe sind zerrissen – Und Vollendung ist!"
Alle schwiegen; draußen schrillte das Kinderstimm-
chen. Schubart, den die Begeisterung aufgerissen hatte,

tastete nach der Stuhllehne. Hoven sprang zu und fing ihn auf. Schwer fiel der gewichtige Mann in den Sessel, rang nach Luft und riß am Halstuch. Schiller nahm erschrocken seine Hand. „Was ist denn? Hoven?!"

Helene lief mit Wasser, Hoven faßte den Puls. Aber Schubart riß den Kopf zurück. „Nichts, noch nicht – verzeiht mir und Sie, Herr Professor, daß ich so . . . so unbeherrscht gewesen – es kam herauf und wird öfter so kommen, bis es einmal hinüber führt."

Helene unterdrückte einen schweren Seufzer.

„Das ist ein Auftrag für den Großen, für Sie, mein Freund . . . für – Sie haben's herrlich begonnen – sind wie ein Ikarus mitten in der Sonnenbahn . . ." Schubart neigte wieder den Kopf, murmelte mit gesenktem Kinn: „. . . nicht abstürzen . . . die Flügel . . . nicht . . ."

„Er ist bewußtlos!" rief Hoven. „Man sollt ihn zur Ader lassen!" Aber Helene hatte schon Tücher mit Wasser zur Hand und kühlte Schubarts Stirn. –

„So", sagte der Kranke gelassener, „es ist vorbei und gut so! Noch einmal, Pardon!"

Was Schiller, Hoven und Helene – und manche anderen, die Schubarts Zustand erkannt hatten, erwarteten, traf nicht ein: Er arbeitete, zwar sporadisch, unregelmäßig, aber doch immer wieder. Hatte ihn die Schwäche um Tage zurückgeworfen, so holte er das Versäumte mit einer gewaltigen Anstrengung, mit ein paar genialischen Einfällen wieder auf. Hingeworfene Gedanken gaben den Mitarbeitern genug Stoff zur Ausarbeitung, Notizen in Fülle konnten ausgesponnen und entwickelt werden.

Schubarts Chronik lief weiter, verbreitete sich, fand ungeheuren Widerhall. Da lasen die aufgebrachten Herzoglichen: „Die eigentlichen Grundsätze der zertrümmerten französischen Monarchie waren: Der König ist die einzige Quelle der Gesetze und hat von der Ausübung seiner Macht Gott allein Rechenschaft zu geben. Das Volk hat unbedingte Schuldigkeit, alles für ihn zu leiden. Unter Anhängern dieses Systems und denen, welche Wiedereinführung der vormaligen Monarchie verlangen, verstehen wir Aristokraten. Das gegenteilige System, zu dem sich die Demokraten bekennen, ist dies: Fürsten sind um des Volkes willen, das Volk nicht um des Fürsten willen."

Das waren Sentenzen, die Schubart schon länger formuliert und in seinem Schreibpult verwahrt hatte; er zog sie jetzt hervor, als bliebe ihm nicht mehr die Zeit, ein günstiges Klima für ihren Druck abzuwarten. „Der Name König ist nun ein Greuel unter den Franken . . ." Schubart hatte Mitleid mit dem armen schwachen und nicht aus eigener Wahl in sein schwieriges Amt hineingeratenen Mann . . . „Die lehrreiche Zeit wird nun entscheiden." Er berichtete von der Gefangenschaft Ludwigs des Sechzehnten, von der tapferen Haltung der Königin, von der gemäßigten Einstellung der konstituierenden Versammlung. –

Immer wieder gab es Ärger, den die Mitarbeiter, der Verleger, die Lektoren abfingen, um den Dichter nicht zu erregen; aber mehr als einmal mußte er doch Widerrufe bringen, die er freilich so frei faßte, daß sie seine Nachricht eher unterstrichen als ausstrichen: „Auf ausdrücklichen Befehl wird die im 76. Stück dieser Chronik enthaltene Stelle mit den Anfangsworten ‚Vorige Woche etc.‘ widerrufen." Alle lasen gerade diese Stelle noch einmal – und wer sie vorher übersehen hatte, der nahm sie jetzt doppelt aufmerksam vor.

Erstaunt spürte Schubart plötzlich, daß er keine Angst mehr kannte: Nicht vor den Großen, nicht vor dem Tod – nicht für sich, nicht für die Seinen, nicht für die Menschheit . . .; er hatte das Gefühl der Teilhabe an den weiten Bögen, den großen Linien, den Schwüngen, die aus des Schöpfers Mantelsaum hervorbrechen. Weitere Räume hatten sich ihm aufgetan.

Anfang März war der Schieferdecker Baur gestorben: Im Haus hatte man gemerkt, daß er nicht mehr wegging, sein schwerfälliges Stiegengetrampel fehlte, kaum hörte man seinen Tritt mehr aus dem Zimmer. Weil aber niemand ihn eigentlich versorgte, er auch keinen gern in seine unordentliche Wirtschaft hereinsehen ließ, dauerte es eine gute Weile, bis jemand die Stammtischfreunde holte: Man fand ihn schwer atmend, abgemagert und gelb, in seinem Bett. Der Arzt konnte nicht mehr tun als Umschläge, Aderlässe, schonende Diät verordnen. „Leberschwellung, Leberschrumpfung" hieß die Diagnose. Der „barocke Faun", wie ihn ein Neider hieß, war still geworden.

Schubart erfuhr davon, Helene wollte ihn aufsuchen, ihm Weißbrot und Hühnerfleisch bringen, aber es kam nicht mehr dazu: Man übergab dem Freund seinen Hut, einen abgerissenen Zettel mit zwei Zeilen, ein Trinkglas, das er noch für Schubart bestimmt hatte. „Ich will auf dem Bauch liegend bestattet werden – man soll aber dazu sagen: Der Wein erfreute sein Herz!" buchstabierten die Schubartischen mühsam. Helene atmete auf, sie hatte den Dicken irgendwie unklar als Widerpart und Gegennatur empfunden und seinen Einfluß auf ihren Mann als schädlich. Schubart trauerte ihm nach, ihm war er ein Stück Eigenes, ein Vorgänger und Vorzeichen gewesen.

Den Sommer brachte er hin mit Lesen, Diktieren, Spiel . . . Spiel war ihm eigentlich jetzt alles; freilich kein leichtes überlegenes gelassenes Spiel mehr, eher eins, in dem er nur eine Figur war, und er ließ sich gern mitnehmen – er war in dem weiten Zusammenhang selber klein geworden, nicht kleinlich; bescheiden, demütig, ein Einsatz im Spiel des schöpferischen Spielers.

Im Juni schrieb Schubart in seinem Blatt einen „Epilog im Harnisch": „Der Verfasser der Strasburger Zeitung, ein weidlicher Mann, hohlt ein paarmal aus, um mich zu ohrfeigen, wie es ziemt – dem deutschen Sklavenvieh. Aber die Ohrfeige traf den Unrechten. Wem ist Frankreichs Freiheit heiliger als mir? Wer prieß wie ich die edlen Männer in Strasburg, die im altdeutschen Sinne auftraten und zeigten, daß sie von Despotenhudelei noch unverkrüppelt waren? Diese Simpathie, diese Freude über der Freien Glück hat mir schon Verdruß und Verantwortung zugezogen. Und doch geht mein Strasburger her, nennt mich einen Sklaven, Schmeichler der Großen und Entweiher der Würde eines Volkslehrers. Wär ich dieß alles, so hätt ich das Pfui verdient, das der Strasburger verächtlich auf mich sprüzt. Aber, wer mich nur halb kennt, wer mich schreiben, sprechen, handeln sieht und hört, der wird mir das Zeugniß geben, daß auch beinahe Elfjährige Gefangenschaft den Drang nach wohlverstandener Freiheit, nach einer Freiheit, die in jedem gesitteten Staate, die vorzüglich im Himmel gilt, nicht aus meinem Herzen tilgen konnte. Daher segnete ich die freien Franken, ohne das Mitleid gegen die Flüchtlinge ihres Volkes zu verlieren. Sie zogen schahrenweise vor meinem Fenster vorbei, viele von ihnen, worunter einige herrliche Menschen waren, besuchten mich; daher mein Mitleid und der geheime Wunsch, daß sie sich bald aussöhnen möchten mit ihrem entfesselten Vaterlande. – Was denkt also der Strasburger Stiefbruder ..., daß er auch auf mich seine Pfeile schießt, ohne – meine Lage in Betracht zu ziehen!? Er schreibt in Strasburg und ich in Stuttgart."

Im Spätsommer 1791 stand in der „Chronik": „...schlimm, sehr schlimm sind folgende Zeugnisse: Da nennt ein geborener Franke mitten in Paris die gegenwärtige Verfassung eine Anarchie, und entwirft folgende Schilderung: ‚Papier statt Goldes und Silbers, welches beides ganz verschwunden ist. – Glockenspeise

in Geld verwandeln, weil sogar das Kupfer uns fehlt. –
Elend und Jammer allgemein. – Das Laster triumphierend. Die Altäre umgestürzt. Die Kirchen durch Unan-
ständigkeiten entweiht. Vier Millionen reicher Leute
zu Armen gemacht. Sechshundert verbrannte und zerstörte Schlösser. Zwei Millionen guter Bürger genö-
tigt, ihre Sicherheit auswärts zu suchen. Hunderttau-
send Menschen umgebracht. Eine Million Menschen
durch Elend getötet. Die westindischen Inseln verloren. Alle grossen Städte öde. Alles Kommerz ruiniert.
Die Fabriken verlassen. Die Fabrikanten ohne Brot.
Der Staat ohne Einkünfte. Die Armee ohne Offiziere.
Die Prinzen des königlichen Hauses flüchtig. Der König gefangen. Der bürgerliche Krieg im Anzuge.' –
Und Wieland, einer der größten deutschen Männer,
der bisher mit solchem Enthusiasmus an der französischen Freiheitsschöpfung hing, tritt nun zurück und
sagt voll Nachdruck im sechsten Stück seines Merkürs:
‚Seit Mirabeaus Tod und dem 18. April muß es auch
dem parteilosesten Zuschauer zuwider seyn, nur ein
Wort weiter über die Französischen Revolutionshändel
zu verlieren. Ein Volk, das frei seyn will, und in zwei
vollen Jahren nicht gelernt hat, daß Freiheit ohne un-
bedingten und unbegränzten Gehorsam gegen die Gesetze, in der Theorie ein Unding, und in Praxi ein un-
endlichmal schändlicher und verderblicherer Zustand
ist, als asiatische Sklaverei; – ein Volk das auf Freiheit
pocht, und sich alle Augenblicke von einer Handvoll
Menschen, qui salva republica salvi esse non possunt,
zu den wildesten Ausschweifungen, zu Handlungen,
deren Kannibalen sich schämen würden, aufhezen und
hinreissen läßt; – ein solches Volk ist, aufs gelindeste
zu reden, zur Freiheit noch nicht reif, und wird, allem
Anschein nach, noch manche fürchterliche Konvulsio-
nen zu überstehen haben, bis sein Schicksal auf die eine oder andere Art entschieden ist.“

Morgens hatte Schubart die Auslieferung seines Blattes überwacht, war erschöpft heimgekommen und hatte sich danach erleichtert ins Bett gelegt, aber das Thema ließ ihm keine Ruhe, Freiheit . . . Freiheit . . . Er sinnierte – zwischen Wellen der Gleichgültigkeit hindämmernd, aufschreckend, erschreckend – und kam zu keinem Ende. Abends raffte er sich noch einmal auf, ließ einen Wagen kommen und fuhr zum „Adler". Helene schickte besorgt zu Stäudlin: Der Dichter möge ihren Mann doch begleiten, er solle auf ihn achten!

Stäudlin trat nicht lange nach Schubart ins Wirtshaus; er hatte unterwegs den Musiker Zumsteg und Schubarts Schwiegersohn Kaufmann getroffen, die zur Tischrunde gehörten. Es war spät, acht Uhr vorüber, und der Tag hatte wie Blei auf dem Stadtkessel gelastet. Die unbewegte graue Luft dampfte – für die Jahreszeit zu schwül – zwischen den Straßen; über den Rebenhängen hing ein Wetter, Schubart saß wieder ohne rechte Freude am gescheuerten Tisch, trank selten und hob das Chronikblatt nah vor die Augen: Er war kurzsichtig geworden.

Man unterhielt sich gedämpft. Nach einer Weile warf Schubart das Journal seinem Schwiegersohn zu: „Da, Hannes, lies, was sie aus dem herrlichen Freiheitsbau gemacht haben – Greuel, Blut, Not überall, lies, was Wieland schreibt – lies, was sie dem kleinen armen König antun und der Königin – als ob Gewalt und Roheit ein System überwinden könnten, das nur aus dem Geist erneuert werden darf! Geburtswehen? Ja, aber jetzt muß es endlich Gestalt haben, das Riesenkind, das sich da herauswindet, jetzt muß . . ." Er schlug plötzlich die Hände vors Gesicht, drehte sich weg, als ekle er sich und ließ die Arme wieder sinken: Aus roten großen Augen starrte er vor sich hin, tiefe Falten um den Mund, und stöhnte: „Sie verraten meine heilige Freiheit."

Niemand wagte zu sprechen. Endlich stand Stäudlin auf und ging auf Schubarts Stuhl zu: „Es wird sich wandeln, das Volk wird sich besinnen, Männer werden kommen, die Harmonie schaffen – sei doch zuversichtlich, Lieber, und hab Geduld – Gutes liegt im Menschen, Idealisches – trotz aller Auswüchse!"

Schubart hob ihm den Kopf entgegen: „Dies treibt einem Ende zu", murmelte er.

Draußen scharrte und rumpelte der erste Donner. Schubart zuckte zusammen; er krümmte die Finger ineinander, seine Arme bebten. „Gewitter!" rief er laut, als befehle er das Wetter herbei. Durch die dünnen Vorhänge funkte der Blitz, rollend trieb der Donner die Wolken zueinander, ein pfeifender Wind fegte am halboffenen Fenster vorbei; es hauchte böse durch den Spalt und riß die Scheibe gegen die Wand. Kaufmann hatte den Vater einen Augenblick aus den Augen gelassen – jetzt sah er entsetzt, wie Schubart sich hochzog und die Spitzenärmel zurückstrich. Sein Gesicht war dunkel, die Augen abwesend, gebannt, ins Ferne gerichtet. „Gewitter . . .", sagte er noch einmal, wie bestätigend.

Stäudlin fiel ein, was Schubart ihm einmal erzählt hatte: Wie er im Wetter tanzte, von der Spannung bezaubert und seiner Sinne nicht mehr mächtig. Er erschrak und wollte ablenken, auf den Verstörten einreden. Aber Schubart stand schon da, frei, in einem leeren Umkreis, und hob einen Fuß um den anderen. Ein knatternder Donnerschlag – atemlos harrten die Gäste, da – in der brodelnden Luft ein sanftes unhaltsames Rauschen: Der Regen. Schubart raste zur Tür, riß sie auf und tauchte, wie unter einen erlösenden Heilsguß, mitten in die strömenden, klatschenden, gepeitschten Schwaden. Sie liefen ihm nach, Kaufmann und Stäudlin klammerten sich an ihn und zogen ihn zurück. Er keuchte und atmete die Feuchtigkeit wie ein Erstickender ein. Sie zerrten ihn zur Tür zurück, aber er sträubte sich. „Das Wetter . . . machte mich toll . . . und der Regen jetzt ist ein Strom der Gnaden!" verstand Kaufmann, der ihm am nächsten war.

Er schwieg. Sie sprachen ihm zu, aber er hörte sie gar nicht. Endlich wurde er schlaffer, ließ sich mitziehen und in die Tür schieben; er triefte, kleine Bäche rannen aus seinen Kleidern, die Haare hingen ihm strähnig in die Stirn. Er schüttelte sich, die nassen Schuhe quietschten und knarrten. Der Wirt brachte ein Tuch, man zog ihm den Rock aus – aber er stieß sie alle weg, drängte zum Ausgang und lief, von Kaufmann und Stäudlin ängstlich verfolgt, mit unheimlicher Schnelligkeit über die Gasse. Erst bei seiner Wohnung holten sie ihn ein. Er warf das Haustor vor ihnen zu und stapfte die Treppe hinauf. Sie hörten Helene erschrocken aufschreien und blieben zurück. Droben wies er alle Hilfe ab, zog sich aus und wühlte sich ins Bett, kaum daß er sich das tropfende Haar abtrocknen ließ.

In der kommenden Woche lag er fiebernd daheim. Der Arzt gab Tee, verordnete Umschläge, ließ zur Ader. Das Fieber wich, kam, ließ wieder nach. Sein Herz setzte manchmal aus, tobte und wurde schwach; er schlief viel.

Dann erholte er sich; ein paar warme helle Tage um das Septemberende gaben Helene die Hoffnung zurück; aber die Krämpfe und Zuckungen des matten Herzens engten ihm die Brust, in den Nächten hing er schweratmend in den hochgetürmten Kissen und preßte Helenens Hand. Er hustete viel, holte rasselnd Luft.

Dann verlangte er nach dem Sohn Ludwig. Man schickte einen Eilboten nach Berlin. Acht Tage später trat Ludwig an das Bett des Vaters. Julchen und Kaufmann kamen, die Freunde, Helene saß neben ihm. Auch das Nannchen trippelte einmal herein – die

Magd hatte nicht aufgepaßt. Es tappte leise, geängstet von der feierlichen Befangenheit der Erwachsenen, bis vors Lager und faßte die Manschette des Hemdes, die faltig über die gedunsene Hand am Bettrand herunterhing. Das Kind ergriff einen Finger und streichelte ihn, drückte sein Gesicht darauf und ließ wieder los.

Schubart spürte es nicht, oder doch kaum – er sagte langsam und schwer verständlich: „... da waren weiche Vogelflügel ..."

Helene führte die Kleine sanft hinaus.

Am zehnten Oktober starb Schubart an einem Steckfluß. Auf dem Spiegel, den ihm der Arzt vorhielt, um den letzten Hauch zu erkennen, stand es wie ein unverständliches Zeichen, halbverwischt, und Helene strich das Glas wieder blank. Irgend jemand in der Gruppe um das Bett sagte sehr leise: „Wir sehen jetzt durch einen Spiegel in einem dunklen Wort. Dann aber von Angesicht zu Angesicht ..." Man drückte ihm die Lider zu. Die Stirn straffte sich, als leuchte sie.

In der Chronik stand: „Mit blutendem Herzen muß ich hiemit dem Publikum ankündigen: Daß mein Vater heute, den zehnten Oktober, morgens zwischen 8 und 9 Uhr an einem Steckflusse im 52. Jahr seines Lebens – sanft und voll Vertrauen auf Gott und seinen Christus gestorben ist. Die Tausende, die ihn kannten und liebten und seine immer zunehmenden Leser werden bei dieser Nachricht eine Thränenpause machen, und mir und meiner gebeugten Mutter und Schwester das Schreckliche unseres Verlustes nachempfinden ...

Jetzt kann ich nichts anderes als euch danken, ihr Nahen und Fernen, die ihr ihm ehmals euer Mitleid, und in der Folge euren Beifall und eure Aufmerksamkeit in so reichem Maaße schenktet, nichts als danken und eine brennende Zähre auf den Leichnam des Entschlafenen weinen. Einige edle und geistreiche Freunde meines seeligen Vaters sezen mich in den Stand,

dem Publikum die Versicherung geben zu können, daß
die Chronik nach dem bisherigen Plan und im bisherigen Tone werde fortgesetzt werden.
Stuttgart, den 10. Oktober 1791   Ludwig Schubart."

Der Freund Stäudlin schrieb am 14. Oktober den
Nachruf:

„Du erfuhrst es bereits, lieber Leser! daß der Mann,
der bisher dieses Blatt in deine Hände lieferte, nicht
mehr ist – allein ich bin gewiß, daß du gerne mit mir einige Minuten an dem Grabe des Mannes verweilst . . .
Er war ein ausserordentlicher vielseitiger Mann, voll
Herz und Geist. Wenn es entschiedene Wahrheit ist,
daß schöpferische Imagination, lebendige Darstel-
lungsgabe, Fülle des Herzens und inniges Gefühl für
Schönheit, Wahrheit und Größe karakteristische
Kennzeichen des Genies sind, so war Schubart gewiß
ein Genie! Genie am Flügel und an der Orgel – Genie
in der poetischen und musikalischen Komposition!
Hätte er auch nichts gedichtet als seine ‚Fürstengruft‘
und seinen ‚Friedrich‘; so würde er sich schon hier-
durch vor Welt und Nachwelt als ein dichterischer
Geist hinlänglich legitimiert haben. Freilich wird kein
unbefangener Urtheiler läugnen wollen, daß diesem
trefflichen Geist das Sigel einer vollendeten Bildung
und eines ganz geläuterten Geschmacks mangelte –
denn wie groß wäre nicht Schubart mit diesen geworden! – allein der Diamant, mehr oder minder geschlif-
fen, bleibt doch immer Diamant, und das Genie – mehr
oder weniger gebildet, das herrlichste Werk Gottes unter der Sonne, zu dessen göttlicher Würde sich die
Kunst, mit all ihrem mühevollen Bestreben, niemals
emporarbeiten kann! – Schubart war auch nicht gerade
ein grosser Sistemgelehrter, und ich wenigstens habe
ihn nie auf diesen Ruhm Anspruch machen hören: Allein, er hatte sehr weitumfassende und manchfaltige

Kenntnisse, die er mit dem Zauber des Genies und unter der Mitwirkung seines fürtrefflichen Gedächtnisses . . . in seine Schriften und Gespräche zu verweben wußte. Nie habe ich einen Gelehrten mit diesem hinreissenden Feuer, das alles um sich her ergrif und erwärmte, gesehen . . . wenn er unerschöpflich an Bildern und Gleichnissen mit glühender Begeisterung, . . . von irgendeinem wichtigen Gegenstande sprach . . . Niemand, der Schubart jemals lesen hörte, wird ihm die Anlage zum grossen Deklamator streitig machen können . . . Von dem Detail seiner musikalischen Talente laßt mich als Laien schweigen; nur das weiß ich, daß mein Herz laut in mir schlug, und meine Wange heiß glühte, wenn er zu den Harmonien, die er an seinem Flügel schuf, Klopstocks Frühlingslieder deklamierte, oder die Kriegslieder . . . sang, daß das Entzücken und die Begeisterung, die von dem Künstler ausgingen, auf den Gesichtern aller Umstehenden glänzten! Zwar verlor sich seine Prose manchmal zu sehr in den Gefilden der Dichtkunst, aber manche süsse Erinnerung wird dir, lieber Leser doch sagen, daß das Körnichte und Kraftvolle seines Ausdrucks – die Kühnheit und der Freiheitssinn, die seinen Kiel regierten, – und seine jovialische Laune öfters unwiderstehlich auf dich wirkten, – . . . daß der große Wirkungskreis, den Schubart sich mit dieser Chronik eröffnete, sein wichtigstes und bleibendes Verdienst um die Menschheit war!

Es war für manchen ein Problem, den ehemaligen stürmischen Jüngling, den freien Denker und Sprecher Schubart in den itzigen Religiosen gewandelt zu sehen! – aber er war gewiß ein aufrichtiger Bekenner der Religion der Christen! Diß zeugen ihm seine vertrauten Freunde, sein Weib und seine Kinder, die ihn in den wichtigsten Situationen seines Lebens, in denen der Gatte und Vater gewiß keine Maske vornimmt, immer dieselbe warme und ungeheuchelte Verehrung der Religion, eben dasselbe innige Vertrauen auf Gott und auf den großen Lehrer der Menschen behaupten sahen! Nie werde ich der Augenblicke vergessen, in welchen sein edles Weib, deren sanfte Seele so ganz zur Leitung dieses Feuergeistes geschaffen war, unter brennenden Thränen, mit welchen sie seinen Leichnam benezte, unter feurigen Küssen, die sie auf seine blassen Lippen drükte, in dem Tone der innigsten Empfindung ausrief: „Gott lohne dir dein Vertrauen auf Ihn! Deine Liebe! Denn du warst Liebe, ganz Liebe!"

Freilich gieng Schubart bei all dieser Religiosität oft irre, freilich waren seine Fehler, wie seine Tugenden außerordentlich, und gleichsam nach dem Maasstabe seines Geistes geformt – allein, würden wir nicht ungerecht seyn, wenn wir den Grund seiner Verirrung irgendwo anders als in seinem allgewaltigen Feuer, in der großen Reizbarkeit seines Temperaments suchen wollten? Wenn wir, da er doch nur ein schwacher Mensch wie wir alle, war, sein Herz verkennen – und vergessen wollten, daß er in der Glut seiner Einbildungskraft so oft sich selbst, nicht uns täuschte! – Möchten überhaupt die Beurtheiler des Charakters dieses merkwürdigen Mannes doch immer bedenken, daß es ein gar anderes Ding um die Leidenschaften eines feurigen Genies, als um die eines Alltagsmenschen ist! Laßt uns deshalb an Schubarts Grabe um so eher den Mantel der Liebe über seine Gebrechen werfen, als er selbst so ganz Liebe war – als er seine Verirrungen Gott und den Menschen durch sein mit dem liebenswürdigsten Freymuth abgelegtes öffentliches Geständnis derselben auf eine so ehrenvolle Art abgebeten hat. Die warme thätige Menschenliebe, die Wohlthätigkeit Schubarts, die ihn so oft seiner selbst sogar vergessen machte, sind, möchte ich sagen, zu sehr zu einer Volkssage in Deutschland geworden, als daß ich hier viele Worte darüber verliehren dürfte! Ich bin es gewiß, daß, während ich dieses niederschreibe, die Thränen vieler Armen, die an ihm einen großmüthigen Wohltäter verlieren, ... um ihn fliessen! ... und wie sehr wußte nicht Schubart, um mit seinem Lieblinge Klopstock zu reden, ‚In den Armen des Freundes ein Freund zu seyn!‘ Welch ein zärtlicher Vater und Gatte war er! Gewiß – und ich berufe mich auf alle, die ihr an seinem Sterbebette versammelt waret, gewiß waren die Ausdrücke jenes unsäglichen mit Verzweiflung ringenden Schmerzes ... eine grosse Lobrede auf sein Herz – auf den ganzen Mann! – Kaum würde man glauben können, daß ein Mann von soviel Wohlwollen, Menschenliebe und Bonhomie, wie Schubart war, so viele Neider und Feinde haben könnte, als er wirklich gehabt hat, wenn er nicht ein so berühmter Mann gewesen wäre! ... Übrigens ward Schubart durch die warme Achtung der edelsten Menschen für so manche Verfolgung schadlos gehalten. Während die Lieblosigkeit und Verläumdung ihre giftigen Zungen an seinem Ruhme wund nagten, gieng beinahe kein Reisender von Bedeutung an seinem Haus vorrüber; die Lavater, Vogler, Dalberg und Bürger brannten, den merkwürdigen Mann zu sehen ... Manche Ahndung des nahen Todes zukte wie ein Bliz durch die Seele dieses Mannes: Er ließ auch diese Ahndungen durch häufige Äusserungen gegen mich und seine übrigen Freunde sichtbar bliken: auch schien eine auffallende Abnahme seiner ausserordentlichen Lebhaftigkeit diesen ganzen Sommer her den Sturm zu verkünden, welchem er nun unterlegen ist! So ruhe denn sanft, unvergeßlicher Mann! von so vielen Leiden, die theils eine Mitgift der Natur für jeden Mann von Genie und tiefer Empfindung auf dieser Welt sind, theils von dem Schicksale auf deine Schultern gelegt wurden! Dein Geist, dessen mächtiges Feuer deine irrdische Hülle so frühe verzehrte, fühle sich nun selig und frei in der Vereinigung mit all den Unsterblichen, die gleich dir Lehrer und Wohlthäter der Menschheit waren! Dein Andenken aber bleibe allen Fühlenden heilig und die freche Lästerung verstumme endlich an deinem Grabe!

,Dieser heiligen Gruft nahe die Schmähsucht nicht
Mit der geifernden Lipp' und dem schielenden Blike,
welcher nur Fleken
In der herrlichen Sonne schaut!
Dieser heiligen Gruft nahe die Weisheit nur,
Mit der Liebe gepaart! Richterinn sei nur sie
Bei den Gräbern der Edlen –
Sie bei Schubarts Gebeinen nur!'
                              Gotthold Friedrich Stäudlin."

Inhalt

Personenverzeichnis

Baur, Leopold, Schieferdeckermeister, gest. März 1791, arbeitete 1784 am Stuttgarter Neuen Schloß.

Bernerdin (von), Franziska Theresia, geb. 10. 1. 1748, gest. 1. 1. 1811 in Kirchheim/Teck. 1. Ehe: Juli 1765 mit Baron Fr. Reinhard v. Leutrum, geschieden Jan. 1772; 2. Ehe mit Herzog Carl Eugen von Württemberg z. l. H. am 11. 1. 1785. Anerkannt 1791.

Boeckh, Christian Gottfried, geb. 1732 in Nähermemmingen, 1762 Rektor in Esslingen, 1772 Diakon in Nördlingen, heir. 1760 Juliane Friederike Schubart, Schwester des Dichters.

Böhnen, Karl Ludwig Alexander, Freiherr von, geb. 29. 3. 1760 in Stralsund, gest. 24. 6. 1829. Verheiratet mit Franziskas Nichte Sophie, geb. Schertel v. Burtenbach.

Bonafini, Caterina, Sängerin, Maitresse, entlassen Febr. 1772, verh. 15. 12. 1771 mit Rittmeister v. Poeltzig.

Bühler, Johann Georg, Oberzoller in Geislingen/St., geb. 30. 11. 1717 in Geislingen als Sohn des Johann Georg B. u. s. Fr. Anna Katharina Stekin; verh. 24. 11. 1739; gest. 1778.

–, Euphrosyne, geb. Ruprecht, geb. 1. 1. 1721, gest. 30. 12. 1796.

Casanova, Giacomo, gen. Seigneur de Saintgalt, geb. 1725 in Venedig, gest. 1793 in Dux/Böhmen.

Darm, Katharina, geb. etwa 1744; 1. Ehe mit Stadt-schreiber Heuchelin, 2. Ehe mit Stadtschreiber Con-rad Schubart April 1775; gest. 1780.

Fugger-Glött, Anton Ignaz, Graf von, Fürstpropst von Ellwangen zwischen 1756–87, Bischof von Regens-burg.

Füßli, Heinrich, geb. 1741 in Zürich, gest. 1825 in London, Maler.

Gleim, Johann Wilhelm Ludwig, Dichter, geb. 1719, gest. 1804, Kanonikus in Halberstadt.

Habsburg, von, Joseph II., deutscher Kaiser, geb. 1741, gest. 1790.

–, Leopold II., deutscher Kaiser, geb. 1747, gest. 1792.

–, Maria Theresia, Kaiserin, geb. 1717, gest. 1780.

Hahn, Philipp Matthäus, Pfarrer und Mechanikus, geb. 25. 11. 1739, gest. 2. 8. 1790.

Haug, Balthasar, Lehrer an der Karlsschule, geb. 1731 in Stammheim, gest. 3. 1. 1792.

Heuchelin, Wilhelm, Stadtschreiber in Aalen, geb. 1732, gest. 1774.

Hoven, von, Friedrich Wilhelm, Arzt, geb. 11. 3. 1759 in Bönnigheim, gest. 1840 in Nürnberg.

Hoyer, Diakon in Aalen, Schubarts Schwager.

Hügel, von, Oberst, Kommandant auf Hohenasperg.

Karsch, Anna Luise, Dichterin, 1722–1791.

Kaufmann, Johannes, Kammercellist am württb. Hof, Schubarts Schwiegersohn, 1760–1834.

–, Nanette, seine Tochter, geb. ca. 1788.

Klopstock, Friedrich Gottl., Dichter, Theologe, geb. 1724, gest. 1803.

Lavater, Johann Kaspar, Pädagoge u. Schriftsteller (Schweiz), geb. 1741, gest. 1801.

Leutrum, Freiherr v., Friedrich Wilhelm Reinhard, geb. 1742, gest. 1812, 1. Gatte der Franziska von Hohen-heim.

Leyden, Baron v., bayr. Gönner Schubarts.

Maltitz, preuß. Werbeoffizier, Hauptmann, Freund Schubarts.

Montmartin, Graf v., Friedrich Samuel, Brandenburg.-bayr. Geheimrat, 1763 württbg. Premierminister.

Necker, Jacques, franz. Staatsmann, geb. 30. 9. 1732, gest. 9. 4. 1804. Vater der Madame de Staël.

Pirker, Marianne, Sängerin, 1717–1781. Gefangen 1756–1764 auf Hohentwiel, verh. 1736 mit Franz Joseph Karl P., Violinist.

Ried (Riedt), General von, oest. Resident zu Ulm.

Rieder, Jonathan, Präzeptor in Aalen von 1752–1767. Geb. 1727, gest. 1774.

Rieger, Phil. Friedr., Oberst, Kommandant auf Hohenasperg, Schillers Pate. Geb. 1. 10. 1722, gest. 15. 5. 1782.

Schaflizky, Baron v., Freund Schubarts.

Scheeler, General v., gest. 1784 auf Hohenasperg, Kommandant.

Scheidlin, v., über 10 Jahre gefangen auf Hohenasperg, Freund Schubarts.

Schiller, Christoph Friedrich, geb. 10. 11. 1759 in Marbach/N., gest. 9. 5. 1805 in Weimar.

–, Johann Caspar, 1723–1796, Vater des obigen.

Scholl, Phil. Friedr., Klosteroberamtmann zu Blaubeuren; geb. 28. 5. 1737, gest. 22. 7. 1819 in Münsingen.

–, Sophia Henrietta, geb. Breyer.

Schubart, Christian Friedrich Daniel, geb. 26. 3. 1739 in Obersontheim, verh. 10. 1. 1764 mit Helene geb. Bühler (1744–1819), gest. 10. 10. 1791 in Stuttgart. Dichter, Publizist, Musiker, begr. 12. Oktober 1791 im Stuttgarter Hoppenlaufriedhof.

–, Julie, seine Tochter, 1767–1801, verh. 1787 mit Johannes Kaufmann, Kammercellist.

–, Ludwig, sein Sohn, geb. 17. 2. 1765, gest. 27. 12. 1811.

–, Johann Jakob, sein Vater, Diakon, später Dekan in Aalen. Geb. 13. 11. 1711, angestellt in Aalen 1740, gest. 1774. Verh. mit Helena, geb. Hörner, Tochter des Forstmeisters Hörner in Obersontheim, gest. 1797.

Schubarts Geschwister:

Johann Jakob, Provisor, ledig, geb. 22. 12. 1740, gest. 24. 12. 1769.

Maria Margaretha, geb. 4. 9. 1742, gest. 22. 8. 1743.

Johann Conrad, Stadtschreiber in Aalen, geb. 6. 10. 1743, gest. 21. 3. 1808.

Maria Susanna, geb. 18. 5. 1745, gest. 30. 9. 1745.

Jakob Friedrich Gottlieb, geb. 14. 10. 1746, gest. 25. 7. 1747.

Jakobina Dorothea, geb. 10. 3. 1750, verh. 1774 mit d. Aalener Diakon Joh. Chr. Hoyer.

Juliana Friederike, verh. seit 1760 mit Rektor Boeckh.

Seeger, Christoph Dionysius v., Obristwachtmeister, Intendant der Hohen Carlsschule, Generalleutnant, geb. 7. 10. 1740 in Schöckingen; gest. Juni 1808 in Blaubeuren.

Sponeck, K. Fr. Wilh., Graf v., Oberforstmeister in Blaubeuren, gest. 1827.

Staël, Madame de, Germaine, geb. Necker, Schriftstellerin, 1766–1817.

Stage, Buchhändler in Augsburg und Ulm.

Stäudlin, Friedrich, Dichter. Freund Schubarts.

Thilo, Lehrer Schubarts.

Varnbühler, Friedr. Karl Gottlob, Major und Flügeladjutant, geb. 15. 4. 1746, gest. 8. 8. 1818 in seinem Geburtsort Hemmingen.

Wieland, Christoph Martin, Dichter, geb. 17. 9. 1733 in Oberholzheim b. Biberach, gest. 20. 1. 1813 in Weimar.

Württemberg, Carl Eugen, Herzog v., geb. 11. 2. 1728,

gest. 24. 10. 1793. 1. Ehe 1748 mit Friederike von Brandenburg-Bayreuth, gest. 1780.

2. Ehe s. o. Bernerdin, Franziska.

Zilling, Sebastian, Spezialsuperintendent in Ludwigsburg, als Sohn eines Bäckers 1723 geb., Pfarrer in Zavelstein, Dekan in Lauffen, dann (1755–1763) in Ludwigsburg, Gegner Schubarts (Exkommunikation). Gest. 1799.

Quellenangaben

Deutsche Chronik auf das Jahr 1774, herausgeg. v. M. Christian Friedr. Daniel Schubart, zweytes Vierteljahr, vom 27.–52. Stück, Ulm, gedruckt bey Christian Ulrich Wagner, (und zu finden in Augsburg bey Conrad Heinrich Stage).

Dasselbe, drittes Vierteljahr 1774, 53.–78. Stück.

Dasselbe, erster Vierteljahr 1775, 1.–26. Stück.

Dasselbe, zweytes Vierteljahr 1775, 27.–52. Stück.

Deutsche Chronik etc. 1791, erstes Halbjahr, Stuttgart, Originalausgabe (im Verlag des Kaiserlichen Reichspostamtes).

C. F. D. Schubarts des Patrioten Gesammelte Schriften und Schicksale, 1. Band, Stuttgart, I. Scheibles Buchhandlung 1839.

Schubarts Leben und Gesinnungen, von ihm selbst im Kerker aufgesetzt, 1. Theil, 1791.

Dasselbe, Schluß des zweyten Theils, herausgeg. v. s. Sohn Ludwig.

Dritter und letzter Theil v. „Leben und Gesinnungen".

Schubarts Karakter, von seinem Sohne Ludwig (1793).

Schubarts „Geistliche Gedichte", 6. u. 7. Band (Verl. d. Kais. Reichspostamtes).

Chr. Fr. D. Schubart „Sämtliche Gedichte" 1842, 1. Band, Scheible, Rieger u. Sattler.

Schubarts Werke in einem Band, Aufbauverlag 1965 Berlin, Bibliothek deutscher Klassiker, herausgeg. v. d. nationalen Forschungs- u. Gedenkstätte der klassischen deutschen Literatur in Weimar.

Christian Friedrich Daniel Schubarts Leben in seinen Briefen, gesammelt, bearbeitet u. herausgeg. von David Friedrich Strauß, mit einem Vorwort v. Eduard Zeller, 2. Auflage, 2 Theile in einem Bande, Bonn, Verl. Emil Strauß 1878.

Schubart, der Gefangene auf Hohenasperg, ein Bild seines Lebens und Wirkens, von Heinrich Solger, Handelsdruckerei Bamberg 1894.

Hadrian in Syrien, Oper nach Metastasio, frei bearbeitet von C. F. D. Schubart.

Schubartmuseum Aalen, Besichtigg. u. Kataloge.

Allg. Gefangenenliteratur und moderne Gefangenenbriefe.

Psychologische Veröffentlichungen über obiges etc.

Kolb: Schubart, ein deutsches Dichter- u. Kulturbild, Ulm 1808, Kerler-Verlag.

„1780. Der Gräfin von Hohenheim Eigenhändiges Tagbuch" (Original im Wttbg. Hauptstaatsdarchiv Stuttgart) u. Ausgabe v. A. Osterberg, Stuttgart 1912.

Stiftsköpfe, schwäb. Ahnen des deutschen Geistes aus dem Tübinger Stift v. Ernst Müller, Salzer Verlag, Heilbronn 1938.

Herzog Karl Eugen und seine Zeit. 2. Bd. Eßlingen 1907, herausgegeben v. Gen.major Pfister.

Herm. Missenharter, Schwäb. Essays, Postverlag Urach 1946.

Originalbriefe der Herzogin Franziska von Württemberg, Wttbg. Hauptstaatsarchiv Stuttgart.

Originalbriefe des Herzogs Karl Eugen, Wttbg. Hauptstaatsarchiv Stuttgart.

Die Verhältnisse der Herzogin Franziska von Hohenheim, Wttbg. Hauptstaatsarchiv Stuttgart.

Renée Madinier: Die Damen der Könige. Neff Verlag, Wien, München, Stuttgart.

E. u. I. Goncourt: Madame de Pompadour. Vollmer Verlag, Wiesbaden.

Gedichte an Herzog Carl Eugen, Originale, Wttbg. Hauptstaatsarchiv Stuttgart.

Zur Geschichte v. Adelmannsfelden, Leihgabe des Grafen Adelmann.

Reisebericht des Kammerherrn Frhrn. C. A. v. Böhnen, 1794. Wttbg. Hauptstaatsarchiv Stuttgart.

Staatsarchivdir. Dr. R. Uhland: Geschichte der Hohen Karlsschule, 1953.

Staatsarchivdir. Dr. R. Uhland: Herzog Carl Eugens Tagbücher seiner Rayssen in den Jahren 1783–1791, Rainer Wunderlich Verlag, Tübingen.

Heimatbuch Kirchheim/Teck, Veröffentlichungen im „Teckboten".

Nicolas Guibal: Eloge des N. Poussin, Paris 1783.

Max v. Boehn: Deutschland im 18. Jahrhundert, Verlag Bruckmann, München.

Max v. Boehn: Die Mode, Menschen und Moden im 18. Jahrhundert, Verlag Bruckmann, München.

Emma Vely (Emma Simon): Herzog Karl-Eugen und Franziska von Hohenheim, Stuttgart 1876.

E. M. de Voltaire: Lettres philosophiques, Rouen 1734.

Samuel Gottlob Auberlens Leben, Meinungen und Schicksale, von ihm selbst beschrieben, Ulm 1824.

v. Hoven, Fr. Wilh.: Biographie des Dr. Friedrich Wilhelm v. Hoven, von ihm selbst geschrieben, Nürnberg 1840.

v. Hoven, Fr. Wilh.: Grundsätze der Heilkunde, Rothenburg 1808.

Phil. Matth. Hahn: Eines ungenannten Schriftforschers vermischte theologische Schriften, Winterthur 1789/90.
(Versch. Schr. üb. Hahn.)

Schiller: Sämtliche Werke, Ausgabe v. Phil. Reclam
jun. Leipzig 1880.

Über die aesthetische Erziehung des Menschen,
Nachw. v. Benno v. Wiese, Scherpe, Krefeld 1948.

Benno v. Wiese. Die deutsche Tragödie v. Lessing bis
Hebbel, Hamburg, Hoffmann und Campe.

Ernst Müller: Der junge Schiller, Rainer Wunderlich
Verlag, Tübingen 1946.

Benno v. Wiese, Die deutsche Novelle von Goethe bis
Kafka, Bogelverlag, Düsseldorf 1956.

Josef Uriot, Beschreibung der Feierlichkeiten, welche
bei Gelegenheit, des Geburtstags des Herzogs Karl
Eugen angestellet worden, Stuttgart 1763.

Hermann Kurz: Schillers Heimatjahre, Westermann,
Braunschweig 1918.

Bilder und Geschichten aus Schwaben, Ottilie Wilder-
muth, Stuttgart 1862, Bd. 1–3.

u. a. m.